中国与阿根廷

——迈向命运共同体

CHINA Y ARGENTINA:
HACIA UN FUTURO COMPARTIDO

主编／林　华　史　维　[阿根廷]马豪恩

四川大学出版社

Prólogo I 中国与阿根廷 ——迈向命运共同体

序一

CHINA Y ARGENTINA: HACIA UN FUTURO COMPARTIDO

在过去十年里，尤其是近四年中，我们一直在以实际行动巩固阿根廷共和国与中华人民共和国的关系。

本书精准地描述了目前的阿中关系。它丰饶而多元，令我们受益匪浅，这是 1972 年两国建交时我们完全不能想见的。对当时的阿根廷而言，将中国看作是阿根廷潜在的重要战略伙伴仿佛是不切实际的幻想，但如今这已成为现实。

阿中建交 40 多年来，无论是阿根廷和中国的国情，还是世界格局，都发生了深刻的变化，这就为阿中双方从最初“远方的朋友”发展为如今的“战略合作伙伴”提供了契机。冷战时期的对抗已成为历史，而中国也不再闭关自守。得益于改革开放四十年来取得的进步，当今的中国俨然已成为发展中国家最突出的代表，并蓄势待发，准备引领 21 世纪的全球发展。如果说 19 世纪是属于英国的时代，而 20 世纪美国独占鳌头的话，那么毫无疑问，中国绽放光彩的世纪到来了。

诚然，中国在官方话语中坚称自己仍是发展中国家，但“一带一路”倡议的提出表明中国已成为意识到自己主导地位和时代责任的大国。作为中国为世界提供的发展建议，“一带一路”倡议宛如连接世界的桥梁。

显然，“一带一路”倡议及当前的世界格局为阿根廷乃至整个拉丁美洲提供了充满发展机遇的沃土：中国如今已是拉丁美洲最大的市场和最重要的投资者。有别于老牌帝国主义国家的是，中国给拉丁美洲带来了先进的科学技术，强调“授之以渔”。对我们而言，为了与中国建立稳定均衡的关系，阿根廷应当提高初级产品的附加值，实现供给多样化，引导工业和服务业向适应中国市场特定需求的方向推进，鼓励双方的科技交流从而促进发展。

常言道，人不能单靠食物而活。同理，两国交往也不能止步于单纯的商业贸易往来。阿中双方都清楚地意识到，除了贸易平衡，两国间的战略同盟也应覆盖文化、教育、技术合作、学术交流等诸多领域。深化双方在多个层面的合作正是我们携手并进，成为真正命运共同体的最佳保障。

眼下，我们要把握住历史性的机遇，为建立健全深刻、成熟和长期的两国关系奠定基础，以迎来阿中关系百花齐放的春天。这不仅是双方政府的职责，也有赖于两国文化、学术、科研、媒体等社会生活各个领域优秀人才的共同努力。

我真切地感受到，本书正是上述共同责任的绝妙诠释。为此，我由衷感谢中国社会科学院拉丁美洲研究所、四川大学拉丁美洲研究所和阿根廷国际关系理事会（CARI）的领导和工作人员能够克服困难、共同完成这项工作。当然也要祝贺本书的每一位作者，感谢他们用自己的见解让阿中关系向着我们共同期待的、深刻而成熟的方向更进一步。

阿根廷共和国驻中华人民共和国大使
盖铁戈
2018 年 10 月

Prólogo II 序二

中国与阿根廷——迈向命运共同体

CHINA Y ARGENTINA: HACIA UN FUTURO COMPARTIDO

中国与阿根廷虽远隔重洋，但近年来两国跨越地域上的障碍，发展积极友好的往来关系，取得了丰硕的成果。中国作为亚洲大国，其古老文明、巨大市场和经济成就，对阿根廷产生了强大的吸引力。而阿根廷作为拉美大国，其异域文化、丰富的资源和发展潜力，也令中国为之瞩目。中阿同为重要的发展中大国，尽管有着截然不同的历史文化渊源、政治制度结构和经济发展路径，但和平发展、共享机遇、合作共赢是双方的共同追求。因此，构建中阿命运共同体并非空洞的口号，而是两国关系发展的最高目标。

构建命运共同体，要以共商、共建、共享为基本原则，要以全方位、多角度、深层次的交流互鉴、合作协商为基础。近年来，在高层互访和经贸合作的带动下，中阿民间交往日益频繁，其中学术界的交流与合作也呈现良好的发展势头。但与经贸和投资活动相比，中阿人文交流仍显薄弱，彼此间的了解和认识还很有限。这在一定程度上制约了经贸合作的继续深化。因此，加强中阿人文交流与对话势在必行。

作为中国最重要的拉丁美洲研究机构之一，中国社会科学院拉丁美洲研究所长期致力于与包括阿根廷在内的拉美各国学术机构和智库建立合作关系，开展各种形式的合作与交流。中国政府公布的第二份《中国对拉美和加勒比政策文件》明确将中拉学术研究机构和智库之间的合作研究作为人文交流的主要内容。这为社科院拉美所开展与拉美地区的学术交流提供了重要的政策指导和依据。

为加强对拉美主要大国的研究，社科院拉美所陆续成立了一批国别和区域研究中心。2015 年，阿根廷研究中心应运而生。依托中心的优势和力量，拉美所与阿根廷多家研究机构、大学和智库建立并保持了广泛而密切的联系，阿根廷国际关系理事会就是其中之一。作为阿根廷国际关系领域重要的研究机构和智库，理事会对政府决策具有独特而显著的影响力。2014 年，拉美所与理事会在布宜诺斯艾利斯签署合作协议，并就进一步开展合作研究达成共识。为落实协议、推进合作，阿根廷研究中心与理事会的中国工作组，联合四川大学拉美研究所，共同决定在 2018 年习近平主席赴阿根廷参加 20 国集团峰会前夕，组织编写一本专门论述中阿关系的学术著作，为推动中阿之间的人文交流和学术合作贡献一己之力，为提升中阿互利合作水平提供积极的智力支持。

《中国与阿根廷——迈向命运共同体》一书围绕构建命运共同体这一双边关系发展的最高目标，汇集了一批中阿两国学者的潜心研究之作，凝聚了中阿双方的学术机构的共同努力。该书的正式出版不仅有助于中国学界更好地了解中国与阿根廷关系的发展现状和前景，也有助于推进中阿双方学术交流，提升各自的研究水平，扩大阿根廷研究在中国学界的吸引力和影响力。我欣喜地看到，在拉美所阿根廷研究中心的带动下，越来越多的高校对阿根廷和拉美研究表现出浓厚的兴趣和热情。我向此书的组织者和资助方四川大学拉美所表示衷心的感谢。希望今后类似的学术作品不断涌现，更多的中阿学者成为研究队伍的一员，为中阿学术交流的扩大和深化奉献智力支持，为中阿关系的巩固和发展建言献策，为增进两国民心相通发挥桥梁和纽带作用。

中国社会科学院拉丁美洲研究所
副所长　袁东振
2018 年 10 月

前言 Introducción

近 15 年来，中国与阿根廷的关系取得了快速发展。正如盖铁戈大使在为本书特别撰写的序言中所说，中阿关系发展到今天的水平，是两国在建交时均无法想见和预料的。但不可否认的是，近年来两国间的发展与之前 30 多年奠定的坚实基础不无关系，可谓水到渠成，风来帆速。中阿自建交以来，没有发生过严重的利益冲突和矛盾，两国在很多重大国际问题上有相同或相近的看法，在国际事务中有共同的利益和诉求，在各自的发展进程中有一致的追求和目标。这是中阿在 2004 年建立战略伙伴关系，2014 年又提升为全面战略伙伴关系的重要基石。

2016 年，中阿关系曾出现短暂的波折，但总体来看，两国关系并未脱离原有的发展轨道。一方面，中阿之间仍互为重要的经贸合作伙伴，中阿两国经贸往来的 3 个基本依托：互补性、互惠互利性和相互依存性没有发生改变。另一方面，中阿关系出现困难、摩擦是国家关系发展过程中的正常现象，正是这些摩擦为中阿双方提供了相互沟通和了解的契机，从而推动中阿关系在“摩擦—磨合—共识”中不断前进。但值得注意的是，中阿经贸关系的格局已经发生了由“重贸易、轻投资”，向贸易、投资、金融合作并重转变的结构性变化。

2003—2013 年，中阿双边贸易额增长了近五倍，但 2014 年以后，两国贸易额时有起伏。这说明，当前中国与阿根廷的经贸关系发展已经进入一个新的历史时期，需要一些新的动力和刺激。未来，双边合作将面临三大机遇。

首先，中国城市化的继续发展和中产阶级的不断扩大将为阿根廷产品对华出口提供更多的机遇。近年来，中国经济增长速度放缓一直受到各相关利益方的关切，一种观点担心中国对矿产资源的需求会不断下降，甚至有人认为中国需求的下降将造成部分商品价格的下降。另一种观点则认为，随着城市化进程的加深，中国对自然资源的总体需求仍然十分强劲。事实上，尽管中国经济增长速度的放缓在一定程度上降低了对某些产品的外部需求，但对于阿根廷这样以农业产品为主要对华出口商品的国家来说，中国经济增长减速没有对其产生太大的影响。一方面，城市化的步伐并未因此而停止。2001—2015 年，中国的城市化率由 38% 提高到 55%，这意味着中国对农产品的需求将有增无减。与此同时，中国的中间收入群体正在日益崛起。在北京、上海、广州等大城市，居民对中高档消费品的需求和对产品质量的要求都越来越高。实际上，这为更多阿根廷产品，特别是优质的农业加工产品进入中国市场提供了契机。

其次，中阿经贸往来有了更多、更广阔的合作平台。中阿两国同为新兴市场国家和发展中国家，在联合国改革、世界贸易组织改革、气候变化、G20、“一带一路”倡议、南南合作等多边合作的议题上存在广泛共识和相似诉求。例如，中国和阿根廷作为 G20 的成员，都十分重视这一多边对话机制，并分别于 2016 年和 2018 年担任 G20 轮值主席国。两国领导人积极参与峰会讨论，同时也代表广大发展中国家发声，维护发展中国家利益。此外，中阿还可以充分利用各自打造或参与的多边合作平台扩大彼此合作范围。2017 年 5 月，阿根廷总统马克里来华参加了“一带一路”国际合作高峰论坛，并与习近平总书记就推动“一带一路”倡议同阿根廷国内发展规划、南美洲区域一体化进程实现对接达成了重要共识。阿根廷还加入了亚洲基础设施投资银行，希望以此与中国及“一带一路”沿线国家开展更多合作。2018 年，南方共同市场（以下简称“南共市”）与欧盟的自由贸易谈判接连受挫，达成协议的希望可能落空。鉴于此，南共市内部发出了与中国加强密切关系的呼声。如果中国与南共市之间在自由贸易方面取得进展，将极大降低南共市产品进入中国的关税成本，从而促进中国与包括阿根廷在内的南共市各成员国之间的经贸合作。阿根廷在其中发挥的推动作用将十分重要。

最后，新的合作模式或许将为中阿经贸关系注入新的活力。2017 年 5 月，马克里访华前夕，中国最大的网络公司，也是全球领先的电子商务贸易平台阿里巴巴集团创始人马云访问阿根廷，与马克里总统进行了继 2016 年 9 月杭州 G20 峰会后的第二次会面。随后，阿根廷政府与阿里巴巴签署了战略合作协议，这预示着跨境电商将很有可能成为未来中阿经贸合作的新模式。目前中国消费者对中高端产品的需求越来越大，而且对网购习以为常，这些条件对于阿根廷优质产品进入中国市场非常有利。当然也有一些企业界人士认为这种合作因缺乏必要的法律和技术支持而不可行，但是在世界经济与互联网关系日益密切的今天，借助电子商务平台推动阿根廷对华出口和中小企业的发展，并带动当地的物流、支付等一系列基础设施建设，无疑可以为中阿未来合作提供新的选择。

挑战总是与机遇同时存在，并具有长期性的特点。对此，中阿两国也应有清醒的认识。

第一，两国之间严重缺乏相互认知。尽管近年来中阿两国的交往日益密切，但距离深入的理解、了解，特别是民心相通、民意相通，还很遥远。首先，地理上的距离是一个很大的障碍，这极大地阻碍了人员往来和人文交流。其次，中阿两国缺乏历史上的渊源、纽带和合作积淀，比如没有出现过大规模的移民潮等。再次，语言障碍难以克服。在中国，西语在高校教学中已占有重要地位。但是在阿根廷，汉语教学仍处于初级发展阶段，虽然孔子学院的学生越来越多，但能流利地使用汉语进行交流的人还是很少。最后，公众之间缺乏相互沟通了解的渠道。虽然阿根廷每年都有春节活动，中国人对阿根廷足球、探戈也比较了解，但中国文化和阿根廷文化远不止于此。以上原因导致中国阿根廷之间在政治和经济领域的关系日益密切的同时，社会联络和文化交流仍然较为有限，政治和经济关系与社会和文化关系之间存在不对称性。正是因为思想文化之间的交流和碰撞不够，阿根廷民众很容易对中国出现认知偏差、对与中国的合作产生疑虑。

第二，无论是中国企业还是阿根廷企业，对于对方的国情和市场普遍缺乏了解和研究。这导致中国企业在阿根廷的投资活动频频受阻，无法适应当地的法律法规、劳资关系、政策变动、环保标准等。今后一段时间，中国企业在阿根廷的投资要在市场条件和当地需求方面进行更加细致的研究。而阿根廷企业对庞大的中国市场和消费者的习惯、偏好等还缺乏深入的市场调查和一定的主动性，对其利用程度还远远不够，这导致很多优势、优质产品没能抢占先机，打入中国市场，吸引中国消费者的注意。

第三，中阿双边贸易无论在增量还是在改善商品结构上都面临挑战。首先，从贸易量上看，根据中国海关统计，双边贸易额在 2013 年达到历史最高纪录148亿美元，此后4年一直未能突破。其次，从商品结构上看，虽然阿根廷可以通过出口更多的农业加工产品以扩大对华制成品出口，但由于双方比较优势的存在，中国出口制成品、阿根廷出口初级产品的格局短期内难以改变。同时，我们也不得不承认：大豆在中阿两国双边贸易中占有重要地位，但是中阿在大豆加工行业存在利益冲突。

第四，从长期看，增长不稳定是阿根廷经济发展面临的最大障碍，并在一定程度上制约了中阿合作的深度、广度和速度。阿根廷是拉美地区自然资源和人力资源优势都比较明显的国家之一。然而，由于受到诸多结构性因素的制约，其发展长期处于“钟摆式”的“走走停停”状态。这不仅影响到中阿双边贸易的进一步发展，也影响了企业的投资意愿、项目进展和经营活动的正常运转。

在诸多挑战中，加强相互认知和了解将是一个长期的任务，但也是克服其他困难的前提。这一方面需要两国政府的共同努力，但另一方面也需要借助更多的社会力量和民间力量。学术研究机构、高等院校、智库等同样肩负着重要使命，承担着重要责任。中国社会科学院拉丁美洲研究所作为专业研究拉美问题的学术机构，一直积极致力于推动中阿学术交往和人文交流，并希望在此方面发挥引领和桥梁作用。为此，拉美所阿根廷研究中心携手四川大学拉美研究所、阿根廷国际关系理事会，推出了《中国与阿根廷——迈向命运共同体》这部抛砖引玉之作，一则借此为推动中阿互学互鉴、加深两国了解和理解贡献些许微薄之力，二则期望以此吸引更多机构和个人关注并助力于中阿合作。本书虽凝聚了中阿两国学者的共同心血，但考虑到中阿关系研究不仅要立足于两国国情，也应放眼世界格局的各种变化，因此观点和认识的局限性在所难免。对于书中不当之处，敬请读者不吝赐教。

林 华

2018年10月于北京

índice 目录

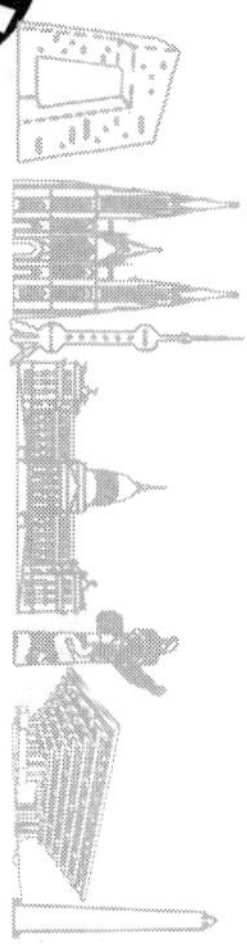

·第一单元· 交流互鉴

·第二单元· 合作共赢

·第三单元· “一带一路”

Primera Parte

Intercambios y Aprendizaje Mutuo

第一单元

01 交流互鉴

交流互鉴是构建中阿命运共同体的关键单元，因为命运共同体首先是一种“想象的共同体”“认识的共同体”。中阿距离遥远，语言文化迥异，价值观念不同，这些都为命运共同体的构建带来了客观性障碍，但也彰显了交流互鉴的至关重要性。然而交流互鉴不仅止于增进双方相互了解和理解、促进民心相通，这充其量是一种中间层次的目标。从更高层次的目标而言，交流旨在互鉴，即社会发展经验和治国理政经验的相互学习和借鉴。就前者而言，语言习得、文化传播、学术交流，以及友城建设等各种形式的人文互动都是交流互鉴最活跃的、最基本的形式。不过，交流作为一种形式、一种路径，旨在实现更高层次的目标，即通过交流增进理解和信任，进而追求互学互鉴。当前，中阿双方都处于一个崭新的发展时期，面临着相似的经济和社会治理方面的挑战，亟须在相互理解和相互欣赏的基础上通过互学互鉴实现共同进步。

本单元的“交流互鉴”内容可谓丰富而多元：既有对中阿文化交流的系统梳理和评析，又有对中阿友城建设的全面回顾和评估；既有对传统领域的养老金制度的比较互鉴和对新时期中阿金融合作互助的分析展望，又有对新兴数字和通信领域合作的探索。中阿两国学者的宽领域、开拓性研究无疑可以为深化中阿全面战略伙伴关系和构建中阿命运共同体提供宝贵的智慧和意见。

中国与阿根廷友好城市及城市文化交流[①]

在中国与阿根廷关系整体向好且不断加强的背景下，中阿间的城市友好交流也得到了长足发展。尽管中阿两国距离遥远，但自 1992 年起已正式结成了 23 对友好城市或友好省、州（以下均称友好城市）。

目前，中阿友好城市之间交往频繁、交流领域广泛，已成为双边关系中的重要一环。本节首先梳理国际友好城市的发展历史及城市外交的理论发展，特别是中国学者对城市外交的理论解读，从城市外交的角度考察中阿友好城市交往。之后将结合中国国际友好城市联合会的统计数据和相关省市外办的新闻报道，较为全面地展现中阿友好城市的发展现状，重点考察双方友好城市间已建立的交流机制情况。最后，将着重讨论友好城市在文化交流方面的作用与影响，并就文化交流展开思考。

一　国际友好城市的缘起和发展及城市外交的理论梳理

中文语境下的国际友好城市通常是指不同国家的城市（也包括省、州，县、郡等不同界别或称谓的行政单位）之间，为推动两地经贸、文化等方面

① 作者：李詠，文学硕士，四川大学外国语学院西班牙文系讲师。

的交往，以友好城市协议的方式确立友好合作关系。在英语中，多用姐妹城市（Sister Cities）、双胞城市（Twin Towns，Twin Cities，Twinned Cities 或 City Twinning）来表达相同的内涵，对应的西班牙语则为 ciudades hermanadas 或 ciudades hermanas。这是一种官方确认的、正式的联谊与合作关系。中国人民对外友好协会 2005 年发布的《友好城市工作管理规定》特别明确，中国各省、市申请建立国际友好城市关系需要“严格履行报批手续”，“地方省、市与外国建立友好城市关系，由有关省、自治区和直辖市人民政府审批，报送全国对外友协核准后转外交部批准”，随后才能开展签署建立友好关系协议书的工作。① 此外，该管理规定还特别列出了各省、市在申请与外国建立友好城市关系时需向上一级政府外事主管部门提供的材料清单：“（一）要求与外国某城市（省、州、县、大区、道等）建立友好城市关系的报告；（二）根据本规定提供的范本（附后）起草的建立友好城市关系协议书中、外文本（草案）；（三）结对双方城市基本情况简介；（四）对方城市政府（议会）明确表示同意结对的意向书（包括：地方政府领导人的信函、议会决议、双方政府领导人或代表签署的有关意向书）；（五）双方开展交流情况的简介；（六）我驻该国使领馆的意见。”② 本文主要讨论的是中国与阿根廷地方政府之间这种正式的国际友好城市关系。

与之相对的，还有一种被称为“友好交流城市关系”或“友好合作城市关系”的国际城市间友好关系，可将其看作一种非正式的国际友好城市关系或建立正式的国际友好城市关系之前的尝试或意向阶段，应与国际友好城市关系区别开。建立友好交流城市关系，双方只需在经贸、文化、科教、旅游等方面具有一定的互补性，并有进一步加强交往合作的意愿，即可签署建立友好交流合作关系的谅解备忘录。

城市外交理论是理解国际友好城市关系的重要理论来源。城市外交相关理论认为，全球化对原有的世界格局形成了极大的冲击，城市在全球化时代中变得越来越重要，并且开始越来越多地参与到国际事务中，传统外交理论中外交权力属于国家的观点已发生了改变。城市已逐渐获得了国家下放的外交权力，

---

① 中国人民对外友好协会：《友好城市工作管理规定》，http://wsb.yancheng.gov.cn/wqzs/wsfg/201409/t20140901_415622.html，2017 年 3 月 1 日。检索时间：2018 年 8 月 7 日。

② 同上。

分担了国家外交部门的部分功能。而国际友好城市则是城市外交的重要形式，理解城市外交有助于理解国际友好城市的主要内容和重要性。下文将首先回顾国际友好城市的发展历史，然后简述城市外交理论的缘起与流变，最后将在城市外交理论中探讨国际友好城市对我国外交的意义。

（一）友好城市的缘起和发展

城市之间的合作交往历史久远，而世界上最早的友好城市关系可追溯到第一次世界大战之后，出于维护和平、缓和战后关系的考虑，英国约克郡的凯里市和法国普瓦市结为世界上第一对“友好城市”，是一种以国家间的民间交往促进两国人民感情交流的合作方式。① 而到了第二次世界大战之后，德国向法国提出建立城市间友好交流关系的倡议，得到了法国的积极响应，友好城市开始在欧洲兴起并逐渐扩展到了全世界。德法建立友好城市关系，一方面是为了缓和并化解双方在战争时期的敌对情绪，促进战后和平的推进；另一方面，德国希望通过这种友好合作关系来改变德国作为战争策源地和发起国的形象。

国际友好城市是最早的城市间国际交流形式，也一直是城市对外交往的一种主要形式。中国学者赵可金、陈维将1919—1980年的国际友好城市关系称为城市外交的“民间外交时期”，认为这一时期的友好城市关系是一种非官方的民间交流，旨在促进友城人民的相互了解、增进友城之间的感情，是一种“情感型”的友好城市关系。②

1980年以后，城市的国际交往涉及的议题更加广泛，逐渐向城市间务实合作转型。特别是随着交通和通信技术的发展，城市间的连通更加便捷，国际组织、跨国公司、非政府组织等国际事务中的非国家行为体的兴起让城市来到了全球化的前沿，成为连通全球的中心节点，城市开始获得一定的外交功能。在这一时期，城市间的合作超越了传统的和平友好目的，开始涉及经济、社会、文化、安全、环保、全球治理等多种多样的议题。同时，全球友好城市数量迅速增加，成为城市国际交往的重要渠道和平台。

进入21世纪以来，城市间国际交往正式进入了“城市外交”阶段，国际

---

① 陈昊苏：《在中国国际友好城市大会开幕式上的讲话》，人民网，http://world.people.com.cn/GB/57507/8311402.html，2008年11月10日。检索时间：2018年5月23日。

② 赵可金、陈维：《城市外交：探寻全球都市的外交角色》，载《外交评论》，2013年第6期，第63页。

友好城市数量迅猛增长，且城市间交往有了更多的形式和内容。多边城市组织的兴起，如全球本土化论坛（The Glocal Forum）、世界城市与地方政府联合组织（UCLG）、世界城市运动（World Urban Campaign）、C40 世界大城市气候领导联盟、世界旅游城市联合会等，让城市作为独立的行为体参与到国际事务中，对传统外交观念形成了极大的冲击和挑战。同时，以伦敦、纽约、北京等巨型城市为代表的世界城市的影响力开始波及全球。

中国建立国际友好城市关系的历史始于 1973 年。中日邦交正常化之后，天津市与日本的神户市结成了中国第一对友好城市。此后，中国的国际友城数量一直稳步攀升。截至 1990 年，共有友好城市（含省、州）358 对。中国人民对外友好协会在 1991 年成立了国际友好城市办公室，1992 年推动成立了中国国际友好城市联合会作为中国的国际友好城市的管理机构。中国国际友好城市联合会“旨在推动中外城市及地方政府缔结友好城市关系，加强双方在经济、科技、文化等方面的交流与合作，以发展国际友城、推动务实合作、奉行和平外交、服务地方发展为宗旨”；其主要任务是“协调管理我国同外国建立和发展友好城市关系工作，服务指导中外地方政府在平等、互利、自愿基础上建立友好城市关系；组织代表团参与国际交流，建立中外城市交流平台和机制，举办专题论坛、展览演出等活动；解决会员在开展国际友好城市工作中遇到的困难和问题，向地方政府提供与开展国际友好城市交流活动有关的信息咨询服务、业务知识和技能培训等”。①

此后，中国城市对外结好数量增加更加迅速，2000 年达 983 对，2010 年达 1 735 对。截至 2018 年 8 月，全国各省、自治区、直辖市共建立友好城市关系 2 566 对（如图 1. 1 所示）。②

---

① 中国国际友好城市联合会：《中国国际友好城市联合会简介》，中国国际友好城市联合会网站，http://www.cifca.org.cn/Web/FullJianJie.aspx?jianjieID=1201，2008 年 8 月 26 日。检索时间：2018 年 7 月 25 日。

② 中国国际友好城市联合会：《全国历年对外结好一览表》，中国国际友好城市联合会网站，http://www.cifca.org.cn/Web/JieHaoBiao.aspx。检索时间：2018 年 8 月 25 日。

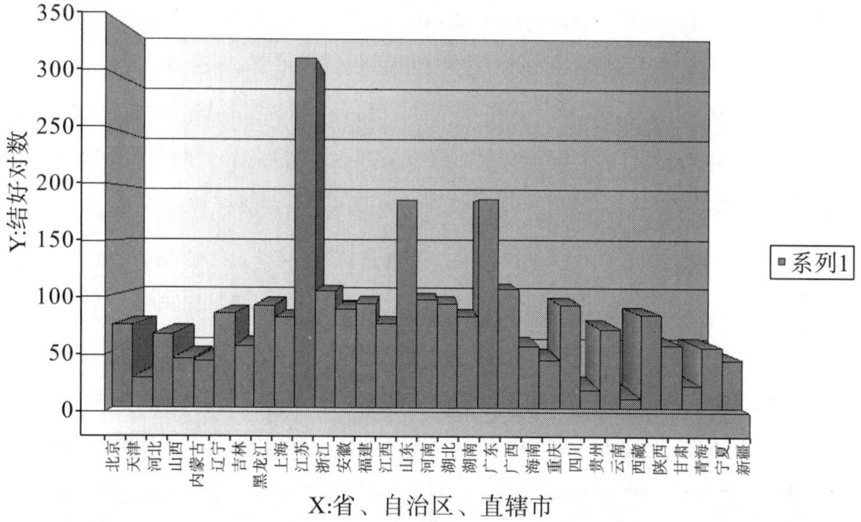

省、自治区、直辖市	北京	天津	河北	山西	内蒙古	辽宁	吉林	黑龙江	上海	江苏	浙江	安徽	福建	江西	山东	河南	湖北	湖南	广东	广西	海南	重庆	四川	贵州	云南	西藏	陕西	甘肃	青海	宁夏	新疆	合计
结好数	75	27	67	45	43	86	56	93	82	317	101	90	95	76	188	98	95	83	189	107	56	44	94	17	72	9	85	57	20	55	44	2566
排名	17	28	16	24	27	12	21	10	15	1	5	11	7	16	3	6	7	18	2	4	21	25	9	30	18	31	13	20	29	23	25	

图 1.1　中国各省、自治区、直辖市建立友好城市关系一览表

（不含台湾、港澳特别行政区）

资料来源：中国国际友好城市联合会：《全国各省、自治区、直辖市建立友好城市关系一览表》，中国国际友好城市联合会网站，http://www.cifca.org.cn/Web/Jie Hao Guan Xi Biao.aspx。检索时间：2018 年 8 月 27 日。

（二）城市外交的相关理论

目前，学术界普遍认为国际友好城市是城市外交（City Diplomacy）的一种重要形式。尽管 20 世纪 80 年代起就有“世界体系”理论、“平行外交”（Paradiplomacy）、“多层外交”（Multilayered Diplomacy）、“全球治理”（Global Governance）、“公共外交”（Public Diplomacy）等多种理论试图解释城市参与国际事务的现象，但总的来说这些理论对城市的关注是将其与其他非国家行为体一起研究的。21 世纪以来，随着城市在国际交往中所扮演的角色越来越重要，对其的关注也上升到了新的高度。

“城市外交”一词源自欧洲，最早是全球本土化论坛（The Glocal Forum）①

① 全球本土化论坛 2001 年成立于瑞士苏黎世，其总部设在意大利罗马。

在2003年讨论“地方国际化”（Glocalization）时首先使用的。中国学者赵可金、陈维认为，这一概念相较于“地方对外政策”（Local Foreign Policy）、“成员外交”（Constituent Diplomacy）、“地方外事”（Local Foreign Affairs）、“市政外交”（Municipal Diplomacy）、“市民外交”（Citizen Diplomacy）、“城际外交”（City-to-city Diplomacy）等其他类似的提法，其内涵更加简洁明了。① 全球本土化论坛最初使用这一术语是为了借此说明“地方国际化”的概念，即“在技术、信息和经济全球化与地方现实之间存在着紧密的链接，城市就是一种自下而上的全球化治理体系枢纽，是全球本土化的外交工具”。在该报告看来，“城市外交是外交去中心化和城市之间互动的必然产物”②。此后，这一概念得到了越来越广泛的使用。2005年，世界城市和地方政府联盟（UCLG）下属的城市外交、和平构建和人权委员会将城市外交定义为“地方政府及其附属机构用于促进社会团结、冲突预防和冲突后重建的工具，旨在构建一种稳定的安全环境，各方能在和平、发展与繁荣的气氛中生活与工作”③。

2007年，荷兰国际关系研究所的罗希尔·范德普兰（Rogier van der Pluijm）和简·梅利森（Jan Melissen）发表了题为《城市外交：国际政治中不断扩展的城市角色》（City Diplomacy: The Expanding Role of Cities in International Politics）的论文。④ 两位学者在文中指出，国际关系学者已普遍将外交的主体从国家和代表国家处理外交事务的外交部拓展到了国际组织、非政府组织、跨国公司等各个层次的非国家行为体；而城市则是其中非常容易被忽略的一个非国家行为体，但这种忽视是与城市在世界上无与伦比的影响力（在文章发表的2007年，生活在城市的人口已超过世界总人口的50%）完全不相符的。⑤

---

① 赵可金、陈维：《城市外交：探寻全球都市的外交角色》，载《外交评论》，2013年第6期，第67页。

② Glocal Forum, "Globalization: Research Study and Policy Recommendations", CERFE/ Glocal Forum/Think Tank on Glocalization, Rome, 2003. 转引自赵可金、陈维：《城市外交：探寻全球都市的外交角色》，载《外交评论》，2013年第6期，第67页。

③ A. J. Sizoo, "City Diplomacy Concept Paper", Committee on City Diplomacy, Peace-Building of United Cities and Local Governments Policy Statement, 2007. 转引自赵可金、陈维：《城市外交：探寻全球都市的外交角色》，载《外交评论》，2013年第6期，第67页。

④ Rogier van der Pluijm and Jan Melissen, "City Diplomacy: The Expanding Role of Cities in International Relations", Clingendael Diplomacy Papers, No. 10, The Hague, Netherlands Institute of International Relations Clingendael, 2007.

⑤ 同上，第5-6页。

该论文提出了一种广义和全面的城市外交定义，认为“城市外交是城市或地方政府为了代表该城市或地区的利益，在国际政治舞台上发展与其他行为体的关系的制度和过程”[①]，并且城市外交活动涵盖了安全、发展、经济、文化、城市网络和代表功能等六个方面的内容。[②] 这篇论文关于城市外交的定义和对城市外交内容的描述得到了学术界较为广泛的认可和接受。

国内学术界关于城市外交的讨论最早见于2004年时任天津市人民对外友好协会秘书长的龚铁鹰博士《国际关系视野中的城市——地位、功能及政治走向》一文。文章指出，城市外交是国家总体外交的一个组成部分，但是又有城市地方特色，在性质上属于半官方外交。城市外交也具有从属性、中介性等特点。[③] 该论文引起了学界的热烈讨论，此后有相当数量的讨论城市外交内涵的理论研究以及针对中国城市外交的案例研究问世。[④]

中国学界最初对城市外交这一外来概念的认知和使用是持审慎态度的，因为在传统外交理论看来，外交权是国家中央政府所独享的权力，是中央政府与次国家级别或是地方政府在分工和权力分配上的重要区别。因此，有部分学者一直对城市外交这一概念的使用存有疑虑，认为“城市”和“外交”是存在矛盾的。2013年7月，在清华大学“政治学与国际关系学术共同体”年会上，

① Rogier van der Pluijm and Jan Melissen, “City Diplomacy: The Expanding Role of Cities in International Relations”, Clingendael Diplomacy Papers, No. 10, The Hague, Netherlands Institute of International Relations Clingendael, 2007. p. 12. 译文引自赵可金、陈维：《城市外交：探寻全球都市的外交角色》，载《外交评论》，2013年第6期，第68页。

② 同上，第19－31页。

③ 龚铁鹰：《国际关系视野中的城市——地位、功能及政治走向》，载《世界经济与政治》，2004年第8期，第42页。

④ 以下是部分值得注意的理论和案例研究：陈志敏：《次国家政府与对外事务》，北京：长征出版社，2001年。陈志敏：《中国的地方外交》，载《国际观察》，2010年第1期，第18－19页。苏长和：《国际化与对方的全球联系——中国对方的国际化研究（1978—2008年）》，载《世界经济与政治》，2008年第11期，第24－32页。苏长和：《中国对方政府与此区域合作：动力、行为及机制》，载《世界经济与政治》，2010年第5期，第11页。熊炜、王婕：《城市外交：理论争辩与实践特点》，载《公共外交季刊》，2013年春季号（总第13期），第14－19页。杨勇：《全球化时代的中国城市外交——以广州为个案的研究》，暨南大学2007年博士学位论文。徐琨琳：《广州城市外交研究》，广东外语外贸大学2009年硕士论文。赵汗青：《北京城市外交发展研究》，外交学院2012年硕士论文。贺耀芳：《北京城市外交实践研究》，外交学院2012年硕士论文。周萍萍：《日本东京都城市外交的特点——以友好城市交流为例》，载《太平洋学报》2012年第8期，第49－56页。谢樱：《上海城市外交研究》，上海外国语大学2012年硕士论文。张佳佳、王晨光：《青岛城市外交的历史、现状与完善途径》，载《长江论坛》，2017年第1期，第51－55页。

由察哈尔学会主办的“察哈尔圆桌：城市外交的理论与实践”讨论中，有学者指出，在其调研过程中，地方政府对于是使用“城市对外关系”还是“城市外交”依然存有争议。① 直到2014年5月，国家主席习近平在中国国际友好大会暨中国人民年对外友好协会成立60周年纪念活动上发表讲话，明确提出“城市外交”②，这一概念才“开始得到比较正规的运用”③。

事实上，2008年11月8日，在中国国际友好城市大会开幕式的致辞中，中国人民对外友好协会会长陈昊苏就已经提出过“城市外交”的概念。他对城市外交的定义与龚铁鹰类似，也认为城市外交是一种半官方外交，但他特别强调了城市外交服从并服务于国家总体外交，城市外交能够发挥配合总体外交、参与全球治理、促进地方发展的重要作用的观点。④

赵可金、陈维在《城市外交：探寻全球都市的外交角色》一文中指出，“必须牢牢把握‘城市’和‘外交’的双重特性，明确城市的界限和外交的界限，在‘城市’特点和‘外交’特性两者之间寻求支撑点，才能真正明晰城市外交的准确内涵”。该论文将城市外交定义为一种特殊的外交形态，是“在中央政府的授权和指导下，某一具有合法身份和代表能力的城市当局及其附属机构，为执行一国对外政策和谋求城市安全、繁荣和价值等利益，与其他国家的官方和非官方机构围绕非主权事务所开展的制度化的沟通活动”⑤。

2014年，赵可金教授提出用“嵌入式外交理论”（Embedded Diplomacy Theory）来解释城市外交。该理论认为，当今世界是“一个主权国家、国际体系和社会网络并存的世界网络”，而城市化的进程则使城市在全球化的时代深深地“嵌入”了世界网络的这三个层次中，并“从三个体系中获得了专业化的外交功能”，从城市外事蜕变为城市外交，逐渐依托城市耦合为一种成熟的

---

① 余万里等：《城市外交的理论与实践》，载《公共外交季刊》，2013年秋季号第2期（总第15期），第80页。

② 习近平：《在中国国际友好大会暨中国人民对外友好协会成立60周年纪念活动上的讲话》，新华网，http://www.xinhuanet.com/politics/2014-05/15/c_1110712488.htm，2014年5月15日。检索时间：2018年7月25日。

③ 赵启正等：《中国城市外交的实践》，载《公共外交季刊》，2014年秋季号第6期（总第19期），第78页。

④ 陈昊苏：《在中国国际友好城市大会开幕式上的讲话》，人民网，http://world.people.com.cn/GB/57507/8311402.html，2008年11月10日。检索时间：2018年5月23日。

⑤ 赵可金、陈维：《城市外交：探寻全球都市的外交角色》，载《外交评论》，2013年第6期，第69页。

新外交体系，这就是城市外交。①

城市外交理论研究的不断深入事实上是对城市外交实践的反应和解读。从2005年至今，中国新建立国际友好城市关系数量的增长速度明显加快，达到了平均每年超过100对，而此前的1992年至2004年间，中国国际友好城市关系平均只是以每年略多于60对的速度平稳增加。②

（三）城市外交理论中的友好城市交往

在讨论城市外交的相关理论中，国际友好城市被普遍认为是城市外交的最早的也是非常重要的一种形式，中国最早的城市外交活动也是以这一方式开展的。

中国人民对外友好协会2005年发布的《友好城市工作管理规定》中的第三条指明，国际友好城市工作属于“民间外交范畴”，以“维护世界和平为宗旨”，目的是促进城市之间的“了解和友谊”，并且应“配合国家整体外交的需要和双边关系的发展”，“推动经济繁荣与社会进步”，友好城市之间的交流合作则包括经济、科技、文化、人才等方面的内容。③ 由此可见，国际友好城市关系几乎涵盖了城市之间外交活动的所有重要方面，是城市外交在城市与城市交往层次上最重要的形式。

2008年起，中国人民对外友好协会、中国国际友好城市联合会开始共同

---

① 赵可金：《嵌入式外交：对中国城市外交的一种理论解释》，载《世界经济与政治》，2014年第11期，第143页。

② 数据来源：中国国际友好城市联合会：《全国历年对外结好一览表》，中国国际友好城市联合会网站，http://www.cifca.org.cn/Web/JieHaoBiao.aspx. 检索时间：2018年8月25日。

年份	当年结好数	年份	当年结好数	年份	当年结好数	年份	当年结好数
1992	59	1999	62	2005	86	2012	117
1993	67	2000	75	2006	90	2013	110
1994	90	2001	48	2007	99	2014	109
1995	68	2002	63	2008	93	2015	129
1996	43	2003	50	2009	89	2016	129
1997	72	2004	52	2010	82	2017	93
1998	64	1992—2004年平均	62.5	2011	109	2005—2017年平均	102.7

③ 中国人民对外友好协会：《友好城市工作管理规定》，http://wsb.yancheng.gov.cn/wqzs/wsfg/201409/t20140901_415622.html，2017年3月1日。检索时间：2018年8月7日。

举办中国国际友好城市大会，大会每两年一届。“国之交在于民相亲”，国家间关系的发展离不开人民之间的相互理解和友谊。中国国际友好城市大会“旨在为中外友好城市地方政府、国际友好城市组织及国内外从事友好城市管理研究的机构和人士提供一个展示工作成果，吸收借鉴各方成功经验，了解彼此合作规则和途径，探讨解决共同面临的问题和挑战的平台；促进我国国际友好城市与世界各国国际友好城市间的进一步交流与合作，推动我国国际友好城市工作的更大发展”。① 前五届大会先后在北京、上海、成都、广州、重庆举办，第六届大会于2018年11月在武汉举行。

在首届大会上，时任中国人民对外友好协会会长、中国国际友好城市联合会会长的陈昊苏在开幕讲话中明确提出了“城市外交”的概念，并指出，城市外交可以在促进地方发展、配合总体外交、参与全球治理三个方面发挥作用。他为国际友好城市活动的未来描绘了远大的前景，认为国际友好城市可以“从双边合作发展到多边合作，在地方与城市联合组织中发挥日益强大的国际影响力”②。

2013年，国家主席习近平提出了建设“丝绸之路经济带”和“21世纪海上丝绸之路”的倡议。“一带一路”倡议旨在促进世界互联互通和国际合作，城市特别是国际化大都市将在其中扮演不可或缺的连接点的作用。2014年5月，国家主席习近平在中国国际友好大会暨中国人民年对外友好协会成立60周年纪念活动上发表讲话，指出应推进城市外交，“要大力开展中国国际友好城市工作，促进中外地方政府交流，推动实现资源共享、优势互补、合作共赢”③。这是中国国家最高领导人首次在正式场合使用城市外交的概念，并明确指出了发展国际友好城市关系的重要性。

---

① 中国国际友好城市联合会：《关于举办2010年中国国际友好城市大会的通知》，中国国际友好城市联合会网站，http://www.cifca.org.cn/Web/Details.aspx? id=2364，2009年12月25日。检索时间：2018年7月25日。

② 中国国际友好城市联合会：《中国国际友好城市大会圆满成功》，中国国际友好城市联合会网站，http://www.cifca.org.cn/web/videoDetails.aspx? id=1536& ztid=26。检索时间：2018年7月25日。

③ 习近平：《在中国国际友好大会暨中国人民对外友好协会成立60周年纪念活动上的讲话》，新华网，http://www.xinhuanet.com/politics/2014-05/15/c_1110712488.htm，2014年5月15日。检索时间：2018年7月25日。

二　中阿友好城市现状

中国与阿根廷的国际友好城市关系始于 1992 年。当年 5 月，中国河北省与阿根廷布宜诺斯艾利斯省签署友好关系协议书，结成了中阿第一对友好关系。此后的十年间，中阿友好城市缓慢发展，2004 年以前共结好 4 对。2004 年，胡锦涛主席和基什内尔总统实现互访，中阿建立战略伙伴关系，双边关系进入全面发展的新阶段，中阿友好城市也随之进入快速发展期。2005 年至 2010 年，中阿新增国际友好城市 10 对，结好总数达 14 对。2014 年 7 月，习近平主席对阿根廷进行国事访问，中阿宣布建立全面战略伙伴关系。在这一时间节点前后，中阿友好城市数量迎来爆发式增长，2014 年中阿共结成 5 对国际友好城市。而随着 2018 年 1 月 31 日中国四川省省会成都市与阿根廷布宜诺斯艾利斯省省会拉普拉塔市正式建立友好城市关系，中阿友好城市数量达到 23 对（见表 1.1）。

表 1.1　中阿友好城市及结好时间

中方城市	阿方城市	结好时间
河北省	布宜诺斯艾利斯省（Provincia de Buenos Aires）	1992 - 05 - 19
北京市	布宜诺斯艾利斯市（Ciudad Autónoma de Buenos Aires）	1993 - 07 - 13
吉林省	恩特雷里奥斯省（Provincia de Entre Ríos）	1996 - 11 - 04
上海市	罗萨里奥市（Rosario）	1997 - 06 - 17
河南省	恩特雷里奥斯省（Provincia de Entre Ríos）	2005 - 05 - 09
安徽省	拉潘帕省（Provincia de La Pampa）	2006 - 06 - 20
西安市	科尔多瓦市（Córdoba）	2006 - 12 - 19
福建省	米西奥内斯省（Provincia de Misiones）	2007 - 06 - 27
九江市	拉普拉塔市（La Plata）	2008 - 01 - 21
巢湖市	伯嘎密诺市（Pergamino）	2008 - 09 - 29
南昌市	基尔梅斯市（Quilmes）	2008 - 12 - 05
池州市	弗洛伦西奥巴莱拉市（Florencio Varela）	2009 - 09 - 16
重庆市	科尔多瓦省（Provincia de Córdoba）	2010 - 05 - 18

续表1.1

中方城市	阿方城市	结好时间
马鞍山市	萨帕拉市（Zapala）	2010－12－20
吴忠市	拉斯帕雷哈斯市（Las Parejas）	2011－11－12
广州市	布宜诺斯艾利斯市（Ciudad Autónoma de Buenos Aires）	2012－04－16
广东省	门多萨省（Provincia de Mendoza）	2013－11－11
沈阳市	拉普拉塔市（La Plata）	2014－05－29
北京市延庆区	罗德里格斯市（General Rodríguez）	2014－09－20
杭州市	卡拉法特市（El Calafate）	2014－10－15
福州市	里奥加列戈斯市（Río Gallegos）	2014－11－12
重庆市北碚区	圣达菲市（Santa Fe）	2014－11－12
成都市	拉普拉塔市（La Plata）	2018－01－31

资料来源：中国国际友好城市联合会网站，http://www.cifca.org.cn/Web/Search By Zhou.aspx? guojia=%b0%a2%b8%f9%cd%a2，检索时间：2018年8月25日。

（一）中阿友好城市结好数据分析

目前阿根廷与我国结好数量在所有国家中排在第三十一位，位居美洲第五位。在拉美国家中，阿根廷排在第三位，与我国结好数量仅次于巴西（57对）和墨西哥（32对）。由于中阿两国距离遥远，且中阿间国际友好城市关系的发展起步较晚，中阿间的友好城市数量与部分国家相比有比较明显的差距。但事实上，近15年来中阿间友好城市数量增长明显，合作成果也十分显著。这也从侧面反映出，中阿两国的关系是在2004年两国建立战略伙伴关系之后才逐渐密切起来的。相比之下，中国与巴西和墨西哥之间较阿根廷更早建立了战略伙伴关系，中国与两国间的友好城市关系也起步更早，分别始于1986年和1985年。因此，目前中阿间的友好城市数量还少于这两个国家。

表1.2　各大洲与中国结好数量较多的国家

亚洲			
日本	252	韩国	182
越南	38	泰国	36
蒙古	31	菲律宾	30

续表1.2

欧洲			
俄罗斯	139	法国	96
德国	96	意大利	72
英国	66	西班牙	25
非洲			
南非	32		
美洲			
美国	271	加拿大	59
巴西	57	墨西哥	32
阿根廷	23	智利	16
大洋洲			
澳大利亚	107	新西兰	37

资料来源：中国国际友好城市联合会：《世界各国与我国建立友好城市关系一览表》，中国国际友好城市联合会网站，http://www.cifca.org.cn/Web/WordGuanXiBiao.aspx。检索时间：2018年8月25日。

在与阿方结好的中方的23个省市分布较广，分别属于15个省级行政单位，几乎占全国34个省级行政单位的一半（见表1.3）。其中安徽省数量最多，共有4对；随后是北京市、重庆市、江西省、福建省和广东省，各有2对。从空间分布上看，既有上海、广州、浙江、福建等东部沿海省市，也有重庆、陕西、四川、宁夏等中西部内陆省市，且其中内陆省份所占比重较大，与全国国际友好城市统计数据中“东多西少”“沿海多于内陆”的特点①有所不同。目前，在全国建立友好城市数量上排名前十的省级行政单位中，有一半——江苏省（第一）、山东省（第三）、广西壮族自治区（第四）、湖北省（并列第七）和黑龙江省（第十）——还没有与阿根廷建立友好城市关系，但部分省份与阿根廷已建立友好交流关系。

① 吴晓征、王茂军：《中国友好城市的时空间演变分析》，载《首都师范大学学报（自然科学版）》，2013年6月，第34卷，第3期，第53－58页。

表 1.3 中阿友好城市中方省市分布

中方省级行政单位	结好数国内总排名	中方省、市	阿方省、市	数量合计
安徽省	11	安徽省	拉潘帕省	4
		池州市	弗洛伦西奥巴莱拉市	
		马鞍山市	萨帕拉市	
		巢湖市	伯嘎密诺市	
北京市	17	北京市	布宜诺斯艾利斯市	2
		延庆区	罗德里格斯市	
重庆市	25	重庆市	科尔多瓦省	2
		北碚区	圣达菲市	
福建省	7	福建省	米西奥内斯省	2
		福州市	里奥加列戈斯市	
广东省	2	广东省	门多萨省	2
		广州市	布宜诺斯艾利斯市	
江西省	16	九江市	拉普拉塔市	2
		南昌市	基尔梅斯市	
河北省	19	河北省	布宜诺斯艾利斯省	1
河南省	6	河南省	恩特雷里奥斯省	1
吉林省	21	吉林省	恩特雷里奥斯省	1
辽宁省	12	沈阳市	拉普拉塔市	1
宁夏回族自治区	23	吴忠市	拉斯帕雷哈斯市	1
陕西省	13	西安市	科尔多瓦市	1
上海市	15	上海市	罗萨里奥市	1
四川省	9	成都市	拉普拉塔市	1
浙江省	5	杭州市	卡拉法特市	1

资料来源：中国国际友好城市联合会网站，http://www.cifca.org.cn/Web/SearchByZhou.aspx? guojia=%b0%a2%b8%f9%cd%a2。检索时间：2018 年 8 月 25 日。

而在阿根廷方面，阿根廷全国 24 个省级行政单位（含首都和 23 个省）

中，其中10个与中国建立了友好城市关系（见表1.4）。其中，阿根廷最重要的省份、人口、经济总量和进出口总量均位居阿根廷全国第一位的布宜诺斯艾利斯省及其下辖的城市共与中国建立了8对友好城市关系，为阿方最多，且远多于其他省市；圣塔菲省以3对位列第二；首都布宜诺斯艾利斯市、恩特雷里奥斯省、圣克鲁斯省、科尔多瓦省均为2对；其余省均为1对。值得注意的是，阿方省市中出现了一个省或城市与中方几个不同的省或者城市结为友好城市的情况，这在中方是没有的。在地理分布上，米西奥内斯省和圣克鲁斯省分别位于阿根廷国土的北、南两端，其余省、市则集中在阿根廷中部经济较发达地区。

表1.4　中阿友好城市阿方省市分布情况

<table>
<tr><th>阿方省级行政单位</th><th>阿方省、市</th><th>中方省、市</th><th>数量合计</th></tr>
<tr><td rowspan="2">布宜诺斯艾利斯市</td><td rowspan="2">布宜诺斯艾利斯市</td><td>北京市</td><td rowspan="2">2</td></tr>
<tr><td>广州市</td></tr>
<tr><td rowspan="8">布宜诺斯艾利斯省</td><td>布宜诺斯艾利斯省</td><td>河北省</td><td rowspan="8">8</td></tr>
<tr><td rowspan="3">拉普拉塔市</td><td>成都市</td></tr>
<tr><td>九江市</td></tr>
<tr><td>沈阳市</td></tr>
<tr><td>弗洛伦西奥巴莱拉市</td><td>池州市</td></tr>
<tr><td>伯嘎密诺市</td><td>巢湖市</td></tr>
<tr><td>基尔梅斯市</td><td>南昌市</td></tr>
<tr><td>罗德里格斯市</td><td>北京市延庆区</td></tr>
<tr><td rowspan="3">圣塔菲省</td><td>罗萨里奥市</td><td>上海市</td><td rowspan="3">3</td></tr>
<tr><td>拉斯帕雷哈斯市</td><td>吴忠市</td></tr>
<tr><td>圣塔菲市</td><td>重庆市北碚区</td></tr>
<tr><td rowspan="2">恩特雷里奥斯省</td><td rowspan="2">恩特雷里奥斯省</td><td>河南省</td><td rowspan="2">2</td></tr>
<tr><td>吉林省</td></tr>
<tr><td rowspan="2">圣克鲁斯省</td><td>卡拉法特市</td><td>杭州市</td><td rowspan="2">2</td></tr>
<tr><td>里奥加列戈斯市</td><td>福州市</td></tr>
</table>

续表1.4

阿方省级行政单位	阿方省、市	中方省、市	数量合计
科尔多瓦省	科尔多瓦省	重庆市	2
	科尔多瓦市	西安市	
拉潘帕省	拉潘帕省	安徽省	1
门多萨省	门多萨省	广东省	1
内乌肯省	萨帕拉市	马鞍山市	1
米西昂内斯省	米西昂内斯省	福建省	1

资料来源：中国国际友好城市联合会网站，http://www.cifca.org.cn/Web/Search By Zhou.aspx? guojia = % b0% a2% b8% f9% cd% a2。检索时间：2018 年 8 月 25 日。

（二）中阿友好城市间交流合作情况

目前，中阿友好城市之间在经贸、文化、科教等领域已开展了不少务实合作，以下将介绍中阿友好城市之间的人员互访、经贸往来等方面的内容，并着重考察中阿友好城市之间合作机制的建立情况。中阿友好城市之间的文化交流将在下一部分单独进行讨论。

1. 人员互访

各领域人员，特别是地方领导人的互访是中阿间国际友好城市关系中很重要的一个方面。这不仅是开拓、维系、推进双方友好关系的重要手段，还能为双方提供表达合作意向、商讨合作领域、签署实质性合作协议的机会。2004 年中阿建立战略伙伴关系以来，随着中阿间友好城市数量的增加，中阿友好城市地方领导人的互访明显增多。地方领导人的互访往往始于建立国际友好城市关系之前，在初步的接触和了解，甚至是在有了试探性的合作之后，如果双方适合结为国际友好城市关系，地方领导人才会向对方表达相关意向并推进相关申请和报备进程。随后，双方正式签署友好城市关系协议时，一方地方领导人也会率团访问对方。在国际友好城市关系正式确立之后，地方领导人的互访也不会停止，持续用互访保持双方友好关系的热度。

从地方领导人首次访问到正式建立友好城市关系有时是一个很漫长的过程。例如，1997 年 12 月，西安市人民对外友好协会名誉会长施启文率西安市代表团首次访问阿根廷科尔多瓦市，但两市正式建立友好城市关系是在9年后的2006年12月。9年间，西安市与科尔多瓦市最初签署了友好交流协议书，同意在经济、文化、科技等领域发展友好合作关系。随后，随着两市各领域合作不断深化，两市领导人数次互访，并就建立友好城市关系达成共识。2006年底，两市在履行报批程序后才终于签署友好城市协议书。①

地方领导人的互访除了与对方领导人建立友谊、增进两地相互了解之外，还会向对方表达合作意愿和意向合作领域，并有机会签署各领域的合作备忘录，有助于推进两地间的务实合作。中阿国际友好城市间的合作领域覆盖范围较广，常见的合作领域有经贸、旅游、文化、教育、体育、卫生等方面。国际友好城市间的合作往往会考虑本地区的地域特点，选择具有相似性和互补性的领域展开合作。例如，福建省在发展与阿根廷的友好关系时，便充分考虑到80%的在阿华人华侨祖籍福建这一现实②；由于阿方的米西奥内斯省拥有丰富的矿产、森林和旅游资源，福建省在与对方合作过程中便将重点放在能源开发、基础设施建设、林业资源开发和利用、有机农业开发等领域。③

地方领导人的个人背景或兴趣志向有时也会对双方的合作产生影响。2012年，广州市与布宜诺斯艾利斯市签署友好城市协议书时，时任布宜诺斯艾利斯市市长正是阿根廷现任总统毛利西奥·马克里。马克里先生曾担任阿根廷著名球队博卡青年足球俱乐部的主席。当时，马克里和陈建华市长一致同意，"广州的足球队和博卡青年队建立友好合作关系，通过互派球员，举行友谊赛，密切体育交流，深化体育文化等领域的合作"④。

除了地方领导人互访之外，各行业和领域的代表团互访也是双方间人员互访的重要组成部分。特别是在2014年两国建立全面战略伙伴关系之后，中阿

---

① 陕西省人民政府对外友好协会：《西安市与科尔多瓦市交流情况》，陕西省人民政府对外友好协会网站，http://www.sxfao.gov.cn/info/277/89572.htm，2009年1月8日。检索时间：2018年7月20日。

② 福建省人民政府外事办公室：《福建省与阿根廷米西奥内斯省友好合作翻开新篇章》，福建省人民政府外事办公室网站，http://wb.fujian.gov.cn/zwgk/gzdt/zwyw/201709/t20170926_4362093.htm，2017年9月26日。检索时间：2018年7月20日。

③ 福建省人民政府外事办公室：《阿根廷米西奥内斯省》，福建省人民政府外事办公室网站，http://www.fjfao.gov.cn/syx/yhcsjj/201011/t20101111_1123024.htm，2010年11月11日。检索时间：2018年7月20日。

④ 广州日报：《草原盛开英雄花　广州"布市"缔结姐妹城》，凤凰网，http://news.ifeng.com/gundong/detail_2012_04/18/13961931_0.shtml，2012年4月18日。检索时间：2018年7月20日。

青年政治家、地方公务员、媒体记者、企业家、艺术家、作家等团体之间的互访变得更为频繁。

总的来说，中阿友好城市间的人员互访不仅有助于增进中阿友谊和了解，还为中阿全面战略伙伴关系提供了切实可行的合作机会。互访可以使双方克服地理距离的阻隔，以互访人员的切身体验真实感受双方的具体国情和文化风貌，并借互访的机会向对方推介本地的优质产业和文化。

2. 经贸往来

经贸是国际友好城市关系中的重要合作领域，也是最能给城市带来直接利益的合作领域，因此经贸成为国际友好城市间的重点合作领域。中阿友好城市之间结合各地的产业特点和优势，发挥友好城市双方的互补性，落地了多种多样的合作项目，推进了中阿双方的共同繁荣。

在经贸方面，中阿双边贸易额不断增长，经贸合作日益深化。据中国海关统计，2017 年双边贸易额为 138.09 亿美元，同比增长 12.1%。目前阿根廷是中国在拉美第五大贸易伙伴，中国是阿根廷全球第三大贸易伙伴。双方迄今已举行了 4 次经济合作与协调战略对话、20 次经贸混委会会议。[①] 中阿也曾举办中阿投资促进论坛、阿根廷—中国经商与投资洽谈会等活动，以促进中阿贸易的进一步发展。[②]

在中阿双边贸易总体不断增长的背景下，中阿间友好城市利用已建立起的友好关系这一平台，正努力开拓贸易合作机制，推动友好城市间的经贸合作更上一个台阶。

2016 年 4 月，河南省举办了 2016 河南国际友好城市洽谈会。作为第十届中国（河南）国际投资贸易洽谈会的一项重要内容，2016 河南国际友好城市洽谈会“城市连接友谊，产业推动合作”，以专题推介、产业对接、项目洽谈

---

① 中华人民共和国外交部：《中国同阿根廷的关系》，中华人民共和国外交部网站，http://www.fmprc.gov.cn/web/gjhdq_676201/gj_676203/nmz_680924/1206_680926/sbgx_680930/，2018 年 6 月。检索时间：2018 年 7 月 20 日。

② 北京市人民政府外事办公室：《中阿投资促进论坛在阿根廷举行》，北京市人民政府外事办公室网站，http://www.bjfao.gov.cn/yhjw/city/mzdq/BuenosAires/27180.htm，2011 年 12 月 16 日。北京市人民政府外事办公室：《阿根廷—中国经商与投资洽谈会在布宜诺斯艾利斯举行》，北京市人民政府外事办公室网站，http://www.bjfao.gov.cn/yhjw/city/mzdq/BuenosAires/32140.htm，2012 年 4 月 16 日。检索时间：2018 年 7 月 20 日。

签约为内容，围绕“一带一路”倡议展开。会议有200多家河南企业参加，并邀请了国际友好城市政府和企业界代表、外国驻华使领馆官员、国外知名商协会代表、华侨华人社团代表以及部分跨国公司及境外知名企业高管等来自30多个国家的80多个团组300多人参加。会议拟签约的项目达40多个，其中经贸类项目30多个，涉及高科技现代农业、汽车制造、医疗卫生、旅游地产、金融投资、科技文化教育、跨境电商贸易等领域。①

2018年5月，北京市商务委员会与宇仝股份有限公司在阿根廷布宜诺斯艾利斯市合作建立了“北京—布宜诺斯艾利斯国际经贸发展服务中心”。“宇仝股份有限公司已为中国中车、中国电建、国家电网、中国通用技术进出口公司、中国葛洲坝集团、中兴通讯股份有限公司等多家中国企业在阿根廷投资提供专业的咨询服务，并成功帮助上述企业的十几个大型项目在阿根廷投资落地，总投资金额超100亿美元。2017年，宇仝股份有限公司促成阿根廷—中国生产及工商协会与北京天竺综合保税区管理委员会签署中国—阿根廷文化贸易合作平台项目。项目内容围绕促进和加强阿根廷与中国之间的经贸关系，合力打造阿根廷在中国的文化贸易平台，借助该平台，引入阿根廷的足球、马球等优质体育资源，探戈、文学、音乐、戏剧、手工艺品等文化产业资源，红酒、牛肉、马黛茶、海产品等农业贸易资源以及旅游资源，为两国文化贸易合作提供多样化的产品与服务。”②

四川省成都市自2015年起每年举办“成都全球创新创业交易会”，创交会期间举办“国际友城市长创新论坛”“国际友城高校技术创新论坛”等子活动。其中，“国际友城市长创新论坛”以“创新引领·合作共赢”为主题，邀请30余个国际友城、友好合作城市和友好交流城市参会，介绍鼓励创新创业政策、机制和措施，分享创新创业领域成功案例，开展创新创业项目推介，促进友城间相互经验借鉴和双方创新企业间合作。③ 该论坛已发展为成都市与其

---

① 国搜河南：《2016年河南国际友好城市经贸合作洽谈会将在郑州举行》，中国搜索网，http://hn.chinaso.com/news/detail/20160402/1000200032881441459566242037423995_1.html，2016年4月2日。检索时间：2018年7月20日。

② 北京市商务委员会：《市商务委在阿根廷建立北京——布宜诺斯艾利斯国际经贸发展服务中心》，北京市政府信息公开专栏网站，http://zfxxgk.beijing.gov.cn/110020/gzdt53/2018-05/18/content_eca4a4fc9240472888e75f71ab27d0cd.shtml，2018年5月18日。检索时间：2018年7月21日。

③ 2017成都全球创新创业交易会网站，http://www.chinagietf.com/index.php?s=/Article/detail/id/229.html。检索时间：2018年7月20日。

国际友好城市之间固定的对话机制，在引导与友好城市开展合作上十分有借鉴意义。

三 文化交流

文化交流是国际友好城市关系的重要基础，是增进双方民众互相了解、消除不同文化间的误解的重要途径，也是推进双方友谊的有力手段。在涉及城市外交和国际友好城市所包含的内容时，学者们几乎一致将文化交流看作是其中的重要组成部分。例如，范德普兰和梅利森的论文中所列出的城市外交6个方面的内容中就包括文化。文章认为，不同文化之间的误解往往来源于文化方面的不了解。① 文化交流则可以很好地澄清误解，这一点无论是在城市外交层面与国家外交层面都是一致的。中阿友好城市的交往也证明了这一点，习近平主席所说的“国之交在于民相亲，民相亲在于心相通”②亦得到了进一步验证。

另一方面，赵可金在《中国城市外交的若干理论问题》一文中谈到了城市精神的问题。他认为，国际大都市都十分重视培育城市精神，并且会在城市对外交往的过程中通过城市精神来提高城市的对内凝聚力和对外影响力。③ 城市精神归根结底也是一个文化的问题——如何树立或构建城市乃至国家的形象？如何扩大城市或国家在文化上的影响力或者软实力？要回答这样的问题或许需要从对文化这一概念的界定入手。下文将首先就中阿友好城市间的文化交流活动展开讨论，然后将试图从如何理解文化的内涵入手来解释文化交流的发展方向。

（一）中阿友好城市文化交流

国际友好城市不仅仅是推介本地文化的窗口，还是两国文化交流的重要平

---

① Rogier van der Pluijm and Jan Melissen, “City Diplomacy: The Expanding Role of Cities in International Relations”, p. 28.

② 习近平：《在中国国际友好大会暨中国人民对外友好协会成立60周年纪念活动上的讲话》，新华网，http://www.xinhuanet.com/politics/2014-05/15/c_1110712488.htm，2014年5月15日。检索时间：2018年7月25日。

③ 赵可金：《中国城市外交的若干理论问题》，载《国际展望》，2016年第1期，第67页。

台和直接组织者，肩负着促进两国和两国人民间更广泛的文化交流的重任，在很大程度上分解了传统国家间外交中文化传播的功能。中阿友好城市间举办了多姿多彩的文化交流活动，在艺术、体育、教育等方面已展开了务实的合作，并已开始努力探寻友好城市间文化交流的长效机制。

设立孔子学院是在阿根廷传播中国文化的重要途径，也是当下中国文化在海外传播方面已取得一定成效的一种文化交流机制。目前，阿根廷共有两所孔子学院，分别是与吉林大学合作共建的布宜诺斯艾利斯大学孔子学院（2009年5月启动运行）和与西安外国语大学合作共建的拉普拉塔大学孔子学院（2010年9月启动运行）。两所孔子学院均长期开设不同级别的汉语语言课程和多种门类的中国文化课程。此外，两所孔子学院还不定期举办音乐会、研讨会、图片展、电影周等多种文化活动，每年组织“汉语桥”系列中文比赛的海外预赛，成为阿根廷人民认识中国、了解文化的窗口和桥梁。两所孔子学院也成为连接双方高校的纽带，吉林大学和布宜诺斯艾利斯大学、西安外国语大学和拉普拉塔大学之间建立了师生互换交流机制，在国际关系、经济、跨文化交际等学科领域开展项目合作。2011年10月，吉林大学成立了第一个阿根廷讲堂。2012年，吉林大学在布宜诺斯艾利斯大学设立第一个中国大讲堂，两校互派人文社会科学领域知名专家就当前中国、阿根廷研究相关问题开设专题系列讲座。① 在吉林大学的沟通协调下，布宜诺斯艾利斯大学已与哈尔滨工业大学、同济大学、深圳大学、对外经济贸易大学等多所中国高校签署了合作协议②，为布大师生提供了更多到中国深造、培训和交流的机会，进一步推动了两国高校的交流与合作。拉普拉塔大学孔子学院则与多所阿根廷高校建立了合作关系，在罗萨里奥（Rosario）、圣地亚哥-德尔埃斯特罗（Santiago del Estero）、胡胡伊（Jujuy）、萨尔塔（Salta）和图库曼（Tucumán）等地设立了了办公室和授课点，将孔子学院的影响和教学资源辐射到了更广的区域。③

总的来说，阿根廷的两所孔子学院都没有局限于开设汉语和中国文化课程的基本目标，而是很好地整合了中阿双方合作院校的资源，真正成为沟通中阿

---

① 布宜诺斯艾利斯大学孔子学院，“Actividad académica”，布宜诺斯艾利斯大学孔子学院网站，http://www.institutoconfucio.edu.ar/actividad-academica.html。检索时间：2018年7月23日。

② 同上。

③ 拉普拉塔大学孔子学院，“Confucio Federal”，拉普拉塔大学孔子学院网站，http://www.institutoconfucio.iri.edu.ar/index.php/institucional/confucio-federal。检索时间：2018年7月23日。

文化的桥梁和平台，使中阿双方均从中获益良多。值得注意的是，虽然两所中方高校所在地均与阿根廷建立了友好城市关系（吉林省—恩特雷里奥斯省，西安市—科尔多瓦市），但孔子学院的阿方院校均不是来自对应友好城市的高校，而是选择了布宜诺斯艾利斯大学和拉普拉塔大学这样综合实力较强的高校作为合作方。目前，中阿间还没有能在一对友好城市的高校间合作建立孔子学院，这是从中阿两国高校的专业特点、阿方院校办学能力、孔子学院发展整体规划等多方面进行考虑的。尽管如此，阿根廷现有的两所孔子学院为孔子学院在阿根廷今后的发展打下了坚实的基础，为这种文化交流模型提供了合作范例和示范标杆。目前中阿友好城市间在这方面还没有一种全面、广泛的固定合作机制，孔子学院作为连接中阿双方高校、城市和人员的平台，其运作模式和发挥作用的机制都是值得中阿友好城市间文化交流借鉴的。

虽然早在2001年，时任阿根廷布宜诺斯艾利斯市长代表、经济发展秘书长爱杜阿杜·海克率布市代表团访问北京期间，布市就曾在北京举办阿根廷文化周①，起到了增进两市及两国人民的了解和友谊的作用，但这类活动经常是一次性的，大多没有固定长期举办的制度。上海市曾在2013年、2014年和2016年举办过三届“拉美及加勒比风味在上海”美食文化节活动，但之后是否还在继续举办未见于媒体报道。② 2016年“中拉文化交流年”之际，中拉间文化活动精彩纷呈。无论是在中国举办的各类拉美音乐节、文化节、电影节、艺术展、舞蹈和乐队表演、图书节、文明对话、人文交流、旅游推介等活动，还是“中国文化拉美行”系列活动中中国文物精品展、中拉文明互鉴展、奥林匹克美术大展、中央民族乐团、国家京剧院等项目和团组赴拉美及加勒比地区的巡演和巡展，都给拉美民众留下了深刻的印象。但这样的大型活动往往难以长久定期举办，各类团体也无法常驻一地，活动的热度消退后如何在当地民众中重新唤起对中国文化的关注就成了难题。③

---

① 北京市人民政府外事办公室：《刘淇会见阿根廷客人》，北京市人民政府外事办公室网站，http://www. bjfao. gov. cn/wsdt/news/4691. htm，2001年11月18日。检索时间：2018年7月20日。

② 上海市人民政府外事办公室：《“拉美及加勒比风味美食节”活动开幕式》，上海市人民政府外事办公室网站，http://www. shfao. gov. cn/wsb/node466/node467/node468/u1ai24428. html，2016年6月2日。检索时间：2018年7月20日。

③ 中国文化报：《文化交流缤纷多彩“中拉时间”再启新篇》，人民政协网，http://430530. epaper. rmzxb. com. cn/c/2016-11-17/1150893. shtml，2016年11月17日。检索时间：2018年7月21日。

或许四川省成都市每年夏天举办的“成都国际友城青年音乐周”值得友好城市文化交流借鉴。该活动始创于2007年举办的“成都中澳青年音乐周”，至今已有12年历史。2010年起，其活动范围从澳大利亚一国逐渐扩展到世界各国，到2018年已发展为有来自31个国家42个城市和地区，48支海内外艺术团，近500名青年艺术家和44支本土乐队参加的大型国际人文交流活动。[①]该活动由成都市人民政府主办，成都市人民政府外事侨务办公室、成都传媒集团等单位承办，已形成每年举办的活动机制，创下了活动品牌。这样定期举办的活动无疑是友好城市间文化交流所需要的，只有坚持才能让友好城市真正成为沟通民心、增进了解的平台和桥梁，而不至于落入仅有友谊名号的尴尬境地。

另外，足球是中阿友好城市已开始着力发展的领域。阿根廷在世界足坛的实力和声誉无须赘述，而西安、广州等多个城市也在与阿方建立友好城市关系时表达过相关的合作意愿。[②] 目前，安徽省已从2017年起举办了两届“中国安徽—阿根廷青少年（足球）文化周”活动。活动由阿根廷驻沪总领馆和安徽省出版集团主办，安徽省外事办公室、教育厅、文化厅、体育局等多部门给予支持，旨在推动安徽省与阿根廷在教育、文化、体育、青少年交流等领域的合作。[③] 2017年起，四川省成都市也与友好城市拉普拉塔市所在的布宜诺斯艾利斯省的青少年足球队开展了两届交流活动。[④] 值得注意的是，在2018年9月底至10月初，成都市还将组织青少年男女足球队各一支回访布省，参加足

---

① 成都市人民政府外事侨务办公室：《“2018成都国际友城青年音乐周”召开新闻通气会》，成都市人民政府外事侨务办公室网站，http://www.cdfao.gov.cn/html/detail_9863.html，2018年7月19日。检索时间：2018年7月25日。

② 陕西省人民政府外事办公室：《西安市与科尔多瓦市交流情况》，陕西省人民政府外事办公室网站，http://www.sxfao.gov.cn/info/277/89572.htm，2009年1月8日。广州日报：《草原盛开英雄花 广州“布市”缔结姐妹城》，凤凰网，http://news.ifeng.com/gundong/detail_2012_04/18/13961931_0.shtml，2012年4月18日。检索时间：2018年7月20日。

③ 安徽省人民政府外事办公室：《2017中国安徽阿根廷青少年（足球）文化周举办》，安徽省人民政府外事办公室网站，http://www.ahfao.gov.cn/WSBNewsxl.aspx? Id=17432，2017年6月22日。检索时间：2018年7月20日。

④ 国际蓉：《成都足球小将对战阿根廷，你猜咱们赢了吗?》，成都市人民政府外事侨务办公室微信公众号“国际蓉”，https://mp.weixin.qq.com/s/jD2Bb5yIAGj4cZJG9dIWbA，2017年5月25日。国际蓉：《奔跑吧，成都足球小子!》，成都市人民政府外事侨务办公室微信公众号“国际蓉”，https://mp.weixin.qq.com/s/tiDZUWHZMAzdg2h_jqJfdQ，2017年5月26日。检索时间：2018年7月25日。

球友谊赛和相关文化交流活动。[①] 安徽、成都与阿方的足球交流活动并没有局限于足球，来访的阿方青少年还参加了一系列中国文化体验活动，双方青少年有机会在活动中面对面进行交流，认识对方的城市、国家和文化。中阿青少年的交流对两国未来的关系走向有着深远的影响，像这样内容丰富的、双向的文化交流十分值得鼓励。

总的来说，中阿友好城市之间已开展了一些内容广泛的文化交流活动，本文无意穷举所有的交流合作项目，而更希望从中找到真正可持续的长效合作机制。目前，本文所提到的一些合作机制已初见成效，为中阿友好城市间未来的文化交流提供了可借鉴的经验。

（二）关于文化交流的思考

在回答“文化交流该如何进行”这样的问题之前，需要先回过头思考一下，究竟何为文化?

英国著名社会主义思想家、文化研究理论家、剑桥大学戏剧讲座讲授雷蒙德·威廉斯（Raymond Williams）在《文化分析》[②] 一文中提出了“文化主义”的基本观点和研究路径，给出了文化的三种定义，指明了文化所对应的三个层次的内容。首先，文化可定义为一种“描绘人类的某种完美状态或朝向完美的过程，以某种绝对真理或普世价值的状态存在”[③]。这是一种具有“理想”属性的文化。对于全人类来说，文化是可以在人类社会生活中发现的某些“具有特殊重要性的真理和价值”，是关于人类发展的理想状态的描述；而如果将范围缩小到某一国家或文明，文化则体现的是这个国家或文明的人们所共享的价值观和理想追求。在这种定义下，无论是国家主动对外界构建或是展示的国家形象，还是外部观察者所见的“软实力”[④]，国家在内部和外部所

---

① 成都市人民政府外事侨务办公室：《2018成都·阿根廷青少年足球交流项目在蓉举行》，成都市人民政府外事侨务办公室网站，http://www.cdfao.gov.cn/html/detail_9738.html，2018年6月5日。检索时间：2018年7月25日。

② Williams，Raymond. “The Analysis of Culture”，from John Storey，*Cultural Theory and Popular Culture：A Reader*，The University of Georgia Press，1998，pp. 48－56.

③ 本部分译文如无特别说明，均来自约翰·斯道雷：《文化理论与大众文化导论》（第五版），常江译，北京：北京大学出版社，2010年。

④ 美国著名国际政治学者小约瑟夫·奈提出的概念，即国家在文化、政治价值观和外交政策等方面的吸引力。

获得的认同都与文化在这一层次的内容有关。

其次，是一种承担了“记录”功能的文化，是“知识性或想象性的作品，是人类思想和经验得以详细保存的各种具体形式”①。这一层次的文化定义对应着对某一时期的各种形式的文化记录的研究，研究的对象不仅包括艺术、文学等看得见的文本，建筑、服饰、生活事件、社会现象也可以作为一种非常规文本被纳入研究范围。人们通常在提到文化研究、文化交流时，一般指的都是这个层次的文化定义。语言、文学、艺术等领域的学者所研究的也基本上是属于这一层次的文化。文化的记录功能十分重要，正如威廉斯所说：“我们所苦苦寻觅的，正是总体性文化机制所表达的实实在在的生活。而当我们无法亲眼看见某些‘生活方式’的时候，文化记录就显得尤为重要了，因为这些记录通过种种具体的方式将我们无法亲见的东西清楚地展现在我们眼前。”② 在跨文化交际和国际文化交流过程中，如果无法亲身体验、亲眼看见一种不同的文化，那么在广义的文本中去理解这种文化就成了唯一的替代方法。

最后，文化的第三种定义是把文化看作“是对某种特定生活方式的描述”，是一种具有“社会性”的文化。③ 文化的社会属性强调，特定时空的所谓的“活的文化”，是“只有生活在那个时空的人们才能完全理解的”④，因为哪怕是最接近社会生活原貌的文化记录也总是会省略掉一些看似并不重要的细节和内容。这一种文化的定义给文化交流带来了新的视角：过去，在谈及两国间文化交流时，我们可能会强调将外国文化“引进来”和本国文化“走出去”，但实际上这两方面描绘的是同一个事实，即文化的“出口”。出口的文化是文化的记录（如文学）或是文化的再现（如歌舞表演），而非威廉斯所说“活的文化”。要想获得“活的文化”则必须身临其境、浸入该种生活方式。于是，文化的交流意味着既要观看其他文化，也需要被其他文化所观看，而作为观看者的人就来到了文化交流的中心位置，文化交流因此也就演变成了人员的交流。只有扩大人员交流的规模，文化交流才能得到更深入的发展。以本文所谈的中国与阿根廷为例，中阿间的人员交流还非常不充分，阿根廷总统马克

---

① Williams, Raymond. “The Analysis of Culture”, from John Storey, *Cultural Theory and Popular Culture: A Reader*, The University of Georgia Press, 1998, p. 48.

② 同上，p. 53.

③ 同上，p. 48.

④ 同上，p. 54.

里在2017年访问中国时也曾表示，希望中国每年赴阿游客能由目前的3万多人次增加至100万人次。① 想要达到这一目标，中阿间友好城市就必须发挥更大的作用。旅游业推广和介绍，高校和研究机构之间的学生、教师、研究人员的交流和交换，以及其他各个领域之间的人员交流互访都是友好城市可以发挥组织协调作用的领域。中阿双方需要充分意识到人员交流的重要性，积极探索友好城市间的人员交流机制，努力使友好城市间的人员交流更上一层楼。最近这方面也传来了好消息，2018年8月22日，阿根廷与智利签署协议，两国决定对中国游客实行单一签证，中国游客将可以持带有“阿智旅游”标签的旅游签证首先进入签发国，然后可于90天内在智利与阿根廷之间多次出入境。②

威廉斯对于文化的三种定义实际上并不是互斥的，相反，其中的“社会性”定义在某种程度上包含了前两种定义，因为无论是社会生活中所体现的价值观以及对理想价值的追求，还是社会生活所留下的历史痕迹和对过去文化的历史记述，自然都是包含在该种生活方式，即文化的社会性之中的。但威廉斯并没有因此摒弃前两种定义，而是强调对文化的分析必须同时兼顾上述三种定义，特别是“必须关注这三种定义的‘文化’之间的关联”③。因为无论哪一种定义单独拿出来都是“不充分的”，也因此是“不可接受”和“错误的”；“无论具体操作的难度有多大，都应当从整体上把握文化过程；就算我们的具体研究课题与某些定义没有太大关系，也要充分考虑到文化机制所具有的复杂性”④。在威廉斯看来，“文化理论就是要研究整体生活方式中各个部分间的关系，而正是这些关系导致了文化机制的复杂性。文化分析的目的，就在于挖掘文化机制的基本特征。在这一语境之下，若想对具体文化作品或文化习俗进行考察，就必须研究作品和习俗背后的本质性的机制；意即，深掘作品或习俗中所蕴含的‘整体生活方式中各个部分间的关系’，从整体上对文化机制

---

① 新华社：《阿根廷总统：希望中国赴阿游客每年达到100万人次》，新华网，http://www.xinhuanet.com/world/2017-05/18/c_1120996735.htm，2017年5月18日。检索时间：2018年7月25日。

② 新华社：《智利与阿根廷将对中国游客实行单一签证》，新华网，http://www.xinhuanet.com/world/2018-08/23/c_129939004.htm，2018年08月23日。检索时间：2018年7月25日。

③ Williams, Raymond. “The Analysis of Culture”, from John Storey, *Cultural Theory and Popular Culture: A Reader*, The University of Georgia Press, 1998, p. 50.

④ 同上。

加以把握"[1]。这就要求无论是普通人还是跨文化交流的研究者，都必须深入分析文化并对文化背后的"复杂机制"进行解读，以理解特定的生活方式对行为和态度的价值取舍。在这一过程中，最重要的是找到并理解人们在某种文化中的"实际生活经验"，并在"特定的共同的生活经验"中发现"某种重要的一般性因素"[2]。

因此，不难发现，对于研究跨文化交流的学者来说，"理解"这一行为在研究文化和文化机制的过程中显得尤为重要。德国哲学家、20 世纪哲学诠释学的奠基人汉斯－格奥尔格·伽达默尔（Hans-Georg Gadamer）认为，理解与本体论的存在密切相关，理解或阐释行为具有无与伦比的重要性。在伽达默尔看来，一切理解均无法避免"偏见"（prejudice），或是称为"先入为主之见"（pre-judgement），而理解的最终目的是要达到"视域融合"[3]。著名比较文学学者、香港城市大学张隆溪教授在评价伽达默尔的观点时指出，理解既不是要消除自我，使自己完全变成他者，也不是把自己的先见强加给他者，而是需要融合二者，自我在理解了他者、融合了他者的视野之后，得到了新的知识，认识变得更加丰富，人得以站得更高，变得更完善，这正是阐释学所说的理解和认识的意义所在。[4]

张隆溪教授在谈及跨文化交流时写道，对不同文化的阐释就像是一种对话，"重要的就是保持对话的开放性，不要先入为主而阻碍对话的展开，也就是不要预先肯定同或者异"[5]。他引用了伽达默尔关于苏格拉底式的对话的论断：我们说我们"进行"对话，然而越是真正的对话，就越不会受参与对话者意志的主导。所以真正的对话从来不是我们预想要进行的。更准确地说，是我们落入对话之中，甚至是我们被卷入其中。一句话如何随另一句话而来，对话如何辗转曲折，走向其结论，在某种意义上固然是由对话者进行，但对话的双方更多是被对话所引导，而不是对话的引导者。谁也不可能预先知道对话会

---

① Williams，Raymond. "The Analysis of Culture"，from John Storey，*Cultural Theory and Popular Culture：A Reader*，The University of Georgia Press，1998，p. 52.

② 同上。

③ 又译"视野融合"，德语为 Horizontverschmelzung，英语为 fusion of horizons。

④ 张隆溪：《阐释学与跨文化研究》，北京：生活·读书·新知三联书店，2014 年，第 33 页。

⑤ 同上，第 169 页。

有什么“结果”。① 张隆溪认为跨文化理解和研究正是这样一种“探讨问题、达于认识和得出真理的辩证过程”，是“一个开放的、充满各种可能的过程”。② 由此可见，在跨文化交流和文明对话的过程中，不仅需要思考如何更好地表达自己的观点，还应该时刻警醒地倾听，做一个优秀的倾听者。否则对话将会被一方的声音所统治，而另一方的声音则会被掩盖，对话也会消亡并演变为独白，跨文化的交流也就不复存在。

四 结语

城市外交理论是理解国际友好城市关系的重要理论来源，城市外交相关理论认为，在全球化的时代中，随着城市在国际事务中的重要性日益凸显，城市已获得了外交功能，而国际友好城市则是其中一种重要的形式。中国与阿根廷之间于 1992 年建立了第一对友好城市关系，至今已共有 23 对友好城市关系。中阿友好城市之间在经贸、文化、科教等领域已开展了不少务实合作，但也应该看到其中的不足之处。在交流机制建设方面，中阿友好城市之间已结合自身情况进行了一些探索，一些长期坚持举办的活动取得了可喜的成绩，但在长效机制的制度化方面还没有广泛适用的模式。文化交流是国际友好城市交往的重要内容，也是增进两国和两国人民之间的理解和友谊的重要途径。中阿友好城市间现有的文化交流模式以举办各领域的文化活动为主，人员交流的规模还亟待提高。同时，中阿文化交流过程中还需要加强对对方文化的研究和理解，否则将难以进行充分的交流和对话。

---

① 张隆溪：《阐释学与跨文化研究》，北京：生活·读书·新知三联书店，2014 年，第 169 页。这段话的另一种译法参见汉斯－格奥尔格·伽达默尔，《真理与方法》（诠释学 I——哲学诠释学的基本特征），洪汉鼎译，北京：商务印书馆，2010 年，第 539 页：“虽然我们说我们‘进行’一场谈话，但实际上越是一场真正的谈话，它就越不是按谈话者的任何一方的意愿而进行。因此，真正的谈话绝不可能是那种我们意想进行的谈话。一般来说，也许这样说更正确些，即我们陷入了一场谈话，真是可以说，我们被卷入了一场谈话。在谈话中某个词如何引出其他的词，谈话如何发生并转变，如何继续进行，以及如何得出其结论等等，虽然都可以有某种进行的方式，但在这种进行过程中谈话的参加者与其说是谈话的引导者，不如说是谈话的被引导者。谁都不可能事先知道在谈话中会‘产生出’什么结果。”

② 同上，第 169－170 页。

中阿金融互鉴共建[①]

在全球化的时代机遇下，中国、阿根廷这两个同时肩负着复兴梦想的国家，均把发展与治理、合作与交流、投资与融资作为共同的主题，均致力于发挥互补优势、探索更深入的互鉴共建，共同打造中阿经济共同体。两国在地缘政治上相互协调，在投资贸易上相互促进，而金融资本与产业资本的互动正是中阿经济共同体的核心原动力和扎实着力点之一。

本部分将中阿金融领域的共同发展与合作作为主题，因为就两国目前的国际交往来看，中阿金融互鉴共建可发散于投资贸易的各个环节、行业、实体和产品，也可以聚焦于现实可行又具有战略互惠的重点领域，路径明确，意义深远。为抛砖引玉，本部分首先呈现阿根廷金融生态的速写，这是阿根廷发展与中国金融交往的基本框架和起点；然后对阿根廷 2015 年以来的新政及其积极效果做简要回顾和总结，指出阿根廷新政府在纷争中求稳固、宏观经济在衰退之后求复苏、金融领域在动荡中求稳定的现实状态，以及中阿金融共同体所面临的现实问题和历史机遇；最后探讨这一背景下建立中阿全面战略伙伴关系的可能性、创新性、未来的发展方向以及合作中存在的问题。由于中阿金融共建工程是一个动态的过程，其中有很多值得思考和借鉴的地方，而且它还处在不断修正、验证的过程中，有的问题还未得到解决。因此，本部分站在这个历史

① 作者：邓与评，阿根廷贝尔格拉诺大学政治学博士。

节点上总结前一段历程，以期后来者有更多的探讨路径。

一　阿根廷金融体系概览

（一）阿根廷金融体系

阿根廷金融体系按照金融监管机构的不同划分为三大类别：隶属阿根廷央行（Banco Central de la República Argentina，BCRA）监管的银行与非银行金融机构，隶属保监局（Superintendencia de Seguros de La Nación，SSN）监管的保险系统和隶属证券委员会（Comisión Nacional de Valores，CNV）监管的基金公司等。

1. 银行与非银行金融机构

截至2017年12月，阿根廷央行监管的金融机构包括62家银行、14家金融公司和1家信用合作机构。① 阿根廷把信用卡发卡机构、外币兑换所、运钞公司、外资金融机构代表处、信用合作与互助机构等企业归入非银行类金融机构。

在央行监管下的62家银行中，有13家国有银行、49家私有银行（外资银行在阿根廷均被视为私有银行）。主要的国有银行包括国民银行、布宜诺斯艾利斯省银行、布宜诺斯艾利斯市银行；私有银行中包括9家外资本土银行和7家外资银行分行，其中外资银行主要包括巴塔哥尼亚银行、BBVA法国银行、汇丰银行、伊塔乌银行、桑坦德银行、花旗银行和中国工商银行。主要的本地私有银行有马可罗银行、加利西亚银行等。

阿根廷的主要银行均为全国性金融机构，其发展模式仍处于物理网点扩张和数字化转型并举阶段。从2011年至2016年3月，阿根廷全国增加了307个银行网点，总数达到4 469个，主要的三类银行大致呈现三分天下的局面，其中国有银行占1 542个，外资银行占1 224个，本地私有银行占1 364个。网点分布情况与全国经济区域发展情况高度吻合，大布宜诺斯艾利斯地区（含

---

① Banco Central de la República Argentina, Información de Entidades Financieras Diciembre 2017, p. 20, abril de 2018. http://www.bcra.gov.ar/Pdfs/PublicacionesEstadisticas/Entidades/201712e.pdf.

首都布宜诺斯艾利斯市和布宜诺斯艾利斯省）拥有超过全国半数的银行网点，计 2 306 个。

2. 非银行金融机构

非银行金融机构作为阿根廷金融市场的有机构成，为完善阿根廷金融体系提供了必要的资本补充。其中著名的非银行金融机构包括阿根廷金融公司（Compañoa Financiera Argentina S. A.）、Coedial 金融股份公司（Coedial Compañía Fianaciera S. A.）等。

3. 保险业

阿根廷保监局隶属阿根廷财政部，自 1938 年开始负责阿根廷境内保险与再保险的管理和审计工作，其主要任务是监管阿根廷 214 家保险公司，确保它们遵守法律法规。① 从保险类型看，保监局辖下包括 181 家保险公司和 33 家再保险公司。按照业务范围看，包括 118 家财险公司、34 家寿险公司、15 家养老保险公司和 14 家专业险公司。

4. 基金业

阿根廷的基金公司主要分为银行系和非银行系两大类，主要的基金公司的设立都是依附于大型的商业银行，它们提供的投资产品多以比索计价，也有小部分以美元计价。区域投向集中在阿根廷市场。固定收益类产品收益率略低于银行定期存款利率或基准 BADLAR 利率（布宜诺斯艾利斯地区 1 个月期 100 万以上比索定期存款利率）。

（二）阿根廷银行业基本特点

总体而言，阿根廷银行业呈现的特点是：①总体规模不大，存贷款规模均不大。②信贷杠杆率较低，由于长期通胀，融资利率多年居高不下，整个实体经济的银行债务均处于较低水平。③竞争比较均衡，没有一家独大的垄断情况，特别是在细分市场上，各家银行各具优势与劣势。比如，阿根廷唯一的中

① Ministerio de Finanzas，Misión y Funciones Subsecretaría de Participación Público Privada. https://www.minfinanzas. gob. ar/secretarias/subsecretaria – de – participacion – publico – privada/ .

资银行中国工商银行，规模虽然不占优，却能够成为阿根廷市场上第一大资产托管银行、第一大外汇交易银行。从银行对大型企业的信贷集中度来看，以最大的企业国家石油公司（YPF）为例，总共有21家银行向其提供融资，最大融资银行占比不到20%。④居民储蓄率偏低。根据世界银行的数据，拉丁美洲地区储蓄占国内生产总值（以下简称GDP）的比重低于20%，是除南撒哈拉地区之外储蓄最少的地区，尤其是阿根廷，储蓄率更低，官方和民间均承认，老百姓家里的美元（包括放在银行保险柜的）和放在国外的美元数量远远大于银行体系的美元存款。2016年，阿根廷居民储蓄仅占GDP的13.65%，而世界平均占比为24.45%[①]，这是因为阿根廷常年受通货膨胀影响，特别是2001—2002年经济危机的阴影使阿根廷居民更愿意选择海外美元及资产、现金保管或银行保管箱等资产保有方式。⑤金融理财产品较为单一，其金融业投资理财产品品种数量远不及中国丰富。由于居民资产大多藏于民间或流出海外，境内资产多以保险、基金和地产为比较常见的投资方向。没有黄金、白银等贵金属投资产品，也没有原油等大宗商品挂钩产品或者贵金属和外汇递延产品，更没有中国国内常见的信托理财、火爆的股市。⑥消费金融发达。根据阿根廷央行统计，截至2017年11月，银行卡交易量占GDP的14%，延付支票占GDP的34%，两者合计达GDP的48%[②]，可见居民使用银行信用中介进行分期消费和延期支付的需求很大，这与阿根廷通货膨胀常年居高不下的经济形态密切相关。

二　中阿金融互鉴共建的历史机遇

（一）阿根廷新政开启经济复苏

2015年11月22日，马克里当选为阿根廷总统，并于12月10日宣誓就职。阿根廷政府主动调整经济增长方式，从前任政府推崇的消费拉动型转向新政府倡导的投资和外贸双引擎。阿根廷政府积极推动投资与贸易正常化、便利

① Banco Mundial, Ahorro Bruto (% del PID), https://datos.bancomundial.org/indicador/NY.GNS.ICTR.ZS? end=2016&locations=AR&start=1960&view=chart.

② Banco Central de la República Argentina, Información de Entidades Financieras Diciembre 2017, abril de 2018. http://www.bcra.gov.ar/Pdfs/PublicacionesEstadisticas/Entidades/201712e.pdf.

化进程，提出国家现代化和智慧融入世界的国家战略，迅速实行浮动汇率，放宽外汇管制，收紧财政政策，实施独立的货币政策，积极解决债务和通胀问题。通过实施一系列的经济改革措施来缓释短期经济风险，逐渐实现了经济结构、政治格局以及对外交往的再平衡，达成降低通货膨胀、增长经济和增加就业的施政目标，开启了一个充满希望和想象力的新发展阶段，为中阿经贸往来和中阿金融互鉴共建营造了稳定、良好的大环境。

1. 改善基础设施的努力

2016 年 7 月，阿根廷政府公布了 2016—2019 年交通基础设施建设计划，该计划拟投资 332.25 亿美元用于交通基础设施领域的建设，共包含 224 个涉及公路、铁路、机场、港口等领域的招标项目。其中约 40 亿美元为国际组织融资，剩余部分由国家财政自筹。[①] 该计划为近年来阿根廷规模最大的交通基础设施领域投资计划，将大幅提升全国交通基础设施服务及现代化水平。

2. 改善能源状况的努力

为改变阿根廷可再生能源利用率低的现状，2016 年 5 月，马克里宣布启动“阿根廷可再生能源计划”首期项目公共招标。[②] 该计划涉及风电、太阳能、生物质能和小型水电等项目，总投资约 21 亿美元，要求至 2018 年可再生能源占用电比重增至 8%，到 2025 年达 20%。至 2016 年年底，阿根廷能源部确认已授标 27 个新的热电项目或热电循环改造项目。

3. 保护投资者利益的改革和保护中小企业法案

阿根廷政府为了保护投资者利益、削减财政赤字以及保护和推动投资，不惜大幅减少公共补贴，推进电力、水、天然气、石油等消费价格的市场化。这些政策虽然有助于理顺价格，但同时也导致居民日常生活费用的全面上涨，其中水费涨幅为 300% ~500%，这对居民的生活水平影响很大。

2016 年，阿根廷众议院通过的中小企业法案为中小企业进入资本市场设

---

① Carlos Manzoni, “El Gobierno Apuesta todo a la Obra Pública”, La Nación, 8 de enero de 2017. https://www.lanacion.com.ar/1973732 - el - gobierno - apuesta - todo - a - la - obra - publica.

② Marcelo Iezzi, “¿Por qué renovables en Argentina?”, Energías Renovables en Argentina Oportunidades en un Nuevo Contexto de Negocios, Marzo de 2017, PWC Argentina, pp. 4 - 10.

计了新的金融工具，其中允许有限责任公司发行企业债、强化生产发展组织、推进市政一级生产组织的一体化等措施具有积极意义。

4. 聚焦通胀的独立货币政策

为遏制通胀，阿根廷政府对货币和财政政策进行了调整。摒除了前政府经济小内阁的安排，恢复阿根廷央行的独立性，而央行的首要货币政策目标就是治理通货膨胀。在马克里执政的头两年，阿根廷 Lebac 央票利率和 Repo 回购利率成为主要的货币政策工具。

5. 运用好汇率工具，便利化资本进出通道，激活国内银行体系美元资金

2015 年 12 月 16 日，阿根廷财政金融部长宣布，即日起取消实行了四年的外汇管制措施，逐步形成以外汇市场供需为基础的单一浮动汇率机制，消除黑市和债市汇率等平行汇率市场。① 2016 年 5 月，阿根廷央行将购汇限额上调至 500 万美元。2016 年 8 月，央行正式废除外汇管制，彻底取消对当地公司或个人的购汇限制，购汇无须再向商业银行提交单证单据。

为争取外国投资，阿根廷政府取消资本管制和进口限制，实行“洁净的浮动汇率制”，比索估值在一定区间内得到市场化矫正，比索汇率从之前的单边下行固化贬值通道转换到市场化波动有升有降的贬值通道，汇率市场的新变化既带来了短期的套利资金，同时为吸引外资流入和资本红利汇出创造了有利环境。

汇率市场化和放开外汇管制后，阿根廷企业法人与自然人持有美元资金出现大幅增长，加上洗白法案（Blanqueo）的影响，阿根廷银行体系的美元流动性大幅增加，激活了国内银行体系的美元存款资金，用于支持实体经济特别是外贸业务的发展。Argendollar（阿根在岸美元，阿根元）的运用成为 2017 年阿根廷金融市场一个重要现象，一度使阿根廷境内短期美元融资利率大幅低于国际市场同期价格，为阿根廷投资与外贸领域的复苏注入了一大笔资金。

---

① Argentina anuncia el fin de las restricciones cambiarias, El Comercio, 17 de diciembre de 2015. https://elcomercio.pe/mundo/latinoamerica/argentina-anuncia-restricciones-cambiarias-253540.

6. 重返国际融资市场

2016 年 4 月，阿根廷政府宣布发行总额 150 亿美元的主权债券，标志着被剥夺国际市场融资权利长达 15 年的阿根廷再次重返国际资本市场。这次债券融资主要用于偿还“秃鹫基金”和其他非债务重组债权人的债务。同时，阿根廷政府恢复向 2005 年和 2010 年接受债务重组债权人的偿付义务并支付 27 亿美元到期利息。

国际市场对美国上诉法院的裁决迅速做出积极的回应，国际评级机构惠誉将阿根廷主权信用评级从“选择性债务违约”的“RD”调升至投机级的“B”，评级展望为稳定。① 而标普在其报告中认为，阿根廷仍面临较大通胀风险②，但同时对马克里政府的经济改革给予肯定，认为新政府“成功削减财政补贴和财政赤字、实现汇率并轨并自由浮动、取消资本管制、减少或取消农业出口税，并开始重建数据统计部门——阿根廷国家统计和调查局（INDEC）”。

7. 降低交易成本、提升金融效率

从 2016 年开始，阿根廷央行采取了一系列提升金融市场竞争效率、降低金融交易成本的措施，通过金融行业垄断利润的再分配来激发金融主体和实体经济的活力。比如：2016 年 3 月，阿根廷央行宣布在银行开立储蓄账户将不再收取费用，转账手续费也得到减免。8 月，阿根廷央行宣布精简银行个人开户所需资料，简化了银行用来验证客户所需的数据。③ 这项措施是央行金融服务便利化和提升金融效率的措施之一。9 月，阿根廷国家参议院通过了降低银行刷卡手续费的法案，以减少 50% 的信用卡刷卡手续费，并彻底取消借记卡消费的手续费。

---

① Reuters Staff, FitchAffirms Argentina at “B”; Outlook Stable, Reuters, October 13, 2016. https://www.reuters.com/article/idUSFit976701. 另，在惠誉的评级体系中，主权信用评级是衡量一个经济主体偿付债务的能力以及违约的可能性。“RD”表明没有能够按期偿付部分重要金融债务，同时仍然能够偿付其他级别的债务。而“B”的评级表明现在仍存在很大信用风险，但也有一定安全性。

② Standard &Poor's Elevó la Nota de la Deuda de Argentina, El Cronista, 7 de mayo de 2016. https://www.cronista.com/economiapolitica/Standard—Poors - elevo - la - nota - de - la - deuda - de - Argentina - 20160507 - 0008.html.

③ Banco Central de la República Argentina, Comunicación “A” 6050, 26 de agosto de 2016. http://www.bcra.gob.ar/Pdfs/comytexord/A6050.pdf.

（二）新时代的中阿全面战略伙伴关系

1. 中阿进入重要的战略协同与合作新时代

进入21世纪，中阿双边关系发展顺利，各领域互利合作日益深化，两国在国际事务中保持着良好合作。过去十年，是双边关系发展的关键十年，政治互信和双边合作达到历史高点：2004年，胡锦涛主席和基什内尔总统实现互访，中阿建立战略伙伴关系，双边关系进入新阶段，同年11月，阿根廷宣布承认中国的市场经济地位。2010年7月，克里斯蒂娜总统应邀对中国进行国事访问。2014年7月，习近平主席对阿根廷进行国事访问，中阿宣布建立全面战略伙伴关系，其间双方签署了700亿元人民币/900亿阿根廷比索的本币互换协议以及KCHP（Kirchner-cepernic Hydropower Project 2017年恢复原名CCLB）水电站和贝尔格拉诺货运铁路融资协议（Belgrano Cargas）。

2015年12月，马克里就任总统之后，在政治经济诸领域采取了一系列新的举措，内政外交经历了一轮再平衡，现今已重新步入正轨。马克里总统上任初期，因新政府的审查公共工程项目相关程序和法律手续与前政府的签约项目之间存在差异，政府暂停了所有公共项目的支付。这使中阿合作项目葛洲坝联营体总包的KCHP水电项目受到波及一度停滞，其他需要中国境内融资支持的项目也转入观望状态。但形势在2016年4月1日两国元首在美国核峰会举行双边会晤之后出现转机。马克里总统于2016年9月赴杭州参加G20期间会晤习近平主席，在2017年5月应邀参加北京"一带一路"峰会并对中国进行正式国事访问，这次访问标志着拉美特别是阿根廷作为"一带一路"自然延伸的概念和主张正式提出。2017年7月，中国人民银行和阿根廷央行续签了等额110亿美元的人民币/比索互换协议，为双边金融合作奠定了基石。2017年10月5日，阿根廷联邦12法庭颁布裁决令，解除最高法此前颁布的CCLB项目禁制令，横亘在中阿经济金融合作间最大的不确定性因素被排除。

阿根廷国内的执政党和在野党的轮替自然会导致政策的变化和不确定性，但只要两国的基本合作思路不变，建立中阿经济共同体的使命不变，那么双方必然可以克服这些差异，走向共同发展。从阿根廷新政府两年多来的执政理念和施政实践来看，正常化的步幅和频率是适宜的，市场化的方向是确定的。作为世界第二大经济体的中国注定会成为阿根廷国际关系和国内经济正常化进程中必不可少的重要一极。

2. 中阿互为重要的经贸合作伙伴

过去十年特别是近五年来，中阿之间的投融资取得重大突破，中国成为阿根廷第三大投资来源国。近年来，随着中阿贸易关系的升温和中国政府“走出去”战略的实施，越来越多的中国企业在阿根廷投资设厂。目前，中国在阿根廷的投资领域呈现多样化的特点。在阿根廷石油、化工、通信、农业、渔业、机器设备、航运、基础设施建设、矿业、卫星监控、电子、金融等行业，均有中国企业的投资，投资规模不等，投资方式多样。

双边贸易往来频繁，中国是阿根廷农产品第一大出口目的地和第一大电子产品进口来源地，与巴西并列为阿根廷最重要的两大外贸伙伴。阿根廷同时也是中国在拉美地区的第五大贸易伙伴。

三　中阿金融互鉴共建的路径分析

（一）中阿金融互鉴共建的主要路径

中阿金融互鉴共建，可在出口信贷、多边金融机构贷款和股权合作等多个维度全面展开。

1. 人民币国际化与中阿货币互换协议

2009 年 4 月，中国人民银行同阿根廷中央银行签署了 700 亿元人民币/380 亿阿根廷比索的本币互换协议。2014 年 7 月，双方又签署了 700 亿元人民币/900 亿阿根廷比索的本币互换协议。2017 年 7 月，价值 110 亿美元的货币互换协议再次续签。①

互换协议虽然没有应用到贸易结算领域，但无论对阿根廷前任政府还是现任政府都发挥了至关重要的政治支持作用和外汇储备补充作用。在阿根廷前任

---

① Infobae, “Argentina renovó con China ‘swap de monedas’ por USD 11.000 millones”, 18 de julio de 2017. https://www.infobae.com/economia/finanzas-y-negocios/2017/07/18/argentina-renovo-con-china-swap-de-monedas-por-usd-11-000-millones/.

政府外汇管制时期，外汇储备逐年下滑，经常账户特别是能源贸易和旅游支出赤字给比索汇率带来巨大压力，外汇储备最低的时候仅为200多亿美元，因此110亿美元的互换协议对阿根廷外汇储备和比索汇率的稳定发挥了强大的支撑作用。在马克里政府2015年12月决定市场化汇率和放开外汇管制的关键时期，阿根廷启动了部分互换协议人民币储备用以应对可能的汇率异常波动。

在中国加强资本管制的背景下，人民币国际化在阿根廷也遇到了一些新的挑战。比如：人民币的融资利率虽然对于比索具有绝对优势，但与美元特别是阿根廷在岸美元（Argendollar）相比，仍有一定差距。

2. 政策性银行优惠贷款

优惠贷款和对外援助贷款是中国政府通过进出口银行对友好国家提供的优惠利率融资。其特点是利率低，不需要中国出口信用保险公司提供政治和商业险保险，但需要商务部门和财政部门进行备案或者审批，由中国进出口银行具体执行。

2016年以来，阿根廷虽然具有畅通的国际融资渠道，每次主权和次主权发债均能获得国际市场投资者超额认购，但在阿根廷重新纳入新兴市场指数之前，阿根廷政府清醒地意识到这是非常具有成本优势的融资来源。并在2014年签署的中阿经贸和基础设施合作协议中约定，只有提供了优惠利率贷款，中方企业才可以不经过公开招标直接获得阿根廷基础设施项目的议标。

为了更好地拓展包括阿根廷在内的拉美市场，中国进出口银行适时地设立了拉美工作组，并派驻在阿根廷。而中资企业也敏锐地从阿根廷政府和进出口银行的态度和动作中捕捉到了机会。上海电建成为第一个吃螃蟹的中资企业。在马克里总统2017年5月赴中国参加“一带一路”论坛和对中国进行首次国事访问之际，双方签订了阿根廷胡胡伊省太阳能项目的优贷协议。

3. 出口信贷

阿根廷把投资和外贸作为经济增长的两大新引擎，并把能源和基础设施作为拉动投资增长的两大领域，这是中阿出口买方信贷合作共建的主要交集。出口信贷是中国支持企业走出去的主要方式和传统形式，此处专指中国出口信用保险公司提供的覆盖政治险和商业险且赔付比例不低于95%的前提下，中国的商业银行向阿根廷买方、买方银行或政府机构提供的用于购买中国货物或服务的中长期融资，属于政府信用支持下的项目融资。

但是在中阿融资市场上，出口买方信贷基本上由阿根廷联邦财政部、省级财政部、国有联邦企业或省属企业作为借款人，需要借款人提供主权担保，融资项目具有中国元素，须由中信保承保政治险和商业险。由于出口买方信贷项目涉及两国多个主体，项目执行周期较长，一般都需要耗费 3 至 5 年来完成商务合同和融资合同的闭合，因而需要不断进行融资谈判。因此，出口信贷的融资项目既是一门技术活，又是一个体力活，需要相当长的时间，投入人力物力。以葛洲坝与阿根廷当地企业联合总包的 CCLB 水电站为例，从前任政府于 2013 年 10 月 31 日签署商务合同，到新政府执政后一年多的 2017 年 5 月 26 日，联营体与业主陆续签订了六次补遗和一份 MOU（Memorandum of Understanding，谅解备忘录）协议。

4. 多边金融机构合作

多边金融机构仍是阿根廷经济复苏的重要资金来源。从国会通过的联邦 2018 预算案可以看出，2018 年多边金融机构存量贷款合同的提款将达到 950 亿比索，约合 47 亿美元，其中主要涉及美洲开发银行、国际金融公司、拉美开发银行等。

多边金融机构对于阿根廷的支持基本上集中在消除贫困、改善民生、改善能源与基础设施等社会效益与经济效益兼顾的领域，因此中资金融机构与多边金融机构之间存在互补大于竞争的关系，至少在以下四个方面可以探讨合作的可能性。

一是中资商业银行可以通过参加多边金融机构的 AB 贷款结构，由多边机构承担 A 贷款期限更长的风险，参与期限较短的 B 贷款，享受多边金融机构融资在税收、汇兑方面的优惠措施。

二是借鉴多边金融机构在贷款结构以及贷款投向上的安排，中资银行特别是政策性银行可以复制和创造新的 AB 贷款或者其他贷款形式，以较小的资金投入，推进更多的合作项目落地，并在投向上做一些有利于民生、社会效益显著的项目，以彰显中国负责任的大国形象。

三是借鉴多边金融机构的融资模式或者引入多边担保机构，优化和改善中信保承保的成本负担，特别是有助于分散统一由中资金融机构承担的国别风险。

四是借鉴多边金融机构的国别开发模式，与阿根廷财政金融部门、政府职能机构建立长期稳定合作机制，避免就项目谈项目的短期操作手法，特别是避免落下中资工程承包企业最容易留下的赚了钱就跑的短视形象，维护和塑造中国持续稳定上升的负责任的大国形象。

同时，中国推动设立的亚洲基础设施投资银行、中拉合作基金等应考虑紧跟国家“一带一路”倡议，自然延伸到阿根廷及拉美地区。因为最近的 5 ~ 10 年，不仅是阿根廷基础设施建设自 20 世纪 70 年代以来历史欠账的偿还期，也是基础设施发展近 50 年来从未有过的历史性机遇，阿根廷本身也以实际行动表明了与亚投行等中资金融机构合作的愿望和兴趣，马克里自 2017 年 5 月从中国访问回国后随即启动并最终加入了亚投行。

5. 中资银行的本地化

2014 年 7 月习近平主席访问阿根廷，在时任总统克里斯蒂娜举办的国宴上，习近平主席专门提到中国工商银行正在为阿根廷人民提供金融服务。可见中国的金融资本本地化的迅猛发展令人印象深刻。

目前活跃在阿根廷的中国金融机构主要是开发银行工作组、进出口银行拉美工作组、中信保拉美工作组以及中国工商银行。不同之处在于，开行工作组由安徽省分行派出，负责阿根廷、乌拉圭等区域国家的业务。进出口银行拉美工作组则常驻阿根廷，负责拉美市场。中信保拉美工作组由信保总部派出，常驻巴西，负责巴西、阿根廷等拉美市场。

而在中国金融机构国际化的过程中，工商银行走的是不同于中国政策性金融机构的国际化道路。从过去二十多年的商业银行国际化历程来看，一般会选择以下八类国家或地区设立分支机构：经合组织成员国、20 国集团成员国、金砖国家、“一带一路”沿线国家、国际金融中心所在国家、离岸金融中心或者避税天堂、与中国双边投资贸易频繁国家、中资企业走出去聚集国家，且一般选择独立建立分支机构的方式来搭建本地化服务平台。

但中国工商银行进入阿根廷却与传统路径有所区别，它实施的是对阿根廷标准银行的收购方案。这一海外收购案例的成功标志着中资银行走向拉美地区，进行市场布局的尝试获得成功，更为中国与拉美地区金融共建的历史进程拉开了帷幕。2011 年，中国工商银行签署协议，收购阿根廷标准银行 80% 股权。其标的是一家百年银行，前身是成立于 1917 年的美国波士顿银行布宜诺斯艾利斯分行，其在100年的发展历史中，吸收了德意志银行在阿的个人金融业务，荷兰ING集团在阿的对公金融业务，是一家全牌照的金融机构。控股股东的变更本身充满国际化传奇色彩，从波士顿银行、美国银行、南非标准银行到中国工商银行，加上之前并购的德意志银行和ING集团，现在的中国工商银行阿根廷机构在文化融合、服务理念、风险防范、产品开发等方面融合了欧洲、美洲、非洲、亚洲国际化银行的优秀因子，同时继承了100年发展沉淀下来的客户资源、系统资源、管理经验、风险文化，特别是熟悉拉美和当地市场、熟悉当地监管和客户的经营管理团队、数十年稳定的客户、历经多次危机考验的优秀团队。这些无形资产，成为中国工商银行阿根廷机构极具竞争力的核心要素。

从2011年至今，中国工商银行阿根廷机构通过本地化的金融存在，已经发展成为阿根廷金融市场上的重要力量，其机构覆盖阿根廷24个省级行政区的19个，为阿根廷110万个人客户和4万企业客户提供综合化的金融服务，特别是在事关中阿经贸合作与战略优势互补，事关阿根廷经济增长，事关国家现代化和智慧融入世界的农业、汽车、油气矿产、能源电力、基础设施、交通电信等战略行业，中国工商银行实施了大量战略性的规划和金融资源倾斜。

通过本地化的金融存在，中国工商银行进行了一笔投资：投入一笔中小型出口信贷规模的并购资金，而一举成为阿根廷第一大外汇交易银行、第一大资产托管银行、第一大结构化融资银行等，成为阿根廷YPF国家石油公司、PAE泛美能源、Pampa Energia能源集团、TEO电信集团、全国社保基金ANSES等1 000多家本土大型企业的主办银行，成为IBM，Cargill，Fiat，Ford等一百多家跨国公司的合作银行和华为、中粮、中石化等近百家中资企业的首选银行，成为中阿全面战略伙伴关系和中阿金融共建的一个闪光点。

6. 国际市场发债

目前，中国债券市场规模超过55万亿人民币，是全球第三大债券市场，仅次于美国和日本。随着市场持续对外开放、人民币国际化进程不断推进，未来中国在岸市场将成为众多境外主体发行国际债券的选择目标。

2016年3月，阿根廷政府与美国的“秃鹫基金”达成和解协议，重新打开国际市场融资渠道。截至2017年年末，阿根廷财政部在境外共发行债券29笔，合计金额319亿美元，国际市场认购踊跃，债券价格不断上涨。但无论是阿根廷联邦政府、各省政府还是优势企业，发债的首选地是美国，币种依然是美元。不过阿根廷发债主体正在有意识地开辟和扩大新的投资者来源，尝试新的币种和利率，这符合发行人债务组合管理的内在需要，同时也为中阿金融共建带来了新的合作领域。而同时作为人民币国际化两大利器的“点心债券”和“熊猫债券”，或许将是未来在金融合作中尝试推动和研究的新选项。

“点心债券”是指2007年国家开发银行在香港首发的离岸人民币债券。它以人民币定价和结算。目前市场规模约680亿人民币。但因中国监管机构加强外汇市场的规范和管理，离岸人民币的量价受到影响，当前并不是最佳发行窗口期，但作为新的投资来源地和新的币种组合安排，其或许会为两国政府择机大规模发债进行探路和测试。

“熊猫债券”是指境外政府机构，或者在中华人民共和国境外合法注册的、具有独立法人地位的金融机构和非金融企业，经中国人民银行核准或在交易商协会注册后，在全国银行间债券市场、交易所等市场发行的人民币债券。“熊猫债券”的发行主体包括外国财政部、国际金融组织、境外各级地方政府、中央银行和货币当局等主权类机构，以及境外各类金融机构和非金融企业等。目前该债券业务呈现出良好的发展前景。而阿根廷政府从2016年开始，就对发行“熊猫债券”表现出浓厚的兴趣。在当年G20成都部长会议上，阿根廷时任财政金融部部长阿方索（Alfonso Prat-Gay）和央行行长斯图尔辛格（Federico Sturzenegger）向时任中国财政部部长楼继伟和人民银行行长周小川表达了发行5亿元人民币“熊猫债”的愿望，可惜在“熊猫债”市场发展初期，中国监管机构更倾向于具有较高声誉与国际评级、全球融资经验丰富的境外主权类机构、金融机构和跨国公司的发债申请，而阿根廷的条件尚不成熟。如果阿根廷能保持持续稳定增长，提高国际评级，加之中国境内的债券市场条件日趋完善，启动“熊猫债券”项目应是可行、可取、可期之道。

7. 投资与并购

中阿两国之间虽然远隔重洋，但两国全面战略伙伴关系的战略互补互动具有坚实的基础。无论从国际贸易还是世界产业结构布局来看，两国在基础性和战略性的合作领域优势互补。

阿根廷是南美第二大经济体，素有世界“肉库粮仓”的美誉。马克里总统曾指出，只有4 000万人口的阿根廷可以种植和提供4亿人的粮食。这对于需要解决 14 亿人粮食问题的中国而言极为重要。为此，中粮集团在 2012 年购入阿根廷北部两万多公顷的土地，中粮集团 2014 年启动了对来宝农业（Noble）和尼德拉（Niderra）的收购。2016 年，民企山东润峰、恒阳牛业（新大洲）、九州通等先后进入阿根廷牛肉和农化行业进行并购。

油气矿产是另一个重要的战略资源领域。2010 年开始，中海油实现了对阿根廷第二大油气上游企业泛美能源 PAE 以及第三大油气下游企业 AXION 公司的参股和管理。2011 年，中石化全资收购了美国西方石油公司在阿根廷的分公司。2017 年，山东黄金与巴里克黄金公司（Barrick）合作，购入后者在阿根廷圣胡安省的一座金矿 50% 的股权。

电力和基础设施建设是阿根廷投资拉动经济增长的两大关键领域。在这方面，民营企业走在了前面，远景能源、晶科能源、金风科技等先后取得了阿根廷新能源招标的风电和太阳能项目投资机会。中国能建集团、华能集团、协鑫集团、国家电网、南方电网也正在等待阿根廷新能源、PPP 电网建设等的新时机。

两国比较优势的战略互补，正从单纯的产业资本合作，发展到产业资本和金融资本的互动合作。今后，中资金融机构不仅可以更多地在投资并购的融资领域发力，还可以更多地在买方和卖方顾问、买方和卖方尽调与估值等更复杂、对中阿金融共建贡献更大的领域发力。中国倡议设立的中拉基础设施基金和中拉产业基金在阿根廷料将有更多机会。

8. 互联网金融与支付革命

由于阿根廷市场长期的对外封闭和外汇管制，国际电商和互联网巨头均无法也不愿进入阿根廷市场，本地企业则缺乏资金和技术实力跟上国际互联网商务和金融行业的发展。因此，本地市场处于较为落后的阶段，尚不具备条件发展类似美国亚马逊（Amazon）、易贝（eBay），中国阿里巴巴、京东这样的电子商务与金融巨头，互联网商务公司还没有实现支付清算一体化和对投融资业务的渗透。就目前情况来看，尽管阿里巴巴董事局主席马云几次来访阿根廷，但尚无实质性和革命性项目落地阿根廷。

在这种情况下，中资金融机构和互联网企业有可能借鉴国内互联网商务和金融的发展趋势和路径经验，依托集团强大的电子商务和互联网金融平台，将国内成熟的系统、产品和经验引入阿根廷，建立有阿根廷特色的互联网金融体系，实现对市场的占领和渗透。从市场表现来看，中国工商银行已经在阿根廷启动了数字化转型战略，希望可以将中国市场成熟便捷的互联网金融和支付手段引入阿根廷。这应当是中资企业在中阿金融共建中的一个新的试验田，如果执行得好，有希望成为中国银联及四大互联网公司在阿根廷乃至拉美地区续写互联网金融传奇的平台。

（二）中阿金融互鉴共建中存在的问题与讨论

1. 中国从阿根廷获得的借鉴

（1）消费金融的启示。

阿根廷上一任政府把消费拉动作为经济增长引擎推行高福利、高补贴政策，从经济原理上看并没有什么值得诟病的地方，但基于阿根廷国力不强，财政赤字和经常性账户赤字，这一基本国策难以为继。但是消费金融的巨大能量有目共睹，在中国推进供给侧结构性改革、刺激内需拉动需求的大背景下，阿根廷消费金融的模式、信用体系的构建是值得借鉴的。

（2）支持中小企业政策的启示。

增加就业和消除贫困是阿根廷主要的施政纲领，阿根廷把扶持和发展中小企业作为重要的实施路径。政府要求金融机构把存款的一定比例用于发放中小企业贷款，并且规定利率不得高于 Badlar（超过 100 百比索的大额存款利率的平均值），这在一定程度上有助于中小企业的发展。这种模式虽然带有行政和监管色彩，但支持中小企业发展的初衷和设想值得中国扶持和帮助小微企业时思考和分析。

2. 中国在阿根廷基础建设浪潮中的机遇与困境

（1）新能源建设的新机遇。

能源电力是阿根廷经济发展的瓶颈之一。2015 年阿根廷总统大选前批准的“27. 191 号”法案，提出了新能源发展方略，主要目标是扩大新能源装机容量。这为中国企业与阿根廷互建互益提供了契机。

（2）基础设施政府和社会资本合作（Public-Private Partnership，PPP）项目与中资进入的操作困境。

为了降低公共支出压力和主权债务负担，阿根廷政府于 2017 年 11 月启动了基础设施 PPP 计划，并拟于 2018 至 2022 年间推出 60 个总额为 260 亿美元的 PPP 基础设施项目，涉及能源矿业、交通道路、水、卫生和住房、医院、司法、教育等多个领域。

这些吸引投资的积极举措对中国投资者和企业而言充满希望，但从操作的角度看，却存在难度。由于中国政策性银行的优惠贷款和商业银行的出口买贷门槛较高，融资方主要是 PPP 的私营企业，而且阿根廷政府不会对融资提供直接长期主权担保，PPP 各方对于中信保带来的财务成本也有担心，因而传统的出口买贷和优惠贷款如何助力 PPP，需要阿方具有更大的智慧和担当。

3. 中阿金融互鉴共建的未来趋势

通盘考虑，从理论可行性、政府意愿、企业和金融机构可操作性几方面考量，中阿金融共建的可能性集中于以下几个方面。

第一，多边金融机构合作，即由美洲开发银行等多边金融机构筹组 AB 贷款，由中国的金融机构参与 B 贷款，为首期 PPP 项目 15 年的建设和运营期提供项目融资。

第二，本地金融存在。不论是商业银行的项目贷款还是投资银行的项目债券，都需要 12 ~ 18 个月的准备和审批时间，在融资过程中存在初始垫款、项目贷款、项目债券发行之日起的流动资金贷款等资金需求，因而已经实现本地化的中国工商银行无疑具有先天优势。

第三，项目债券的发行。目前，几大国际投行正在与各家商业银行合作，研究和设计阿根廷 PPP 交通项目的全流程融资方案，长期融资部分由国际投行主导，在国际市场上发行阿根廷 PPP 项目债券，培育项目债券二级流通市场。如同前文所述，亚洲市场，特别是中国大陆人民币和香港离岸人民币市场可以考虑对接阿根廷这一轮巨大的项目债券发债需求。

四　结语

马克里的执政使阿根廷政治、经济、金融、社会等方面发生了一系列深刻的变革。他改变了阿根廷前政府强硬孤立的外交政策，主张对外交往的再平衡和多元化，推动与欧美国家关系的正常化。特别是在与美国的关系上，阿根廷力图重新恢复与美国的密切合作。2016 年 3 月，阿根廷新政府选择在美国支持的阿根廷军事政变 40 周年之际邀请奥巴马总统访问阿根廷。随后阿根廷新政府与美国债权人达成债务重组协议，被视为美国重返阿根廷的一个强烈信号。2017 年，特朗普当选美国总统后不久，马克里夫妇即赶赴白宫会见，强化双边关系。在与欧盟的关系上，马克里与英、法、德、意、荷、西展开了积极互动，非常重视同欧洲的传统关系，积极推动南方共同市场与欧盟合作。在地区关系上，奉行睦邻友好政策，将发展同拉美国家，尤其是地区大国的关系作为外交优先目标，同时重视地区一体化，并积极发展与太平洋联盟的关系。

在国内治理方面，马克里及其变革阵线在 2017 年中期选举的胜局扩大表明，经过两年的国际外交和国内执政考验，阿根廷开始重新融入世界，日益活跃在各种多边和双边外交场合。国家现代化的治理理念，也让马克里始终保持较高的支持率。如果能够有效抑制通胀及成功克服 2018 年 4 月底以来比索汇率动荡带来的困难局面，执政党（联盟）有望在 2019 年总统大选中连任。

习近平主席在达沃斯世界经济论坛上提出的人类命运共同体伟大构想影响深远，对两国的合作共赢有着积极的指导作用。2018 年 1 月，在智利闭幕的中拉部长论坛为“一带一路”的自然延伸做了最具新时代意义的注解，中阿关系正迎来充满战略机遇的互鉴共建新时代。

在 2018 年 5 月阿根廷遭遇汇兑危机之时，习近平主席向马克里伸出援手，力挺马克里政府渡过难关。由此看来，中阿两国全面战略伙伴关系经受住了政党更迭和左右博弈的考验，迎来了难得的有确定性和共同语言的历史发展机遇，中阿金融互鉴共建大有可为。

阿根廷和中国数字生态系统的比较[①]

通信技术与不同领域的结合，不仅产生了显著的社会变化，推动各类工业和科学的革新，而且还发展出新的文化、教育、交流、消费以及商业化的标准。[②] 文化模式上的变化确立了以信息和知识为中心的新型社会，在这种决定了社会结构的新形式中，科学技术进步直接影响着人民的生活。与此同时，文化模式的转换过程推动了以数字终端和虚拟网络作为查询、互动和交换工具的用户指数级的增加。数字经济推动下的结构变化可能成为最高生产率、最快增长速度以及可持续发展的原因。[③]

当新的习惯成为社会的普遍现象，就会引起网络运行的量变，为大数据、云计算、网络、人工智能及其他新兴行业的发展创造可能性。[④]

---

① 作者：阿莱杭德罗·拉索蒂（Alejandro Razzotti），商业管理和公共政策双硕士，阿根廷圣马丁国立大学教授，中国文化之家执行主任。

② Organización para la Cooperación y el Desarrollo Económico (2014). Measuring the Digital Economy, a new perspective. París: OECD Publishing, pp. 15 - 17. http://www.oecd.org/sti/measuring-the-digital-economy-9789264221796-en.htm，检索时间：2017 年 11 月 15 日。

③ Comisión Económica para América Latina y el Caribe (2013), Economía Digital para el Cambio Estructural y la Igualdad. Santiago: CEPAL, pp. 9 - 32. https://www.cepal.org/es/publicaciones/35408-economia-digital-cambio-estructural-la-igualdad. 检索时间：2017 年 11 月 15 日。

④ Unión Internacional de Telecomunicaciones (2017a). "Measuring the Information Society Report 2017", Volumen 1. https://www.itu.int/en/ITU-D/Statistics/Pages/publications/mis2017.aspx. 检索时间：2017 年 11 月 20 日。

此外，一些构成子系统和网络多样性的新的系统机制开始成形，并形成了一个直接影响各国经济、政治、社会结构的技术复合体。这个技术复合体就是数字生态系统，其定义为一个新的、由信息和通讯数字技术大规模应用而产生的具有经济社会影响力的工业结构。①

卡兹（Katz）认为，数字生态系统由三个层面构成：信息产生的新方式和内容，因使用信息而导致的社会行为和知识形成的改变，以及对经济社会不断增加的影响。从这三个层面可以更全面地认识数字生态系统。②

生态系统是一个生态学词汇，指的是“其生命过程彼此相关并根据同一环境的物理因素发展起来的生物共同体”③。这是一种描述相互依存性、共生关系和系统性相互作用的词语。在生物学家看来，没有有机体是完全独立的，因为每个生物都依赖于其他生物获得基本生存资料。

数字生态系统在商业界使用后不久④，在 2002 年作为深化欧盟里斯本战略研究议程的手段，开始被欧洲官方机构所采纳。

类似于在生态学中的应用，数字生态系统的概念强调了构成它的不同部分之间的深层相互关系。例如，数字基础设施的发展决定了使用（或发展）数字化产品供货和服务的可能性，低速的移动网络无法访问流式视频内容（例如优酷、爱奇艺、YouTube 或 Netflix 提供的内容）。同样，如果设备或宽带费用的成本过高，可能仅具有足够资金的一部分人有能力使用这些技术。

在这种大背景下，为了在拉丁美洲地区实施这一概念，拉丁美洲开发银行最近启动了“拉丁美洲和加勒比数字生态系统观察站”。这是第一个提供“该

---

① Katz，Raúl（2015）. El ecosistema y la economía digital en América Latina. Estudio editado por Fundación Telefónica，Comisión Económica para América Latina y el Caribe，Banco de Desarrollo de América Latina y Centro de Estudios de Telecomunicaciones de América Latina. Ariel，España，p. 5. http://repositorio.cepal.org/bitstream/handle/11362/38916/ecosistema_digital_AL.pdf;jsessionid=A60D4C09273B637610C69DF1FD15DE7F?sequence=1. 检索时间：2017 年 11 月 15 日。

② 同上，pp. 1-22。

③ Real Academia Española（2017）. Palabra “ecosistema”，Diccionario de la Real Academia Española，edición 23a. www.rae.es，检索时间：2017 年 11 月 15 日。

④ 例如，2000 年 10 月 16 日在美国华盛顿和西雅图召开了世界资源学院“创造电子红利”研讨会（英文缩写 WRI），惠普（Hewlett-Packard）前首席执行官卡丽·费奥瑞那（Carly Fiorina），提出了“数字生态系统”这一概念。http://www.hp.com/hpinfo/execteam/speeches/fiorina/ceo_worldres_00.html. 检索时间：2017 年 11 月 17 日。

地区数字生态系统全面视角"[①] 的观察站。其目标是确定新的知识需求，改善公共政策并促进新的商业机会产生。观察站制定了一套在建立综合信息通信技术发展指数（IIDTIC）过程中业已成熟的方法，该方法能够为建立公共政策的决定提供预先分析，并了解阻碍或减缓其发展的限制。[②]

拉丁美洲开发银行将数字生态系统分解为八个相互关联的支柱，这些支柱在特定的经济和社会环境中运行。组成该生态系统的支柱是：数字服务的基础设施，数字服务的连通性，家庭的数字化，生产的数字化，数字化生产因素，数字化产业的发展，数字化竞争的水平、体制以及监管水平。[③]

本部分将从五个方面对中国和阿根廷相关案例进行比较分析，重点是调查数字生态系统的各个方面。

一　扩大信息技术的采用

国际电信联盟（ITU）最近发布了《2017 年信息社会测量报告》。[④] 第九版[⑤]与 2009 年以来的一贯做法一样，更新了信息技术发展指数（信息和通信技术发展指数，IDI）。该指数由 11 个指标组成，分为三个子指标：接入、使用和技能。[⑥]

---

① CAF（2017）拉丁美洲和加勒比地区数字生态系统观测站机构网站。https://www.caf.com/app_tic/#en/home. 检索时间：2017 年 11 月 20 日。

② CAF（2017b），Hacia la transformación digital de América Latina y el Caribe：El Observatorio CAF del Ecosistema Digital. Publicado en junio de 2017，pp. 35 – 40. http://scioteca.caf.com/handle/123456789/1059，检索时间：2017 年 11 月 15 日。

③ 同上，pp. 34 – 43。

④ Unión Internacional de Telecomunicaciones（2017）"Measuring the Information Society Report 2017"，Volumen 1 y 2. https://www.itu.int/en/ITU – D/Statistics/Pages/publications/mis2017.aspx. 检索时间：2017 年 11 月 20 日。

⑤ 2017 年 11 月 15 日发布的报告，对 176 个国家进行了调查。2017 报告使用的数据截至 2016 年。

⑥ 国际电信联盟信息和通信技术发展指数旨在衡量以下几个方面：①信息和通信技术发展水平；②发达国家和发展中国家在信息和通信技术的发展上所取得的进展；③数字鸿沟，即根据信息和通信技术发展水平的不同，体现的国家之间的差异；④信息技术发展潜能，以及各国利用信息技术提高增长速度和发展水平的程度。

在2017年的报告中，阿根廷共和国以6.79①分排名第51位，而2010年排名第54位，得分为5.02。② 在国家部分，该报告得出的结论认为，阿根廷对电信部门采取多层面的方法，利用国家计划，重点发展基础设施和数字扫盲，促进不同细分市场的竞争③。

中国也出现了类似的趋势，在2017年排名第80位，得分为5.60④，比2010年提高5位；2010年排名第87位，得分为3.69。⑤ 2017年报告最后指出，中国通过政府领导，私营部门运营和庞大的信息技术制造基础的结合，推动了电信业的快速发展。有了这些元素，中国已经成为世界上最大的电信市场。⑥

两国在全球排名方面的改善标志着自2009年国际电联首次发布研究报告以来不断发展的新态势，并反映了新技术的不断融合以及新数字工具的使用程度。

同样，指出每个国家在各自地区的相对位置也很重要。在美洲地区，阿根廷排在美国、加拿大、巴巴多斯、圣基茨和尼维斯和乌拉圭之后，位居第六（在所调查的35个国家和地区中），在南美洲国家中排名第二。⑦ 在亚太地区，中国排名第11位（在总共34个区域样本国家和地区中），次于韩国、中国香港、日本、新西兰、澳大利亚、新加坡、中国澳门、文莱达鲁萨兰国、马来西亚和泰国。⑧

表1.5显示了阿根廷和中国关于2017年IDI的最新数据。总的来说，除了3G（98.0% vs 95.0%）和4G/LTE/WiMAX（97.0% vs 85.0%）的覆盖率、手机和固定宽带连接的价格，以及固定宽带连接率以外，阿根廷在其他方

① Unión Internacional de Telecomunicaciones (2017a), "Measuring the Information Society Report 2017", Volumen 1, p. 87. https://www.itu.int/en/ITU-D/Statistics/Pages/publications/mis2017.aspx. 检索时间：2017年11月20日.

② Unión Internacional de Telecomunicaciones (2015), "Measuring the Information Society Report 2015", p. 76. https://www.itu.int/en/ITU-D/Statistics/Pages/publications/mis2015.aspx. 检索时间：2017年11月20日。

③ Unión Internacional de Telecomunicaciones (2017b) "Measuring the Information Society Report 2017", Volumen 2, p. 9. https://www.itu.int/en/ITU-D/Statistics/Pages/publications/mis2017.aspx. 检索时间：2017年11月20日。

④ Unión Internacional de Telecomunicaciones, 2017a, p. 77.

⑤ Unión Internacional de Telecomunicaciones, 2015, p. 72.

⑥ Unión Internacional de Telecomunicaciones, 2017b, p. 41.

⑦ Unión Internacional de Telecomunicaciones, 2017a, p. 87.

⑧ Unión Internacional de Telecomunicaciones, 2017a, p. 77.

面有着显著的优势。

表 1.5　信息技术发展指数的关键指标

信息和通信技术发展指数（IDI）	中国	阿根廷
2017 年排名	**80**	**51**
IDI 2017 年评分	**5.60**	**6.79**
接入	**5.58**	**6.87**
每 100 名居民拥有的固定电话数量（部）	14.67	23.38
每 100 名居民拥有的移动电话数量（部）	96.88	150.67
每个互联网用户的互联网带宽（kbit / s）	14.69	41.12
拥有电脑的家庭的百分比（%）	52.50	67.63
有互联网接入的家庭的百分比（%）	55.52	63.81
3G 覆盖率（人口百分比,%）	98.0	95.0
4G / LTE / WiMAX 覆盖率（人口百分比,%）	97.0	85.0
手机价格（占人均国民生产总值比重,%）	0.6	2.0
固定宽带连接价格（占人均国民生产总值比重,%）	2.4	3.3
1GB 手机宽带连接价格（占人均国民生产总值比重,%）	1.1	1.0
使用	**5.27**	**5.96**
具有互联网接入的个人的百分比（%）	53.20	70.15
每 100 个房间固定宽带连接数量	22.90	16.94
每 100 个房间移动宽带连接数量	66.77	80.52
技能	**6.28**	**8.30**
平均受教育年限（年）	7.60	9.90
中等教育毛入学率（%）	94.30	106.78
高等教育毛入学率（%）	43.39	82.92

数据来源：UIT2017c.

根据国际电信联盟提供的信息，2005—2016 年互联网用户比重呈现显著增长（见表 1.6）。从绝对数量来看，中国从 2005 年的互联网用户仅为 1 亿（8.52%），到 2016 年底为 7.31 亿（53.2%）。同时期阿根廷的互联网用户从 700 万（17.72%）攀升至 3 000 万以上（70.15%）。

表 1.6　互联网用户的百分比（2005—2016 年）

国家	2005	2006	2007	2008	2009	2010	2011	2012	2013	2014	2015	2016
中国	8. 52	10. 52	16. 00	22. 60	28. 90	34. 30	38. 30	42. 30	45. 80	47. 90	50. 30	53. 20
阿根廷	17. 72	20. 93	25. 95	28. 11	34. 00	45. 00	51. 00	55. 80	59. 90	64. 70	68. 04	70. 15

数据来源：Unión Internacional de Telecomunicaciones（2017c），Estadísticas ITU Data. http://www. itu. int/en/ITU - D/Statistics/Pages/stat/default. aspx. 检索时间：2017 年 11 月 20 日。

为了补充信息通信技术扩展应用的研究，在研究对象国增加一些人口数量以及城市化和农村化比重的数据是很必要的。实际上，无论是在绝对值还是农村和城市构成上，比较研究都显示出明显的差异。

中国人口为 13. 85 亿，阿根廷人口为 4 460 万。在其构成中，中国的城市人口比重为 57%，农村人口为 43%；而阿根廷的城市人口比重则明显偏高，城市化率为 92%，农村人口仅占 8%。[①]

首先，从这个特定的初始状况开始，我们可以看出在不同人群中存在着不同程度的互联网渗透。阿根廷的互联网渗透率超过 70%[②]，而截至 2016 年 12 月，中国为 53. 2%[③]。

除了差异之外，阿根廷的人口城市化程度与信息技术的整合和使用之间存在相关性，城市人口指数越高，使用信息和通信技术的比例越高。

在阿根廷这个南美国家，92% 的城市人口中，互联网用户总数超过 70%，其中 70% 是社交网络的活跃用户，61% 是活跃的移动用户。[④]

如上所述，中国拥有 57% 的城市人口，其中 52. 3% 的人口是互联网用户，57% 是社交网络的活跃用户，57% 是活跃的移动用户。[⑤]

---

① WeAreSocial y Hootsuite（2017a），“Digital in 2017. Eastern Asia”，enero de 2017. https://www. slideshare. net/wearesocialsg/digital - in - 2017 - eastern - asia. 检索时间：2017 年 11 月 15 日。

WeAreSocial y Hootsuite（2017b），“Digital in 2017. South America”，enero de 2017. https://www. slideshare. net/wearesocialsg/digital - in - 2017 - south - america. 检索时间：2017 年 11 月 15 日。

② WeAreSocial y Hootsuite（2017b），“Digital in 2017. South America”，enero de 2017. https://www. slideshare. net/wearesocialsg/digital - in - 2017 - south - america. 检索时间：2017 年 11 月 15 日。

Unión Internacional de Telecomunicaciones（2017c），Estadísticas ITU Data. http://www. itu. int/en/ITU - D/Statistics/Pages/stat/default. aspx. 检索时间：2017 年 11 月 20 日.

③ WeAreSocial y Hootsuite（2017a），“Digital in 2017. Eastern Asia”，enero de 2017. https://www. slideshare. net/wearesocialsg/digital - in - 2017 - eastern - asia. 检索时间：2017 年 11 月 15 日。

④ WeAreSocial y Hootsuite，2017a，p. 21.

⑤ WeAreSocial y Hootsuite，2017a，p. 21.

根据截至2016年底的测量结果，这两个国家的社交网络和移动活跃用户数量均显著增加。在这两项指标中，中国分别增长20%（1.34亿用户）和36%（2.1亿用户），阿根廷分别增长15%（400万用户）和29%（600万用户）。如表1.7所示。

表1.7　截至2016年12月的人口数据和用户数量

国家	总人口	互联网用户	社交网络活跃用户	移动活跃用户
中国	13.85亿 57%城市人口 43%农村人口	7.312 5亿 普及率52.3% +8%年增长 +5 100万	7.87亿 普及率57% +20%年增长 +1.34亿	7.87亿 普及率57% +36%年增长 +2.10亿
阿根廷	4 406万 92%城市人口 8%农村人口	3 479万 普及率79%/70.15% +0%年增长	3 100万 普及率70% +15%年增长 +400万	2 700万 普及率61% +29%年增长 +600万

数据来源：Unión Internacional de Telecomunicaciones（2017c），Estadísticas ITU Data. http://www.itu.int/en/ITU-D/Statistics/Pages/stat/default.aspx. 检索时间：2017年11月20日，WeAreSocial y Hootsuite，2017a（p.21）.

关于中国互联网使用的扩大，关键在于深入分析中国互联网络信息中心（CNNIC）发布的各期《中国互联网发展统计报告》①。这是反映中国互联网现状的一个不可或缺的信息来源。

在CNNIC的最近一次统计中，即2017年6月的第40期报告显示，中国的互联网用户达到7.51亿，占人口的54.3%，与上半年相比几乎增加了2 000万（从7.312 5亿增加到7.511 6亿）。② 相对而言，整体尽管仍在继续增长，但增速放缓。也就是说，随着时间的流逝，伴随不断增长的是增长比重的下降。

在2012年6月至2017年6月期间，中国互联网用户比重从39.9%增加到

---

① 这是一项定期发布的官方报告，汇集了中国主要机构的数据，包括中国电信、中国教育科研网络中心、中国科技网、中国联通、中国移动、阿里巴巴通信技术、百度在线网络技术、北京探索移动信息技术、奇虎360技术、厦门35.com技术、深圳腾讯、新浪微博等。最新版本是2017年1月发布的第39期英文版和2017年7月发布的第40期中文版。

② 中国互联网络信息中心国家互联网信息办公室（2017b），《第40次中国互联网络发展状况统计报告》，2017年7月。http://cnnic.cn/hlwfzyj/hlwxzbg/hlwtjbg/201708/P020170807351923262153.pdf. 检索时间：2017年11月15日。

54.3%（提高14.4个百分点），新增人数达到令人震惊的2.135 6亿。① 换句话说，在过去的5年间，中国新增的互联网用户数量相当于美国现有互联网用户数量的75%。

二 数字设备和使用的首选项

为了推进这一分析，我们将选择另一角度作为比较因素，即设备的选择以及用户在网络中进行的不同类型的活动。在参考案例中，相似的明显趋势是以智能手机为偏好，这种选择优先于使用计算机和平板电脑。只有在查阅邮件时，我们才能看到在设备选择上的差别。

如表1.8所示，就中国而言，计算机的使用率高于移动电话。而在阿根廷，依然保持使用智能手机的偏好。

表1.8 不同设备的每周活动

国家	浏览社交网络	查阅邮件	使用搜索引擎	获取产品信息	听音乐
中国	25%智能手机 19%电脑 4%平板电脑	8%智能手机 10%电脑 1%平板电脑	51%智能手机 41%电脑 9%平板电脑	14%智能手机 9%电脑 3%平板电脑	23%智能手机 15%电脑 3%平板电脑
阿根廷	64%智能手机 40%电脑 5%平板电脑	32%智能手机 30%电脑 2%平板电脑	38%智能手机 31%电脑 4%平板电脑	17%智能手机 12%电脑 1%平板电脑	22%智能手机 20%电脑 2%平板电脑

数据来源：WeAreSocial和Hootsuite基于Google消费者晴雨表数据库的统计。WeAreSocial y Hootsuite，2017a（p.30）. WeAreSocial y Hootsuite，2017b（p.30）.

对智能移动设备的优先使用证实了活跃移动用户日渐增多的趋势，同时也概括了选择实用性、多功能性、交互性、直接性和更大联网可能性的用户特征。而智能设备集中了这些特点。

另一方面，在阿根廷智能手机的选择可能与本国的另一特定现象相关或受其影响。我们指的是大量活跃的移动设备的存在远远超过了居民的总人口，这

① 中国互联网络信息中心国家互联网信息办公室（2017b），《第40次中国互联网络发展状况统计报告》，2017年7月。http://cnnic.cn/hlwfzyj/hlwxzbg/hlwtjbg/201708/P020170807351923262153.pdf. 检索时间：2017年11月15日。

种现象已经存在了十多年，也就是2016年该国移动电话普及率超过145%的原因。①

如果我们关注通过移动设备进行的互联网社交使用，就可以看到社交和娱乐活动的权重。在阿根廷案例中，使用率较低的活动是手机银行业务，而WeAreSocial和Hootsuite提供的信息显示，中国在网络游戏、手机银行和手机定位方面的使用率持平②。

尽管这种区分标志着不同的偏好，但如表1.9所示，在手机银行业务的低使用程度和经济领域电子商务普及率之间可以看到强烈的相关性。

表1.9 手机活动（用户百分比）

国家	即时信息	在线视频	在线游戏	手机银行	手机定位
中国	46%	48%	36%	35%	35%
阿根廷	66%	78%	52%	28%	53%

数据来源：WeAreSocial和Hootsuite基于全球网络指数2016年第三季度和第四季度的调查。WeAreSocial y Hootsuite，2017a，p. 38. WeAreSocial y Hootsuite，2017b，p. 40.

中国手机用户的使用情况可根据2017年7月CNNIC最新报告进行分析。表1.10总结了其目前的使用详情及过去6个月的变化（2016年12月至2017年6月）。

表1.10 中国：手机社交网络的使用

时间	即时信息	新闻	浏览器	在线视频	手机支付	点餐
2017.06	92.3%	83.1%	81.1%	75.2%	69.4%	37.9%
	6.916亿人	6.248亿人	6.094亿人	5.648亿人	5.02亿人	2.74亿人
2016.12	91.8%	84.0%	82.4%	74.5%	67.5%	27.9%
	6.6628亿人	6.139亿人	6.024亿人	5.445亿人	4.69亿人	1.94亿人

数据来源：China Internet Network Information Center，2017b，pp. 24－52.

---

① Ente Nacional de Comunicaciones（2017），Indicadores Mercado TIC，Postal y Audiovisual，Dirección Nacional de Desarrollo de la Competencia en Redes y Servicios，Argentina，p. 42－50. https://www.enacom.gob.ar/informes－de－mercado_p2877. 检索时间：2017年11月15日。

② WeAreSocial y Hootsuite，2017a，p. 38.
WeAreSocial y Hootsuite，2017b，p. 40.

手机的主要用途包括获取即时消息（占所有手机用途的92.3%），新闻搜索（83.1%），使用搜索引擎（81.1%），在线观看视频（75.2%），通过手机支付（69.4%）和点餐（37.9%）。当这些百分比转化为用户数量时，数字都达到了数亿，清楚地表明了中国是如何成为这类技术的世界最大市场的。

三 电子商务的发展及其主要参与者

电子商务是这个转型过程中出现的另一种新现象，数字革命和数字平台的发展使其成为可能。这些平台的主要特点之一就是外部性，即用户在网络中使用商品或资源时产生效果的能力（“网络效应”）。

对于网络价值的产生而言，人口规模和互联网用户数量是具有重要意义的数据。中阿两国之间存在的用户结构不同产生了巨大的差距，体现了各国独有的特征。

这种不对称体现在电子商务账单这一指标上。表1.11表明，中国消费者电子消费的人均交易量是阿根廷的两倍。此外，由于中国电子采购的人数比阿根廷多（分别为5.3亿和1 600万），2016年中国的成交额相当于阿根廷的73倍。

如果考虑到两国互联网的普及程度，并与电子商务普及程度进行比较，可以看出，对于两个经济体来说，电子商务构成了一个潜力尚未得到充分利用的工具。

表1.11 电子商务

2016电子商务	电商购买人数	总交易量/人口总量	消费者人均年消费额（美元）
中国	5.302 0亿	38%	710
阿根廷	1 610万	37%	318

数据来源：WeAreSocial及HootSuite基于《数字市场统计》的数据。

如果我们对2016年的电子采购进行分类，可以看到，阿根廷更倾向于使用便携式计算机进行电子商业运营，而在中国，手机是首选设备。表1.12收集的数据，再次体现了电子商务中电子设备选择的差异。

表 1.12　30 日内电子商务活动（2016）

国家	搜寻产品或在线服务	在线浏览零售商店	在线购买服务或产品	从电脑上进行的网购	从手机上进行的网购
中国	44%	50%	46%	33%	41%
阿根廷	69%	69%	48%	40%	23%

数据来源：WeAreSocial 及 Hootsuite 基于全球网络指数 2016 年第三和第四季度的调查。WeAreSocial y Hootsuite. 2017a，p. 39. WeAreSocial y Hootsuite. 2017b，p. 41.

最后，有必要指出的是，中国是仅次于美国的全球第二大活跃的网络市场。实际上，2016 年其电子商务总额达 9 670 亿美元，远远超过以 3 520 亿美元排名第三的德国。此外，中国过去五年的年增长率达到 32%①。

上述案例中的另一个巨大差异来自每个数字生态系统中的关键角色。近几十年来，中国创造了政治、监管、经济和社会条件，使百度、阿里巴巴和腾讯②等全球优质公司发展成为中国生态系统的领导者，其影响扩大到世界的其他地区。

根据截至 2017 年 6 月 30 日的股票市值，全球十大科技公司中有 5 家是中国公司。位居前十位的公司依次是：谷歌（Google）、亚马逊（Amazon）、脸书（Facebook）、阿里巴巴（中国）、腾讯（中国）、Priceline、网飞（Netflix）、百度（中国）、京东（中国）和网易（中国）。③

在全球范围内，中国“独角兽”④ 企业，占总数的 29%，达到 63 家。根据估值，中国占 41%，略高于美国。⑤ 而阿根廷已经产生了 4 个本土的“独角兽”企业，分别是 Mercado Libre（网购）、Globant（软件开发）、Despegar

---

① Boston Consulting Group（2017），“Decoding the Chinese Internet”，Estudio realizado con AliResearch y Baidu Development Research Center，28 de septiembre de 2017. https://www.slideshare.net/TheBostonConsultingGroup/decoding-the-chinese-internet. 检索时间：2017 年 11 月 15 日。

② 关于这三家中国数字企业的主要特点可参见 Razzotti，Alejandro（2017），“Las redes sociales en la China de hoy” en Temas de Política Exterior，Comercio y Relaciones Bilaterales，Año IX，n°9，Noviembre de 2017. Buenos Aires：APSEN - Asociación Profesional del Servicio Exterior de la Nación.

③ CrunchBase（2017），Knowledge Center. https://www.crunchbase.com/. 检索时间：2017 年 11 月 15 日。

④ 独角兽是指以技术为基础的公司，其市值超过 10 亿美元。

⑤ CrunchBase（2017），Knowledge Center. https://www.crunchbase.com/，截至 2017 年 5 月 31 日的数据。检索时间：2017 年 11 月 15 日。

（在线旅行社）和 OLX（网络广告）。

中国数字行业高度集中。表 1.13 详细列出了三家中国科技集团及其网上平台，他们集中了 55% ~95% 的电子商务、手机支付、社交网络、视频浏览和搜索功能。

表 1.13　中国数字生态系统集中化

BAT	电子商务	手机支付	社交网络	在线视频	搜索引擎
百度	—	百度钱包	—	爱奇艺、PPS	百度
阿里巴巴	淘宝、天猫	支付宝	新浪微博	优酷、土豆	神马
腾讯	京东	微信支付	微信、QQ	腾讯视频	搜狗

数据来源：Boston Consulting Group（2017），"Decoding the Chinese Internet"，Estudio realizado con AliResearch y Baidu Development Research Center，28 de septiembre de 2017. https://www.slideshare.net/TheBostonConsultingGroup/decoding - the - chinese - internet. 检索时间：2017 年 11 月 15 日。

与中国的情况相反，阿根廷完全融入了由美国大型技术集团（包括谷歌、Facebook、微软、苹果和 Netflix 等）领导的西方数字化强势动力，只有少数本国技术行业参与其中。

然而，阿根廷也存在数字行业某些领域的集中化。拉丁美洲搜索引擎和社交网络采用的赫尔芬达尔 - 赫希曼指数（índice Herfindahl-Hirschman）[①]，显示出其"垄断"水平，而在线视频的集中度则处于中等水平。因此，根据该指数，有人认为拉丁美洲的电子商务部门竞争非常激烈。[②]

四　竞争的演变

世界经济论坛（WEF）在其《2017—2018 全球竞争力报告》[③] 中，通过

① 赫尔芬达尔 - 赫希曼指数用以衡量一个行业的竞争强度，通过市场份额占比的平方和来计算。

② CAF，Hacia la transformación digital de América Latina y el Caribe：El Observatorio CAF del Ecosistema Digital. Publicado en junio de 2017，pp. 49 - 50. http://scioteca.caf.com/handle/123456789/1059.

③ 发布于 2017 年 9 月 27 日。http://reports.weforum.org/global - competitiveness - index - 2017 - 2018/. 检索日期：2017 年 11 月 15 日。

全球竞争力指数（Global Competitiveness Index，GCI）①来衡量和更新全球竞争力的数据。该指数衡量了一整套与国家竞争力相关的构成要素，即被称为一整套因素，其中包括制度、基础设施和公共政策，这些因素决定了国家的生产力和可达到的繁荣程度。②

GCI 的组成内容通过各国人均 GDP 的发展程度进行调整。考虑到这个指标，中国（人均国内生产总值 8 113.3 美元）和阿根廷（人均国内生产总值 12 502.8美元）分属不同等级，因此子指标的百分比组成将有所不同。

介绍了这些方法论问题后，就可以对这两个国家进行分析。我们发现，自上次测量以来，两个国家的排名和 GCI 得分都有所提高。中国从 4.95 上升到 5.0，排名提高到第 27 位。③ 阿根廷得分从 3.81 提高到 3.95，排名提高了 12 位，跃至第 92 位。④

就阿根廷而言，GCI 指数提升了 12 位，归因于其在基础条件上的上乘表现。特别是公共和私人机构的运作有明显改善，从而提高了他们的可信度。从技术整合的角度来说，创新和商业成熟度也有所改善，这表明阿根廷正在进入初步的改善过程，并有可能获得新的经济增长来源。另外，自本届政府实施改革，以理顺那些影响市场效率的扭曲以来，与商品市场、劳动力市场和金融发展相关的一些指标得到了初步的改善。

中国作为最大的新兴市场之一，与印度和印度尼西亚一道，正在共同成为主要的创新中心，同时也处在向发达经济体转变的过程当中。因此，投资于技术整合，用技术培训人力资源以及对企业进行投资，成为使创新潜力转化为经济和社会效益的不可或缺的条件。

报告指出，中国在全球竞争力排名中位居第 27 位。与 2016—2017 的报告相比，除了处于弱势的宏观经济环境和基础设施之外，中国几乎在所有指标上都有所改善。

---

① 2017 - 2018 GCI 指数用 3 个子指标的 12 个支柱划分 137 个经济体：基础条件（机构、基础设施、宏观经济环境、健康和初级教育），效能提升（高等教育及培训、货物市场效率、劳动力市场效率、金融市场发展、技术准备和市场规模）以及创新成熟度（商业创新与成熟度）。

② Foro Económico Mundial（2017）"The Global Competitiveness Report 2017 - 2018", pp. 317 - 324. http://www3.weforum.org/docs/GCR20172018/05FullReport/TheGlobalCompetitivenessReport2017% E2% 80% 932018.pdf. 检索日期：2017 年 11 月 15 日。

③ The World Economic Forum，2017，pp. 90 - 91.

④ Foro Económico Mundial，2017，pp. 46 - 47.

中国的最大优势在于其技术准备，这得益于信息和通信技术普及率的稳步提升和这一领域的外商直接投资。另一个显著进步是商品市场的效益，这得益于为开办企业精简了相关手续，从而减少了官僚主义。

表 1.14 显示了与数字生态系统演变直接相关的“技术准备”和“创新”两个支柱。其中可以清楚地看到一些重要指数。中国最佳指标是“高技术含量产品的政府采购”（第 10 位）和“公司的研发投入”（第 21 位）。这两项指标均高于中国的全球竞争力指数排名。

阿根廷在所选指标中，最好的是“科研机构的质量”类别，排名第 37 位，远高于其整体排名。

表 1.14　GCI 2017—2018：类别与指标

全球竞争力指数（GCI）	中国	阿根廷
GCI 2017—2018 排名	27	92
GCI 2017—2018 得分	5.0	3.95
第 9 类支柱：技术准备（排名/得分）	73/4.2	66/4.3
最新技术	81/4.5	100/4.2
公司层面技术吸收	58/4.6	101/4.1
技术转让和外资直接投资	49/4.7	119/3.5
第 12 类支柱：创新（排名/得分）	28/4.1	72/3.3
创新能力	44/4.5	71/4.1
科研机构质量	36/4.6	37/4.6
企业研发投入	21/4.6	88/3.1
大学与企业的研发合作	28/4.4	81/3.3
高技术含量产品政府采购	10/4.5	104/2.8
科学家和工程师	29/4.7	67/3.9
专利合作条约（PCT）下的专利情况	30/17.7	69/1.2

数据来源：Foro Económico Mundial，2017，p. 47 y p. 91.

五 数字化包容

从为全社会提供增长、就业和改善机会的角度，数字技术的发展和整合可以成为改革的真正引擎。世界银行最近发布的一份关于促进创新、效率和包容性的世界发展报告中提到了这个问题。①

报告指出，如果一些因素不能得到应有的重视，数字化革命带来的效益就可能在全球范围以及每个国家的内部得不到均衡的分配。

首先，目前全球大约有 20 亿人没有手机，近 60% 的人口无法上网。

其次，引起分配不均衡的第二次因素与市场集中化的趋势有关。如果不能建立监管准则，以避免和缓解行业垄断，这种集中化趋势就会在经济发展的过程中导致互联网的一体化。

最后一个因素与技术引进导致的倒退效应有关。即当技术取代日常工作的时候，会引发劳动力市场两极分化：一方面需要最高水平技能的职业，而另一方面是只需要最基本技能的职业。这样就加大了两者收入结构的差距。

世界银行认为，最后两个因素可以用一个类似的稳固机制来抵消。这是一个有利于营造有活力的商业环境的法规，它推动企业通过数字技术进行竞争和创新，公民、工人、企业家和公职人员均可以从数字化中获益。②

根据这个指导原则，我们将对参考案例进行进一步的分析。如果从第一个因素（互联网接入）考虑，我们可以看到两个国家间的明显区别。

在中国，46% 的人口仍然无法访问互联网，也无法获取网络提供的信息和服务。因此，这部分公民处于不利条件下。实际上，居住地对这个因素有很大的影响。中国城市居民（69.4%）与农村居民（34%）相比，前者访问互联

① Banco Mundial（2016）. Informe sobre el desarrollo mundial 2016：Dividendos digitales. Panorama general. http://documents. worldbank. org/curated/en/658821468186546535/pdf/102724 - WDR - WDR2016 Overview - SPANISH - WebResBox - 394840B - OUO - 9. pdf. 检索日期：2017 年 11 月 15 日。

② 同上。

网的可能性是后者的两倍以上①。

另一方面，对于阿根廷来说，无法接入互联网的人口比重相对较低。根据CAF的IIDTIC统计，2015年该国的互联网连接率②达到72.49%。这是拉丁美洲地区最高的比重之一。③

另一个有趣的数字技术在收入分配中的影响。根据世界银行提供的数据，与劳动相关的国民收入的百分比已经下降，这种倒退效应与技术变化息息相关。这种趋势在世界大部分经济体均有体现，包括本文分析的中国和阿根廷。

1975以来，无论在中国还是阿根廷，劳动收入在国民收入中的比重均有所下降。劳动在国民收入中占比的减少导致不平等现象的出现，拉大了最高收入和最低收入之间的差距。

六　结语

中国数字生态系统在世界范围内的规模、演变和优势，以及阿根廷数字生态系统的特殊性，对中国和阿根廷的公司、组织和机构来说，意味着无限的机会。根据每个国家所处的不同数字化阶段，可以在中国和阿根廷之间建立一个联合数字化议程，如下项目可作为优选项：

- 风险投资、联合投资、技术转让、促进创业、数字化平台的开放以及中国企业集团在拉丁美洲设立办事处等业务领域；
- 技术公司大数据的隐私化和责任管理；
- 加强移动通信网络和互联网接入的数字基础设施；
- 将数字化扫盲扩展到所有的社会阶层，无论其年龄、性别、教育或经济条件如何；

---

① 中国互联网信息中心（2017b），《第40次中国互联网络发展状况统计报告》，中央网络安全和信息化领导小组办公室，中国互联网络信息中心，国家互联网信息办公室，2017年7月。40th Statistical Report on Internet Development in China. Julio 2017, p. 15. http://cnnic.cn/hlwfzyj/hlwxzbg/hlwtjbg/201708/P020170807351923262153.pdf.

② IIDTIC由三个要素组成：可及性、普及性和支配性。每个要素的分值分别为87、68和82。CAF, 2017b, pp. 93 - 104 y p. 179.

③ CAF (2017b), Hacia la transformación digital de América Latina y el Caribe: El Observatorio CAF del Ecosistema Digital. Publicado en junio de 2017, p. 179. http://scioteca.caf.com/handle/123456789/1059.

- 推动技术发展，让更多金融工具和电子银行为大部分人所使用；
- 联合开发“创意经济”产品①，显现中国和阿根廷的文化财富②，为战略性商业合作伙伴关系提供坚实和深厚的基础；
- 技术进步与社会和谐并进，才能促进就业和增加社会成就；
- 要尽量减少社会不同区域之间的不平等现象以及区域内部之间的差异；
- 网络空间的主权和在世界各国和地区实现互联网公平的全球治理；
- 促进公民参与协作和协商，以履行政务公开的原则。

本文讨论的主题是一个具有丰富合作机会的领域，这个领域将为我们的人民提供共同发展的机会。

---

① 这是约翰·霍金斯（John Howkins）在 2001 年推广的术语，涵盖了艺术、文化、设计、娱乐、媒体和创新。

② 在最新的研究报告中，布宜诺斯艾利斯市认为，几乎 10% 的创收岗位与“创意经济”有关。可参见 Ciudad Autónoma de Buenos Aires（2012）Anuario de Industrias Creativas Ciudad de Buenos Aires 2011. http://www.buenosaires.gob.ar/sites/gcaba/files/anuariooic2011_0.pdf. 检索日期：2017 年 11 月 15 日。

阿根廷养老金制度轮回及对中国的启示[①]

从1995年到2008年，中国和阿根廷的养老金制度是极为相似的。阿根廷于1994年建立了现收现付与完全积累制共存的公立养老金制度，中国1995年开始探索将强制性的现收现付制与个人账户制度融为一体的基本养老保险制度，两国均形成了“混合型”公共养老金制度。不仅如此，二者在养老金制度的外部约束条件上也具备相似性，尤其是在至关重要的人口结构因素上。

根据有关测算，1990年到2050年阿根廷人口出生时预期寿命将从68.06岁提高到79.69岁，同期中国人口出生时预期寿命从69.67岁提高到81.07岁；在人口结构方面，阿根廷1990年老年人口抚养比达到了15%，同期中国为8.6%，但中国人口老龄化的速度远高于阿根廷，2015年阿根廷老年人口抚养比为17.1%，同期中国为13.3%，二者间的差距有所缩小。[②]

在经济因素方面，1994年阿根廷人均国民总收入（GNI）为7 540美元，在实行改革的2008年为7 610美元，2016年为11 970美元；而中国1994年人均GNI只有470美元，2005制度变革时人均GNI为1 760美元，2014年中国

① 作者：高庆波，管理学博士，中国社会科学院社会发展战略研究院副研究员。

② United Nations，Department of Economic and Social Affairs，Population Division（2017）. World Population Prospects：The 2017 Revision，https://esa.un.org/unpd/wpp/Download/SpecialAggregates/Ecological/. 检索时间：2018年1月3日。

达到了阿根廷 1994 年制度改革时的水平，到 2016 年为 8 250 美元。[①]

2008 年，阿根廷正式退出了个人账户制度，再次回到现收现付制。曾经有极为相似公共养老金制度的两国，由此走上了不同的道路。探寻阿根廷养老金制度的轮回，尤其是其改革动因与经验教训，对坚持统账结合的中国养老金制度具备直观的借鉴意义。

一 中国与阿根廷养老金制度改革概况

中国和阿根廷的公共养老金制度从资金筹集支付角度来看，二者缴费率水平接近，分别为 28% 与 27%，但是在待遇确定方面存在明显的差异。1997 年中国养老金制度统一之后，社会统筹部分采用的是固定待遇方式，2005 年调整待遇计发办法以加强缴费与待遇的关联性，变革后的基本养老金制度社会统筹部分实际上采用了与阿根廷 1993 年改革近似的养老金待遇计发公式，二者最大的区别在于中国每缴费一年所提供的养老金替代率要低于阿根廷（1% 与 1.5%，前者为中国，不过后者有封顶）。详情见表 1.15。

表 1.15 中国与阿根廷养老金制度概况

国家	年份	养老金项目	缴费率	制度模式	待遇	管理者
中国	1997—2005 年	社会统筹部分	雇主 20%	现收现付	20% 社平工资	人社部
		个人账户部分	雇员 8%	个人账户	累计余额/120	人社部
	2005 年至今	社会统筹部分	雇主 20%	现收现付	t% ×（本人工资 + 社平工资）/2 *	人社部
		个人账户部分	雇员 8%	个人账户	累计余额/139 **	人社部

① 数据源自：World Bank Data. https://data.worldbank.org/indicator/NY.GNP.PCAP.CD? locations = AR&view = chart. 检索时间：2018 年 1 月 3 日。

续表 1.15

阿根廷	1994 年至今	基础养老金****	雇主 16%	现收现付	$2.5t$ × MOPRE***	ANSES****
	1994—2008 年	补充养老金*****	雇员 11%	现收现付	$1.5t$% × 本人工资	ANSES
		补偿养老金*****	雇员 11%	现收现付	$0.85t$% × 本人工资	ANSES
	1994—2008 年	个人账户计划	雇员缴费 11%	个人账户	—	AFJP****
	2008 年至今	补充养老金	雇员 11%	个人账户	$1.5t$% × 本人工资	ANSES

*：t 表示缴费年限，在阿根廷养老保险制度中，t 有不同上限。

**：139 为 60 岁的除数。2005 年改革后，不同年龄退休除数不同。

***：MOPRE 是个综合指数工具，由政府按期调整。按期在不同的岁月中并不是一个恒定的时间，2007 年前后是两年调整一次，而 2017 年新的法律规定，调整的周期从半年改为一个季度。2007 年一个 MOPRE 价值 80 比索（pesos），当年度美元与阿根廷比索的汇率为 1 美元 = 3.07 比索。资料源自 ISSA，世界社会保障概况，http://www.issa.int/aiss/Observatory/Country - Profiles/Regions/Americas/Argentina/ 检索时间：2018 年 1 月 30 日。

****：ANSES，国家社会保障监管机构（la Administración Nacional de la Seguridad Social）；PBU，基础养老金（Prestación Básica Universal）；AFJP，养老基金管理机构（Administradora de Fondos de Jubilaciones y Pensiones）。

*****：补充养老金和补偿养老金二者性质相同，区别只在于参与者加入制度的时间。如果早于 1994 年，则每缴费满一年提供 1.5% 的养老金待遇，否则只有 0.85%。二者上限均为 35 年。

（一）中国养老金制度改革概况——统账

中国基本养老保险制度正式确立于 1997 年，以国务院颁布《关于建立统一的企业职工基本养老保险制度的决定》（以下简称《决定》）为标志。《决定》规定：企业缴纳基本养老保险费的比例，一般不得超过企业工资总额的 20%；个人缴纳基本养老保险费的比例，1997 年不得低于本人缴费工资的 4%，1998 年起每两年提高 1 个百分点，最终达到本人缴费工资的 8%。[①] 在待遇支付方面，基本养老金由基础养老金和个人账户养老金组成；基础养老金月标准为上年度职工月平均工资的 20%；《决定》规定，个人按缴费工资 11% 的数额建立个人账户（单位缴费部分中划转 3%），个人账户养老金月标准为

① 《国务院关于建立统一的企业职工基本养老保险制度的决定》（国发〔1997〕26 号），http://www.szsi.gov.cn/sbjxxgk/zcfggfxwj/ylbx/200810/t20081009_89754.htm. 检索时间：2018 年 1 月 31 日。

本人账户储存额除以 120。在待遇调整方面，《决定》规定个人账户储存额每年参考银行同期存款利率计算利息。[①]

基本养老保险制度在 2005 年迎来了重大修订，当年国务院颁布了《国务院关于完善企业职工基本养老保险制度的决定》，主要的变化有二：一是将原有的单位缴费中划转到个人账户的 3% 取消，个人账户相应地从原来的 11% 减少到 8%；二是建立了社会统筹部分与缴费的关联机制，“退休时基础养老金月标准以当地上年度在岗职工月平均工资和本人指数化月平均缴费工资的平均值为基数，缴费每满 1 年发给 1%”[②]，此后该框架一直沿用至今。

需要指出的是，2015 年，《国务院关于机关事业单位工作人员养老保险制度改革的决定》发布，正式将机关事业单位工作人员的养老金制度与企业部门的养老金制度采用了相同的统账结合模式，缴费标准与计发方式完全相同。至此，中国分割的公共部门和私营部门养老金制度终于统一到相同的框架之下，虽然二者各自有着不同的资金池。

（二）阿根廷养老保障制度改革——轮回

1993 年，阿根廷颁布第 24241 号法案（Ley nacional del Sistema Integrado de Jubilaciones y Pensiones），构建了“统一退休养老金体系”（Sistema Integrado de Jubilaciones y Pensiones，SIJP）。与个人账户的起源国智利不同，阿根廷养老金制度参与者可以自主地在现收现付计划和个人账户计划间选择。细分阿根廷两种计划的构成将会发现，SIJP 实际是由三种不同的计划构成的。第一种是两种计划共通的由国家社会保障局管理的基础养老金部分，这一部分由雇主缴费形成（缴费率为 16%），制度本质为现收现付；第二种是现收现付计划，缴费率为 11%（雇员缴费），在待遇方面则以改革为界，为不同时间的制度参保者提供不同的养老金待遇，1994 年改革前的制度参与者缴费满一年提供 1.5% 的养老金替代率，改革后选择该制度的缴费者收益率为每年 0.85%；第三种制度安排为由私营的养老基金管理公司（AFJPS）管理的个人账户计划，形式是标准的缴费确定型个人账户计划（DC），计划参与者的养老金待遇取决于账

① 《国务院关于建立统一的企业职工基本养老保险制度的决定》（国发〔1997〕26 号），http://www.szsi.gov.cn/sbjxxgk/zcfggfxwj/ylbx/200810/t20081009_89754.htm. 检索时间：2018 年 1 月 31 日。

② 《国务院关于完善企业职工基本养老保险制度的决定》（国发〔2005〕38 号），http://www.gov.cn/zhuanti/2015-06/13/content_2878967.htm. 检索时间：2018 年 1 月 31 日。

户资产积累与投资回报，该部分缴费率同样为 11% （雇员缴费）。①

2008 年，阿根廷颁布了第 26425 号法案——“统一养老金法案” （Ley 26245，Sistema Integrado Previsional Argentino，SIPA）。SIPA 取消了个人账户养老金计划，在待遇方面回到了 SIJP 未改革前的待遇确定公式：缴费满一年提供 1.5% 的养老金替代率。② 在运行 14 年之后，阿根廷的养老金制度从私有回归国有，从自由选择的混合型养老金制度恢复为现收现付制。

二　两国养老金改革的动因辨析

20 世纪 90 年代的阿根廷与中国虽然都选择了混合型养老金制度，但背后的推动力量并不相同。对于阿根廷的养老金制度而言，外部力量和内部政治因素是与制度变革自身的动力紧密相连的。

（一）阿根廷 20 世纪 90 年代改革动因探析

20 世纪 90 年代，阿根廷的养老金私有化改革的动力有三：一是外部动力，二是内部动力，三是制度自身变革的需要。三者形成了阿根廷极具特色的混合型养老金制度。

1. 外部国际组织的推动

20 世纪 80 年代初期，由于石油危机与沃尔克冲击的影响，借入的大量外债成为阿根廷政府致命的枷锁——当时美元基准利率已达到了 20% 以上。③阿根廷军政府选择了用马岛战争（马尔维纳斯群岛，英国人称之为“福克兰群岛”）转移注意力的做法。战败之后，军政府下台、债务危机爆发，阿根廷经济彻底陷入衰退。

---

① 根据 24、241 法案整理。原文出自：http://www.ilo.org/dyn/natlex/docs/WEBTEXT/34420/64891/S93ARG02.htm. 检索时间：2018 年 2 月 5 日。

② IGP，Summary of Social Security and Private Employee Benefits / 2009——ARGENTINA，http://www.igpinfo.com/igpinfo/shared/country_info/summaries/argentina.pdf. 检索时间：2018 年 3 月 3 日。

③ Charles Lipson，The International Organization of Third World Debt，*International Organization* Vol. 35，No. 4（Autumn，1981），pp. 603 - 631. Stable URL：http://www.jstor.org/stable/2706412

直到90年代，阿根廷始终面临几个致命问题：一是恶性通胀，整个80年代的通胀率在三位数以上，1989与1990年甚至超过2000%；二是货币严重贬值。80年代阿根廷比索对美元的汇率波动巨大，债务危机爆发的1983年汇率为1比索相当于1.05~1.06美元，1990年该数据为0.4876。[①] 在本币失去信任的情况下，深陷外债旋涡中的阿根廷，重塑货币离不开IMF等国际组织的帮助。在整个20世纪90年代，阿根廷经济社会改革受国际货币基金组织（IMF）等国际组织的影响至深，在养老金领域也是如此。

在IMF等国际组织的帮助下，1991年阿根廷实施了“兑换计划”，该计划本质上是固定汇率的中央货币局制度（1992年后美元兑比索汇率固定为1∶1）。改革立竿见影，恶性通胀迅速得到了控制，随后十年间通胀水平只有个位数，甚至为负数。[②] 作为获得IMF支持（贷款协议）的交换条件，阿根廷允许美元成为合法支付工具，并允许在经常项目和资本项目中自由兑换，而劳动政策与社会保障改革也是IMF提出的条件。IMF等国际组织也成为推动阿根廷国内养老金私有化改革的重要外生力量。

2. 政治因素的影响

1989年，正义党候选人梅内姆（Carlos Menem）赢得大选。在严重经济衰退、恶性通胀、货币贬值、普遍贫困的局势下，梅内姆开启了一系列被他定义为“民众自由主义”（Populist Liberalism，也称为“新民众主义”）的改革，其基本理念是将新自由主义的经济部分与民众主义的政治部分结合起来。[③] 将养老金制度向个人账户制度转变，也被梅内姆政府看作私有化改革的一部分。改革预期通过引进私人资本获取更高收益，缓解养老金支出的压力。

但是，SIJP并没有形成单一的个人账户制，这和智利存在着明显的差异。在这个进程中，不得不提到参保者的力量，尤其是工会的作用。[④] 对于制度内的老参保者而言，加入个人账户制度无疑是不利的，因为个人账户制度的养老

---

① 根据UN STAT数据整理而来。

② 资料源自World Bank数据。

③ David E. Leaman, Populist liberalism as dominant ideology: Competing ideas and democracy in Post-Authoritarian Argentina 1989－1995, *Studies in Comparative International Development*, Fall 1999, p. 98.

④ Sara Niedzwiecki. The Effect of Unions and Organized Civil Society on Social Policy: Pension and Health Reforms in Argentina and Brazil, 1988－2008. *Latin American Politics and Society*, Vol. 56, No. 4 (Winter 2014), pp. 22－48.

金收益只取决于积累总额，原制度的参保者并没有积累，而且可积累时间更短。但如果将原制度参与者的历史缴费年限进行折算，那么政府将需要解决数额巨大的制度转轨成本。在这样的情况下，最终工会和政府达成了协议，老制度延续下来，新制度正式建立，参与者可以自由选择加入哪种制度。政府为激励新员工加入个人账户制度，设置了明显的歧视性条款（老员工年缴费待遇替代率为1.5%，新员工只有0.85%）。

另外，从现收现付制向个人账户制度转化对政府而言还有一个有利之处，那就是个人账户制度的储蓄将形成新的经济增长动力。在阿根廷储蓄率长期低于20%的情况下，这种资金的积累对于经济增长更加显得意义非凡。当然，这种改革也意味着政府背上了金额巨大的隐性负债（过往现收现付制参保者的养老金待遇发放），但该问题是一个长期问题，短期之内政府可以从改革中获益。

3. 制度的内生动力

阿根廷选择养老金制度从现收现付制转向个人账户制，其理论根源在于按照当时的条件个人账户制度有利的，具体有以下两个原因。

一是基于艾伦条件的判断。在持续半个多世纪的关于养老金制度模式比较的争论探讨中，基于萨缪尔森生物收益率的艾伦条件成了探讨的起点。虽然从严格意义上说，艾伦条件存在着遗漏关键变量等问题，但是如果一个制度满足艾伦条件相去甚远的话，那么该制度大概率在经济上是不利的。艾伦条件的具体内容：在生物收益率（工资增长率与人口增长率之和）大于市场利率的前提下，现收现付制能够在不同代人之间进行帕累托有效的配置，而积累制将会带来一个导致各代人的生命周期效用都减少的跨时配置，反之亦然①。

二是基于个人账户制度外部效应的判断，主要观点是个人账户制度有助于积累资金的外部效应对阿根廷有利，该理论分析范式可以追溯到1974年费尔德斯坦（M. Feldstein）的文献。费尔德斯坦认为，积累制的长期成本低于现收现付制。他通过分析1929—1971年间的美国经济运行认为：美国的社会保障制度减少了50%的个人储蓄，并由此使资本存量与没有社会保险制度时相

① Henry Aaron, "The Social Insurance Paradox", *The Canadian Journal of Economics and Political Science*, Vol. 32, No. 3, 1966, pp. 371 – 374.

比减少了38%。[①] 这一论断开启了此后数十年养老金制度模式比较的大论争，该理论在实践中也成为此后拉丁美洲养老金制度改革的指导思想。

事实上，主导智利养老金制度个人账户制改革的“芝加哥小子”在拉美影响极深，拉丁美洲后来有10个国家走上了参照智利模式的道路，阿根廷也是其中一员。尤其是智利自20世纪80年代养老金制度改革以来十余年间年均投资回报率超过10%[②]，这种高投资回报对经济的拉动效应是阿根廷极为期待的。反观阿根廷国内，人口老龄化正在加剧，在工资增长方面更是惨不忍睹——仅在1980—1990年间，阿根廷的国家收入减少了25%，家庭平均收入下降了22%[③]。也就是说，无论是依据艾伦条件，还是费尔德斯坦的理论，当时从现收现付制转换到个人账户制度在理论上都是具有优势的。

总体来看，1993年阿根廷养老金制度改革是在国际组织推动下，在国内政府的引导下，向国内政治力量妥协，并试图保留养老金制度自身改革优势的一种制度变革。但是，必须指出的是，20世纪90年代的养老金制度改革也为未来的改革埋下了隐患——现收现付制度的延续必然面临着财务可持续性问题，而且其他的有利因素在不久之后也会发生改变，毕竟90年代在阿根廷历史上是一个特殊的时期，稳定的汇率、超低的工资增长与通货膨胀这些条件对于阿根廷而言是很难一直持续下去的。

（二）阿根廷2008年改革动因探析

1. 国际组织影响力的衰弱

2001年，阿根廷再次爆发债务危机，而导致这一轮危机最重要的原因之一是曾经为平定通胀乱局发挥决定性作用的货币局制度。在固定汇率制度导致阿根廷比索币值高估问题日益严重，而新自由主义改革形成的货币自由兑换机制更是加剧了这一问题的严重性——仅在危机爆发的2001年，银行存款即减

---

① Feldstein M. S. Social Security, Induced Retirement and Aggregate Capital Formation. *Journal of Political Economy*, 1974, 82, pp.: 905-926.

② S. Edwards. The Chilean Pension Reform: A Pioneering Program, 1996 in M. Feldstein, *Privatizing Social Security* (1998).

③ Alberto Minujin, "Squeezed: the middle class in Latin America", *Environment and Urbanization*, Vol. 7, No. 2, October 1995, p. 161.

少了198亿美元，资本外流64亿美元，而当年的外汇储备总量只有146亿美元①。

面对着曾经的“优秀学生”陷入困局，IMF新一轮贷款的坚决条件是财政紧缩，随着2001年12月IMF认定阿根廷没能达成缩减财政赤字目标而停止发放新的贷款，阿根廷债务危机再次爆发。在后来的分析中，普遍认为IMF的错误处置加剧了危机②，IMF等国际组织当时的作为也直接断送了自身的影响力。阿根廷在危机深重的时刻决定放弃新自由主义改革，作为私有化改革一部分的养老金制度改革也随之不再有以往强大的外部动力。

2. 政治因素的影响

从经济政策和社会政策来看，梅内姆号称的“新民众主义”改革只是保留了“民众主义”这个词汇而已，其取向背离了庇隆主义的传统。在他的私有化改革进程中，工资持续走低，失业率攀升，社会贫富差距进一步拉大。民众的不满通过选票体现出来，激进党于1999年开始执政。不过，延续了梅内姆经济政策的激进党政府很快因债务危机而下台，2003年内斯托尔·基什内尔（Néstor Kirchner）开始执政，在随后的十余年间，基什内尔夫妇［基什内尔夫人克里斯蒂娜·费尔南德斯·基什内尔（Cristina Fernández de Kirchner）自2007年起执政］，重拾庇隆主义传统，加强了社会保障与福利制度的建设。

在新的经济社会取向面前，以私有化为特征的个人账户制度自身存在的缺陷引起了政府高度的重视。显然，个人账户制度对广大中低收入群体是不利的，这种不利体现在两个方面：一是穷人无力负担养老保险费用导致最需要保障的群体被制度排除在外，二是积累制导致贫富收入差距扩大。两种不利带来了一个共同的结果——覆盖率下降。养老金制度经济活动人口覆盖率从改革之初的45%左右下降到2006年的不足40%，而且穷人参保率的下降尤为明显。③对政府和下党而言，个人账户制度的推行带来的不是社会稳定，而是潜在的冲

---

① Brad Setser and Anna Gelpern. Pathways Through Financial Crisis：Argentina Global Governance, Vol. 12, No. 4, Understanding Pathways Through Financial Crises and the Impact of the IMF（October - December 2006）, p. 468.

② 同上。

③ Rofman & Lucchetti, Pension Systems in Latin America：Concepts and Measurements of Coverage, Washington D. C., World Bank, 2006.

突，更是可能的选票流失。

尤其是，实践证明改革初期备受政府期待的个人账户制度理论上具备的降低财政补贴支出的功效，在基础养老金（PBU）依旧存在的前提下，尤其是存在海量的现收现付养老金制度参与者的情况下，财政补贴根本无法下降。2008年克里斯蒂娜总统表示："政府每年需要为养老金制度支付40亿比索的补贴(接近阿根廷财政收入的一半)。"[①]政府负担沉重，公众不满，唯一的受益者只有AFJPS。在改革之初他们收费高达缴费的3.5%，尽管在2007年政府要求成本必须降低为1%[②]，但这一规定直到制度终止也未实现（收费最低时为2.4%)，对于私有AFJPs贪婪的指责从未停歇。阿根廷养老金管理费率问题从一个经济问题，变成了一个政治问题。

无论在政治上还是经济上，个人账户制度已经变成了一个麻烦。对于政府而言，取消个人账户还有一个有利之处——在2008年改革之前，阿根廷个人账户养老金计划累积资产为945.27亿比索，占当年GDP总额的9.1%。[③] 需要说明的是，与1993年改革不同，工会在2008年改革的进程中并没有大的动作——新的改革只是将制度恢复到和1993年一样而已。

3. 制度的内生动力

21世纪以来，依据艾伦条件，可以发现阿根廷的养老金制度已经从20世纪90年代的具备理论优势变成了理论劣势。虽然阿根廷人口结构负担依旧沉重，但恶化的趋势并不明显，该部分对于现收现付制的拖累较小，生物收益率的另一个组成部分工资增长率则发生了翻天覆地的变化——由于历史原因造成的长期低工资局面不可能永远持续下去。在整个21世纪，阿根廷的名义工资增长率都在两位数之上，以2010年真实工资为100的话，2002年债务危机时

---

① ATFA, "In the U. S., Cristina Blamed the Pension Funds for the Debt and the Default". http://www.atfa.org/cgi-data/news/files/1441.shtml

② "Sistema Integrado de Jubilaciones y Pensiones (Ley 262220)". http://www.infoleg.gov.ar/infolegInternet/anexos/125000-129999/126072/norma.htm

③ Camila Arza, "Back to the State: Pension Fund Nationalization in Argentina", paper presented at UNRISD Conference "Social and Political Dimensions of the Global Crisis: Implications for Developing Countries", Geneva, 12-13 November, 2009.

的真实工资为46.6，多数年份的名义工资增长率在20%以上。[①]

投资回报率在制度执行期间也不乐观，2001—2002年债务危机的时刻甚至可以到达-45%以上，即使按照AFJPs自己发布的没有扣除管理费与通货膨胀的简单平均投资回报率来看也不到10%，不及名义工资增长率的一半（见图1.2）。尤其需要指出的是，简单平均回报率在巨幅的波动面前根本没有意义，如果阿根廷没有终止个人账户制，那么还将会有一个-40%的投资收益率。

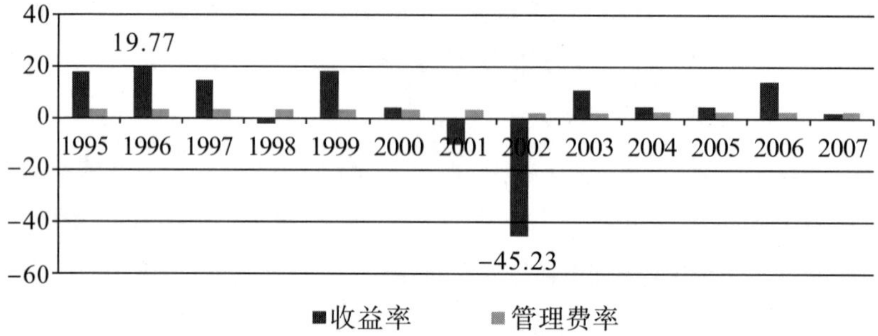

图1.2 阿根廷个人账户养老金管理费率与实际投资回报率

数据源自：Camila Arza：Back to the state：Pension fund nationalization in Argentina，UNRISD Conference "Social and Political Dimensions of the Global Crisis：Implications for Developing Countries"，Geneva，12-13 November，2009，http://www.unrisd.org/unrisd/website/events.nsf/b79a596027955ef080256b530039c1c3/e39afd666528e070c12576a20056b92b/$FILE/Arza.pdf. 郑秉文、房连泉：《阿根廷私有化社保制度"国有化再改革"的过程、内容与动因》，《拉丁美洲研究》，2009年第2期。

无论是在覆盖范围，还是在收入分配乃至保障老年经济收入三个关键的制度因素上，21世纪的个人账户制度都没体现出优势，但却将自身缺乏稳定性的缺陷暴露无遗。在阿根廷这个金融危机频发的国度，收益的巨幅波动对养老金制度而言是致命的。而且，两种制度同时存在意味着对比时刻存在，这导致个人账户制度的吸引力日渐降低。21世纪阿根廷从多次降低个人账户制度缴费率（养老金待遇显然会随之降低），到允许接近退休的低收入者利用现收现付制退休（Ley 25944，2005），再到允许从个人账户制转入现收现付制（Ley 26222，2007），最终废止了个人账户制。无论理论还是实践显示，21世纪的

① 数据源自CEPAL Stat：http://interwp.cepal.org/sisgen/ConsultaIntegrada.asp?idIndicador=341&idioma=i. 检索时间：2018年3月20日。

阿根廷继续执行个人账户制度是不利的。

三　阿根廷养老金改革的延续以及对中国的启示

（一）SIPA 之后的完善

2008 年阿根廷养老金制度再改革之后，一时间对阿根廷的各种批评不绝于耳，尤其是在改革发生当时，很多文献认为阿根廷养老金制度再改革只是为了缓解政府的债务负担。[①] 在改革十年之后，这种观点已被实践证实是错误的，因为基金一直都在，只是从 AFJPS 手中到了 ANSES 手中而已。这种管理人的变化，或许就是当时金融界批评阿根廷改革（关于阿根廷再改革时期的文献，大多数基于经济金融视角）的根源所在。

当阿根廷的养老金制度退回到现收现付制之后，虽然去掉了个人账户这个让政府头痛的部分，但阿根廷养老金制度面临的形势并没有比 20 世纪 90 年代改革的时候有太多改观：人口老龄化仍在持续缓慢恶化，为缓解养老金支付压力需要劳动生产率的提升，遗憾的是，作为一个在中等收入阶段中徘徊了半个世纪的国度，阿根廷人均劳动生产率提升的情况并不乐观。2008 年之前阿根廷保持了一段时间的人均 GDP 增长，但在“次贷”危机和“欧债”危机影响下，大宗商品价格进入下行周期，阿根廷的人均 GDP 增长并不稳定。详情参见图 1.3。

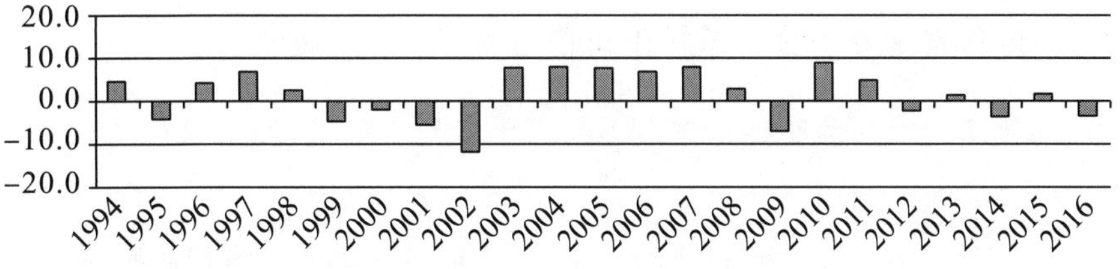

图 1.3　阿根廷人均 GDP 增长率（不变美元价格，单位%）

资料来源：CEPAL Stat. http://interwp. cepal. org/sisgen/ConsultaIntegrada. asp? idIndicador = 2222 & idioma = i.

① “Argentina Pension Fund Move Sends Latin America Stocks Plunging”, *Los Angeles Times*, 23 October, 2008.

对阿根廷而言，当养老金制度退回到现收现付制，其可选择的优化空间并不会太多。现收现付制养老金制度的核心要素无非是缴费率、待遇率以及法定退休年龄。阿根廷人口老龄化速度并不算快，而且调整法定退休年龄必然会引发剧烈的社会动荡，全世界范围内很少有平稳调整的先例。采取庇隆主义传统的基什内尔夫妇也没必要冒着丢失大量选票的危险去解决许多年后的问题，因而法定退休年龄不是紧迫问题。在缴费率方面，阿根廷高达27%的缴费率意味着已没有上调的空间，那么，只剩下养老金待遇方面可以做些文章了。

由于制度规定了养老金待遇计发标准为1.5%乘以缴费时间（35年封顶）加上PBU，变更待遇计发公式显然会导致激烈的社会反响，短期内可以动的只剩下了MOPRE的确定与养老金待遇的调整机制了。从2007年到2017年的十余年间，调整从两年一次缩短到一季度一次，这也是阿根廷2008年之后的养老金制度少数可以被称为“制度变革”的内容了。这种变革显然是近年来阿根廷持续的通货膨胀与工资高速增长条件的必然要求，否则养老金的购买力将持续缩水。阿根廷官方也认为，保持购买力是阿根廷当前养老金制度的核心任务。①

由于养老金制度自身没有太多可以变革的地方，阿根廷政府主导的社会福利改革将侧重点放在了将社会保障与救助、福利制度互相融合，在养老金方面体现为非缴费型养老金制度的飞速发展。2000年前后阿根廷非缴费型养老金制度的受益人口为35万人②，2006年已达到51万人，占阿根廷现有65岁人口的10%以上③。目前受益人数已突破100万④，非缴费型养老金在养老保障体系中的作用日渐显著。

（二）阿根廷养老金变革对中国的启示

阿根廷养老金制度变革中的制度外部因素对中国的养老金制度变革并不会

① Miniserio de Trabajo, Empleo y Seguridad Social. Seguridad Social Perspectivas a Futuro, https://www.argentina.gob.ar/sites/default/files/revista-seguridad-social-01.pdf. 检索时间：2018年1月31日。

② Fabio Bertranou, Carlos O. Grushka, The Non-Contributory Pension programme in Argentina: Assessing the Assessing the impact on poverty reduction, ESS Paper No 5, Social Security Policy and Development Branch International Labour Office.

③ CNPA, http://www.desarrollosocial.gov.ar/pensiones/requisitos.asp. 检索时间：2018年4月1日。

④ 数据源自：阿根廷社会发展部网站，http://www.desarrollosocial.gob.ar/. 检索时间：2018年4月1日。

产生影响，这是中国养老金制度相对稳定的根源所在。但是，中国养老金制度所面临的制度内约束条件和阿根廷一样是不利的，尤其是个人账户部分的争议颇多。根据中国财政部的相关数据计算可知，20 年来个人账户记账利率大体只比居民消费价格指数略高一点点。不仅个人账户运行低效，现收现付部分同样也不乐观。中国基本养老金制度建立 20 余年间，工资增长率始终长期维持在高位。名义货币工资增长率基本在 10% 左右，如果利用艾伦条件来判断，20 年来个人账户部分损失的投资收益将是惊人的。工资增长率详情参见图 1.4。

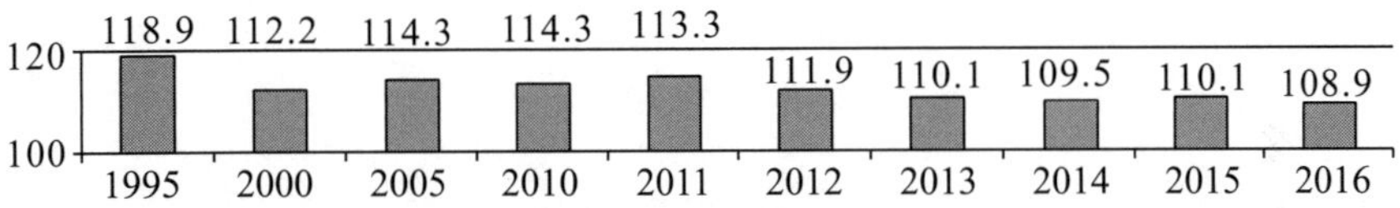

图 1.4　中国城镇单位就业人员名义工资增长率（%）

资料来源：《中国统计年鉴》2017。
注：除少数省份之外，其他各地基本养老保险制度缴费基准是城镇单位就业人员工资，故该数据更能代表养老金制度的工资增长率基准变化。

阿根廷的养老金制度改革表明，个人账户制度的成功实施需要几项保证：一是稳定的经济环境，居高不下的失业率将毁掉任何基于缴费的个人账户制度；二是稳定的物价水平与工资增长，急剧的通货膨胀与工资增长将导致个人账户完全丧失激励效应；三是需要成熟的金融市场与监管政策，这是个人账户投资收益保持稳定所必需的条件。

阿根廷的经历还表明，比较效应始终存在。由于阿根廷养老金制度参保者可以选择加入不同的制度，所以制度参与者可以在不同的制度间切换。而在中国两种制度是捆绑在一起的，当制度的一部分运行低效（当前条件下是个人账户部分）导致参保者利益受损时，参保者同样会出现选择行为。中国的养老金待遇水平远低于阿根廷，尽管二者缴费率相近。待遇低导致缴费积极性低（中国当前真实缴费率还不到名义缴费率的 70%），从而形成了一个恶性循环。[①] 因而，改造个人账户部分，提升制度吸引力，是值得中国养老金制度借鉴的方面。

在现收现付制三个核心要素中，中国法定退休年龄远低于阿根廷，但中国

① 根据人力资源和社会保障部提供数据计算得来。

老龄化速度远高于阿根廷，人均预期寿命也在阿根廷之上。这意味着，如果中国延续当前的法定退休年龄，其财务可持续性问题必然更加严峻。尽管阿根廷并未提升法定退休年龄，但在劳动部的公开资料中，其对未来养老金制度改革的重点之一正是提高法定退休年龄。①

最后，在阿根廷的养老保险制度中，近年来非缴费型养老金制度发展很快。中国的城乡居保制度在性质上和非缴费型养老金制度相近，但在缴费资格要求上抬高了门槛，而且该部分制度的保障水平较低，这是中国在完善社会保障体系的过程中需要向阿根廷学习的。

① Miniserio de Trabajo，Empleo y Seguridad Social. Seguridad Social Perspectivas a Futuro，https://www.argentina. gob. ar/sites/default/files/revista - seguridad - social - 01. pdf. 检索时间：2018 年 2 月 12 日。

阿根廷对中国文化的兴趣焦点①

2017 年是阿根廷共和国与中华人民共和国建交的第 45 年，自 2004 年建立战略伙伴关系以来两国关系发展迅速，其后在中国政府制定的外交政策的引领下，双边关系进入全面发展新阶段。但迄今为止，两国交往的主要基础是经济往来，特别是基于阿根廷原材料出口（主要是大豆和其附属品）和中国工业产品出口的贸易往来。但双边贸易的不对称引起了很多争议，同时产生了对中国政府提出的“互利共赢”的质疑。近年来，两国关系发展主要依托贸易往来，也有涉及金融领域的投资行为。然而，这一切都仅仅是经济层面的互动。

时代在进步，现在需要超越过去。两国经济交往还有继续深化的潜力，为此，两国人民也应该更紧密地联系在一起。双方相互需要什么？一个国家需要什么样的产出来满足另一个国家的需求？一个国家如何激发可以生产和销售产品的吸引力？在经历了贸易和经济交往时期之后，两个国家迎来了深化了解的新时期。

阿根廷人既不了解，也不清楚如何了解广大而多样的中国社会所代表的不同市场：潜在的需求、愿望和消费模式。一个极端的例子就是阿根廷通过向中

① 作者：伍志伟（Gustavo Ng），人类学家，阿根廷《当代》杂志创办人；内斯托尔·雷斯蒂沃（Néstor Restivo），历史学家，阿根廷《当代》杂志创办人。

国出口大量农产品巩固了自己在中国的地位，却对这个国家一无所知。

我们处于阿根廷民众（更广义地说是拉丁美洲民众）和中国人民接触、了解的重要历史开端。在阿根廷，我们可以看到民众对中国文化的浓厚兴趣，虽然他们对于东方文化的了解还处于比较浅显的阶段。本文将介绍这些兴趣点，但我们并不打算面面俱到，因为在中国也能感受到民众对阿根廷文化的兴趣（古典音乐，如探戈；民众参与最广泛、国际上最知名的运动——足球；美食——尤其是以牛肉为原料的美食；旅游，例如广阔无边的巴塔哥尼亚，等等）。

一　高雅文化

中国文化中的一些高雅文化，如哲学、书画、文学、音乐、电影和表演艺术，在阿根廷几乎没有出现过。或者说，到目前为止，为数不多的来自中国的这些艺术文化没有得到充分的传播。

只有那些由欧美文化产业推动的中国文化产品得到了较为广泛的传播。阿根廷出版社出版的中国文学作品寥寥无几，这些作品出自作家莫言、麦家、裘小龙、西川、格非、阿乙等，其中后三位的作品相对传播较少，其作品均由非大型出版集团的阿根廷出版社出版。

2018 年 1 月，阿根廷国会大学和中国五洲传播出版社签订协议，“中国书架”在位于布宜诺斯艾利斯的国会大学中国文化之家正式开幕。这一举动极大地促进了阿根廷读者对中国当下各主题、各语言文学作品的了解。同年，浙江出版联合集团与阿根廷签署了两项与文学相关的协议。其中一项与拉丁中国出版社（Editorial Latin China）签订，双方共同在布宜诺斯艾利斯市开设中文书店，并计划于 2018 年春天投入使用。另一项协议与马德普拉塔国立大学签订，双方合作编辑西班牙语书籍“Escritos del presidente Xi Jinping”（《之江新语》），这一举措意味着学术界和出版界迈出了合作的第一步。这两项行动都得到了中国政府的大力支持。五洲传播出版社和浙江出版联合集团与阿根廷签署协议的消息均通过国家新闻出版广电总局副局长周慧琳率领的代表团发布。

此外，值得一提的还有钢琴家郎朗，艺术家刘勃麟、张大力对阿根廷的几次访问以及张艺谋电影作品在阿根廷的上映。这些尝试都试图打破中国艺术与阿根廷之间长期以来存在的“中介”：它们通常先到达西方大城市，然后辗转传播至阿根廷。而如今，中国和阿根廷之间的直接交往日益增加。

艺术家蔡国强的烟火演出也值得一提。2015 年 1 月，他在马坦萨河上（这条河流将布宜诺斯艾利斯与大布宜诺斯艾利斯分开）的烟火表演吸引了大约 2 万人前来位于城市南部的博卡区观赏 。这次活动无疑产生了重大的影响。我们深信，演出的成功得益于 2014 年持续多月的精心准备。烟花表演实际上是这次活动的高潮。在此之前，蔡国强考察了多个阿根廷条件恶劣却宏伟壮丽的自然景观，并且和当地艺术学校多次展开合作。当璀璨的烟花照亮布宜诺斯艾利斯城南部的时候，艺术家在距离 PROA 基金会美术馆几米的地方用巨大的画布展出了他与当地艺术学校合作完成的作品以及来自阿根廷风光的灵感而创作的艺术作品。

这项活动是在大众传媒和专业传媒的推动下完成的。细致的活动规划和精准的操作是在博卡区成功举办如此大规模烟火表演的重要基础。

与此同时，我们也想到了布宜诺斯艾利斯另一家博物馆（布宜诺斯艾利斯当代艺术博物馆，MACBA）举办的刘勃麟和张大利作品展。

二 语言

引起阿根廷民众兴趣的不仅仅是以上提到的这些文化艺术形式，还有中文，仅仅是中文的书写就传递出美感、神秘，同时它对人们来说也意味着挑战。短短几年，中文教学在阿根廷的发展使很多教育家感到惊叹。

2004 年，当时的两国元首内斯托尔·基什内尔（Néstor Kirchner）和胡锦涛的互访成就了现今的两国关系，教授汉语课程的语言学校不计其数。年复一年，日益增长的汉语学习者数量使汉语成为最受瞩目与欢迎的课程。

大学语言中心（CUI）是布宜诺斯艾利斯大学孔子学院（世界最负盛名之一）的校外服务机构，配合该学院提供语言汉语课程。汉语课程除了在大学语言中心本部，在布宜诺斯艾利斯大学的两个系也有开设。

拉普拉塔大学孔子学院也在其总部以及圣菲、图库曼等省的分校进行汉语教学。众所周知，孔子学院是由中国政府通过教育部和汉办机构推动的，其汉语课堂遍布世界各地。这些汉语授课点通常设在各个国家享有声望的大学里。

同时，阿根廷在布宜诺斯艾利斯还设有双语学校，其余的汉语教学点主要集中在私立机构和大学。其中，萨尔瓦多大学作为先驱，在20世纪60年代就开始了东方文化的研究，其他机构包括私立的语言中心、中小学校（有一些得到了中国大使馆的支持）等，还有国会大学（总部设在门多萨）和隶属于该学校位于布宜诺斯艾利斯的中国文化之家。中国文化之家于2017年首次在阿根廷提供传统线下课程之外的线上中文课程。布宜诺斯艾利斯大学作为全国高等教育的最大公立学校，其哲学与文学系通过语言实验室教授汉语。还有一些机构提供多门语言课程的服务，汉语也在其中，而另一些则是专门的中文学校。最后值得一提的是，还有难以统计的汉语教师，主要面向个人、公司、政府机构提供“一对一”汉语服务。

我们没能掌握准确的数据，但据估计，每年阿根廷的汉语学习者远远超过3 000人。虽然辍学率也很高，但每年又会有近似数量的学生加入汉语学习的队伍中。

中国政府一直通过提供中国大学奖学金项目来应对这一日益增长的需求。2018年，预计中方能为阿根廷人提供60个以上的奖学金名额。

三　唐人街

随着汉语学习人数的增多，布宜诺斯艾利斯的唐人街成为当地人的另一兴趣焦点。这个唐人街在20世纪70—80年代开始形成，起初以台湾地区移民为主，后来也融入了中国大陆移民。

不同于很多西方国家的唐人街，布宜诺斯艾利斯的唐人街不是一个居民区，也不是拥挤杂乱的华人聚集地。它位于这座城市最著名、最富裕的区域——贝尔格拉诺的黄金地段，集文化、美食、购物于一体，由六个街区组成。当地人和外国人会来这里吃饭，购买食物、装饰品等亚洲商品并体验中国的异域风情。

正如拉普拉塔国立大学的一位研究人员[①]所说，唐人街本质上是商业中心和旅游景点，华人们在这里谋取生计，保留传承他们的传统并融入当地社会。准确地说这里不算是居民区。

前来唐人街感受中国风情的游客扰乱了附近居民的生活，导致当地居民对唐人街产生排斥。他们的抱怨由最开始的“失掉本民族特性”或是“失去安宁”发展为一些明显排外、憎外的言论。

唐人街最终保留了下来，并得到了改善，街口矗立着一个巨大的牌坊。袁建平是代表阿根廷共和国方案党的布宜诺斯艾利斯市唯一的华人议员，就是这项翻新工作的发起者。翻新最终赋予唐人街以中国的气息和风貌。此外，阿根廷政府在过去的几年里为该地区注入了新的活力，将唐人街设为城市旅游观光巴士的一个站点。

据估计，每逢周末约有 1 万人在唐人街聚集，也就是说，这个区域每年会接待近 50 万人。

鉴于唐人街产生的巨大反响，该区域的创业者联合当地企业家在布宜诺斯艾利斯省的蒂格雷三角洲开发了新的景区。它被河港、赌场、弗鲁托斯港（Puerto de Frutos）和海滩游乐园（Parque de la Costa）围绕，成为大布宜诺斯艾利斯最重要的旅游胜地。那里依河建起了配套了主题购物中心的“蒂格雷唐人街”。

四　十一区的批发贸易

贝尔格拉诺唐人街，虽然得到了游客的认可，但并不是布宜诺斯艾利斯最大的商业中心。一份出自阿根廷商业大学教师（Brauner y Amancay-Torres，2017）的研究报告说：“事实上，‘十一’区是在这个人口分散的大城市中最热闹的地方，这里居住着从事进口贸易的商人。这里地处市中心，多个民族的移民（犹太人、韩国人、亚美尼亚人）在此经商 。在过去的 15 年里，中国商

① Pappier（2011，p. 6）. 这位作者是拉普拉塔国立大学孔子学院的秘书长，她认为唐人街是“华人社区与当地人跨文化交流的空间”，也就是说，这是一个汇集了不同种族及其多样性和文化间相互融合的空间。

人渐渐占据了大部分商铺，取代了其他商人的位置。他们在此批发销售包括礼品、玩具、五金、电子产品在内的各种中国商品。”

由于其商业和旅游性质，华人区不仅仅是亚洲文化的交汇地，来来往往的布宜诺斯艾利斯人、游客和街坊百姓（大部分既不是中国人，也不是其他亚洲人）赋予了它多元的文化气息。①

五 民间节日

阿根廷人对中国文化最着迷的部分是中国的民间节日，其中最主要的是春节。12 年前中国台商开始组织节庆活动，迅速吸引了大量民众来到唐人街和贝尔格拉诺区。多年以后，这些活动开始得到中华人民共和国大使馆的支持。②

由于参与人数众多，庆祝活动不得不在附近的一个公园举行。再后来，又转移至另一个占地面积达 1 公顷的公园。中国大使馆文化参赞杨川颖曾无比自豪地表示，阿根廷开始接受中国移民的时间比秘鲁、巴拿马或墨西哥晚了 100 年，但 2016 年在其首都布宜诺斯艾利斯却举办了拉丁美洲规模最大的春节庆祝活动。此外，他还说道，这一活动的参与人数大约为 40 万。这不仅仅是一场盛会，还使春节成为布宜诺斯艾利斯最大的公共庆祝活动之一。

唐人街的商人们借助春节庆祝活动带来的利润，带动了其他节日的庆祝活动。首先是中秋节，然后是浴佛节的佛教仪式。农历新年的庆祝活动也传播到

---

① 作者还认为，这些社区融入其他移民群体后，改变了其本身的面貌。这里的居民除了最早移民到此的中国人，还有日本人、越南人和韩国人。亚洲群体的多样性不仅体现在商人的构成上，还体现在所销售的商品上。在这些商品中，除了部分具有与中国传统、习俗、信仰相关的元素外，还有代表日本文化及亚洲其他地区文化的商品。美食文化也丰富多样。因此，在这些社区中，移民群体的集中现象并不明显。这与中国移民受经济活动驱使，而分布在布宜诺斯艾利斯各处的实际情况是吻合的。而贝尔格拉诺区集中了包括中国海峡两岸的各种文化符号和印记，但其功能主要是商业和文化，其次才是居住。蒂格雷唐人街的情况也类似。这两处唐人街的主要功能都不是居住，甚至在蒂格雷这一功能是不存在的。

② 正如 Grimson，Ng 和 Denardi（2015，p. 50）指出的，首批中国台湾移民和后来的大陆移民（主要来自福建）之间在如何庆祝中国春节这一问题上存在着一些矛盾。之后双方达成了协议。但是从 2014 年起，情况发生了变化：春节庆祝活动分成两次于不同的日期进行。一次仍在唐人街举办，另一次在附近的一个公园举办，由当地市政府和中华人民共和国大使馆赞助。

布宜诺斯艾利斯省首府拉普拉塔市、圣菲省的罗萨里奥市、门多萨省首府门多萨市、布宜诺斯艾利斯省南部城市马德普拉塔市和其他大都市。在台商活动的基础上，来自中国各地的商人也在金长城基金会和华夏文化传媒的资助下，举办了各种庆祝活动。

六　占星术和《易经》

说到这个主题，中国占星书籍可谓是出版界的特有现象。一位阿根廷的著名作家[①]每年出版一本这一题材的作品，已持续 30 多年。这不仅仅是一个连续出版的问题，更造就了出版界的繁荣。2017 年，这本关于中国占星术的书籍再次成为畅销书，销量超过 8 万册。几年前，销量一度超过 10 万册。这一数据就阿根廷市场规模而言显得尤其惊人。在一些报刊的宣传下，其他作者也开始投入这个主题的创作。

阿根廷人对这一主题表现出的浓厚的兴趣是否与中国有关，假如占星术源于另一个东方国家，此类书籍是否还能热销，这些问题还有待探究。但对阿根廷人民来说这一学问充满了魅力是毋庸置疑的。从某种意义上说，阿根廷人对中国占星的兴趣与之前提到的兴趣（语言除外）有着相似之处。人们对武术、廉价饰品、西方传到阿根廷的中国食物、节日的喜爱反映出的是极其表面的兴趣。类似的例子还有《易经》[②] 这一经典。此书在阿根廷被广泛阅读，但在我们采访来访的中国作家时，此书他们表现出了一定程度上的质疑。

中国文化以一种浅显的方式存在于阿根廷，而真正值得推崇的诸多文化却无人知晓，这也许是令中国的文化传播者不满的现状。然而，两国人民之间的关系发展正处于启蒙阶段，仅仅只有少部分阿根廷人可以触及龙的心脏（领略这一东方文化的精髓），而大多数人都仅仅是被它的表面所吸引。但这无穷的外在魅力，对中国也意味着自我展现的绝佳机遇。也许我们可以从这一

---

① 指卢多维卡·斯基鲁（Ludovica Squirru）。

② 南京大学教授陈开贤在接受当代杂志采访时说："在中国之外，有很多关于易经的话题，太多了。博尔赫斯写了一篇关于高乔诗歌的散文，并说他的描述比那些诗人还夸张。中国经典作品在国外的推广也是如此，比如《易经》。它对生活和世界有所思考，但他对中国人本身没产生太多的影响，因为它过于迷信了。"参见"Borges chino"，en Dang Dai N 7，primavera de 2013，Buenos Aires，pp. 30 – 33.

"东方龙"的外在风貌从手，这样总有一天可以使阿根廷人民对中国文化的认识更加深刻。

七 武术

有上千名中国人在上百家各式武馆和各省的学校学习、练习和教授武术。学生则不仅仅是中国人。与语言学习者的高辍学率不同，练武者一般会坚持多年，武术学校也会培养他们对东方文化的兴趣，并组团访问中国以及其他国家，支付武术老师的旅行费用，还会开设中医等方面的课程。

阿根廷的武术老师丹尼尔·多托雷（Daniel Dottore，师从 Teddy Lai）表示，在布宜诺斯艾利斯，有大约一百个中国武术学校。在阿根廷其他 23 个省[①]，有平均 30 ~ 50 所这样的学校。此外，还应将其他数量众多的东方武术学校计算在内。

Sacomani（2010）指出，20 世纪 60、70 年代，武术在阿根廷的大规模传播要得益于日本柔道和空手道的教学。后来又引入了韩国的跆拳道、十八技、唐手道。在"功夫"到来之前的很多年，这些都被视为武术，直到今天，这个名词仍被使用。如今，典型白色武术服和黑色腰带被另一种"一招一式节奏感强、难以琢磨、收放自如、引人注目"[②] 的中国武术所取代。

与此同时，伴随中国武术发扬光大的还有电视剧和电影。特别是 1972 年至 1975 年间制作的由大卫·卡拉丹（David Carradine）主演的电视剧《功夫》。此片讲述了一个少林寺和尚在美国西部地区的一系列冒险经历。还有 1973 年李小龙的电影《龙争虎斗》。那几年，有一本名叫《柔道 - 空手道》的先驱杂志，主要介绍武术和存在于阿根廷的不同武术种类。同时，一些华人移民开始教授这些武术。他们中有 Wong Sing 和 Ma Tsun Kuen 等这样的武术大师，他们培养了一批又一批的徒弟，也是最早组织学员去武术的发源地——中

① 根据对丹尼尔·多托雷（Daniel Dottore）师父进行采访所得数据。布宜诺斯艾利斯，2017.

② Neldo Sacomani，. "El Kung Fu. El tiempo de ayer y hoy，la República Argentina：una mirada desde el pasado alcanzando nuestro presente"，2010. http://kungfutradicional - nos. blogspot. com. ar/2010/05/el - kung - fu - el - tiempo - de - ayer - y - hoy - la. html Publicado el 05/08/2010.

国接受训练的老师。他们所做的一切都使得中国功夫在阿根廷落地生根。①

八 宗教

另一个为我们展现中国文化的窗口是宗教。这一领域相对封闭，因为它涉及华人群体的宗教信仰，鲜有阿根廷人拥有相同信仰。在贝尔格拉诺的唐人街，我们可以找到中观寺和台湾基督长老会福音教会这样的宗教场所。

台湾基督长老会在阿根廷有多个分支，其中有的颇具影响力。它的教徒以台湾地区的移民为主，也有少部分大陆移民。

佛教寺庙除了中国移民以外，也会有大量阿根廷人前往参观供拜。

九 美食

正如所有有着中国移民的国家，中国餐厅是当地人接触中国文化的重要场所。

布宜诺斯艾利斯以前鲜有这样的场所，直到20世纪70年代之后台湾移民开始经营中餐馆。随着时间的推移，这些餐厅逐渐发展成了自助餐厅，并作为经济实惠的用餐地点遍布各地。唐人街的出现使得中餐馆数量渐渐增多。在布宜诺斯艾利斯的另一些高档社区也兴起了中餐。在从事美食研究的记者彼得罗·索尔巴（Pietro Sorba）为《当代》杂志写的一篇文章中提道，第一家高档中餐厅是由一位香港移民在大约四十年前创办的中央饭店（目前这个饭店依然在首都市中心营业）。此外，他还指出，唐人街的开放以及第一批“突破常规”的中餐厅的涌现，以及新菜式（港式风味），例如春卷、鸡蛋香葱炒

① 今天的功夫充满了巨大的可能性，也可以满足不同习武者的口味。或许中国武术是我国现存最完整的武术形式。习武者既可以选择学习种类众多的经典传统功夫，以及它们地道的武打招式，同样也可以练习刚兴起的致力于体育竞技和演出的现代武术。历时近35年，今天的阿根廷形成了以柔软、松弛著称的南拳和以活力、坚韧闻名的北拳两个派系。令人振奋的是，如今在阿根廷已经建立了诸多非凡的武术体系：北少林派、洪家拳、咏春拳、螳螂派、巴掌派、太极拳、河南少林、形意拳、白眉派等。总之，现有的一切条件都有利于源于中国的这一文化遗产在阿根廷继续发扬光大。（来源同上）

饭、松鼠鱼（配酸辣酱汁）、香辣炒虾、烤猪配芒果沙拉等美食的出现是中餐业发展的里程碑。近期停止经营的 Shi Yuan 中餐馆（位于巴勒莫区）的老板在同一个街区开了一家布宜诺斯艾利斯最好的中餐馆，名为 Beijing 9[①]。除了其他位于唐人街的优质中餐厅，在首都最现代的街区马德罗港，还有一个餐厅值得一提，那便是皇家大酒店（Royal Chino）。

十　民间协会

一些民间团体，例如中阿文化协会（ACCA）和金长城基金会，都致力于开展中国文化推广活动。前者提供语言、艺术课程，积极参与布宜诺斯艾利斯政府组织的跨国活动，并参与了位于蒂格雷的新唐人街的建设工作，同时也是中国农历新年庆祝活动的主办方之一。最近三年的农历新年庆祝活动是由金长城基金会承办的。这一组织的努力也使得更多的阿根廷艺术家出现在中国公众面前。同时，金长城基金会制作了电视节目“基础汉语”，以推广阿根廷民众的汉语学习。这两个组织的成员均由生活在阿根廷的中国移民构成。此外，在阿根廷还有相当数量的与中国移民有关的民间组织，特别是福建移民这一群体。

圣马丁国立大学 2014 年的一项调查研究显示，在阿根廷共有 65 个由台湾地区移民或中国大陆移民建立的组织。其中占比最高的组织是居民组织，占 35%；经济贸易领域的组织，占 25%；宗教组织，占 22%。另外还有 6% 的组织致力于文化事业，6% 的组织致力于社会服务，5% 的组织从事教育事业。[②]

---

① “如果我没有记错，第一家中国餐馆是由香港人在 40 年前开办的中央饭店，当时正值第一批中国移民到达阿根廷之际。即使如此，在很长一段时间内，布宜诺斯艾利斯的中餐厅屈指可数。”如今，“中餐厅越来越多，越来越多的阿根廷人也愿意去了解中国美食，虽然它的普及程度还不够。我们现在做的比以往做的更多，为的就是带给布宜诺斯艾利斯的美食家和民众更深刻、更好的体验，这个目标是完全可以实现的。”参见“Cada vez más sabores”, en Dang Dai N 9, otoño de 2013, Buenos Aires, pp. 40 – 41.

② “Vivir en Argentina. Inmigrantes chinos”, en Dang Dai N 11, verano de 2015, Buenos Aires, pp. 56 – 59.

十一　学术平台

在阿根廷学术界，致力于从不同层面了解中国的学者越来越多。

除了萨尔瓦多大学和拉普拉塔国立大学的东方学研究专业，其他研究东方文化的学术平台最近出现在了布宜诺斯艾利斯的公立大学中（特别是布宜诺斯艾利斯大学的社会学系、赫尔马尼研究所和其他研究中心）。同时，也出现在了科尔多瓦大学、罗萨里奥大学、马德普拉塔大学、火地岛大学、拉努斯大学、二月三日大学等公立大学和托尔夸托迪特拉大学、阿根廷商业大学和国会大学（总部位于门多萨，其中国文化之家设在布宜诺斯艾利斯等私立大学中）。

中国与阿根廷高校之间也签署了合作协议。其中一项重要的协议由上海大学和阿根廷国家科学与技术研究理事会（CONICET）联合签署，双方共同创建了中阿联合研究中心（CIMI）。这样的合作框架为双方教师和学生互访提供了更多的机会、奖学金和实习项目，为两国学术机构的直接交流创造了空间。一些致力于研究中国的阿根廷学者作为拉美智库——阿根廷国际关系理事会中国工作组的成员，与中国社会科学院和下属的拉丁美洲研究所联系紧密。

另一重要的学术平台是位于阿布宜诺斯艾利斯市的拉美中国政治经济研究中心（CLEPEC）。

十二　中国超市

对于阿根廷人来说，与中国超市老板（主要来自福建省）每日的接触交流是他们接触中国文化的一个重要渠道。

20 多年以来，中国移民已遍布布宜诺斯艾利斯的大街小巷。渐渐地，几乎所有的阿根廷城市都能看见中国移民的身影。阿根廷消费者们留意到了他们经商、待人处事的方式以及生活方式。同时，在阿根廷的中国人也在品味对方的生活方式、民族特质，感悟他们的世界观。没有一个确切的数字说明阿根廷中国超市的数量。一些研究人员或销售中国商品的私营企业给出的数据是

5 000家。还有一些商会给出的数据显得有些夸张，他们宣称有 1.1 万家中国超市。[①] 虽然这些超市老板和当地居民之间存在着语言障碍，但是中国超市成了两国居民直接接触、了解彼此的重要场所。

结束语

文化交流的目的是什么？除了丰富我们的精神层面和促进和平，这样的交流，还可以增进、深化两国人民相互之间的了解，避免偏见和威胁感，也能使双方相互学习、取长补短。智利诗人巴勃罗·聂鲁达多次访问中国，他与豪尔赫·路易斯·博尔赫斯以及其他拉美文豪一样热爱中国文化。他在其中一个居所的床头悬挂着中国诗人艾青赠予他的中国国画《八十七神仙图》，该画象征着全世界 87 位诗人向往和平的美好愿望。

在为 Ñ 杂志（号角报旗下的文化类杂志[②]）写的一篇文章中，阿根廷驻中国大使馆文化参赞胡安·科尔特耶蒂（Juan Cortelletti）讲述了一位阿根廷教师在北京授课时发生的一件趣事。他问中国学生如何想象阿根廷作家胡利奥·科塔萨尔（Julio Cortázar）的著名故事《被侵占的房屋》中的人物。学生们答道：我把他们想象成了中国人。

科尔特耶蒂解释说，这是预料之中的，因为老师是在学生对作者及作品一无所知的情况下将学生引入阅读当中的。因此，学生们进行文学鉴赏时，利用的是他们拥有的“最强大的分析工具——中国文化”。参赞还说道：“正如阿根廷人可以站在自己的文化立场去理解中国古典四大名著、诺贝尔奖得主莫言的小说以及其他年轻作家的作品一样，中国人可以着迷于博尔赫斯、埃拉、科塔萨尔的作品或是《马丁·菲耶罗》《法昆多》这样的作品，当然也可能感到不解和困惑。”这样的一个过程在英语中叫“sinicization”，即对当地文化的适应。

世界上所有人思考的最终哲学问题将不同的文化联系起来，无论是从中国

---

① http://www.lanacion.com.ar/1395044-los-super-chinos-pasaron-la-barrera-de-los-10000-locales Publicada el 05/08/2011，http://www.laarena.com.ar/la_pampa-se-abrieron-11-mil-super-chinos-1189910-163.html.

② https://www.clarin.com/revista-enie/ideas/cortazar-leido-chino_0_B1cRuu0Sf.html.

到阿根廷，还是从加拿大到新西兰还是从北极到南非，以及所有那些在世界地图上能用对角线连接的国度：对于爱、死亡、美好事物、无解奥秘的野心和追求。

在阿根廷，他们对亚洲文化的兴趣日益增长，因为亚洲是当今世界最有活力的大陆。这个兴趣尤其表现在前文提到的关于中国的方方面面。20 世纪后期，中国再次向世界敞开大门之后，中国也非常渴望对拉丁美洲有进一步的了解。中国前总理温家宝访问阿根廷时曾说[①]，阿根廷文化就是一种文明，正如中国文明一样。正如一位智利学者所言，拉丁美洲人从未将自己的文化上升到文明的高度。[②]无论如何，我们坚信这种相互理解会是一个良好的基础，在此基础上，我们期待两国的文化交流日益深入。

如果 1978 年的改革开放标志着中国政府出于多方因素考虑开启了实施新政策、鼓励其他国家见证和学习中国的社会、经济、文化及政治生活的新阶段，那么发展中国软实力的第二个阶段便意味着通过改变接受方，面向其他国家的一次飞跃，即将这些国家视为中国政策、计划、项目、行动的接受对象，让对方更好地认识中国。

在中国政府发展国家软实力的第二阶段，中方和各国、各地区以不同的方式和节奏建立联系。与周边邻国及美国交往密切、频繁；与欧洲、澳大利亚和大洋洲联系紧密；与亚洲其他国家之间的联系略显疏远；与非洲大陆、拉丁美洲和加勒比地区接触相对较少，随着时间的推移，这种联系也日益密切。

以上策略表明，中国在其文化传播的政策方面沿用了第二次世界大战之后通过全球化进程建立起的方法和路线。虽然中国当时是联合国安理会的成员，但其在国际事务决议中的地位并不高。孔子学院在全球的扩张终于可以被视为发展软实力进程的重要突破。中国在美国设立了大量的孔子学院，占全球总量的五分之一。但在距离中国最远的国家——阿根廷，仅有两所孔子学院。

中国在全球范围内做出的传播国家文化、构建国家形象的努力，无论是在

---

① “拉丁美洲和加勒比是一片神奇的土地。这里孕育了著名的玛雅、印加、阿兹特克文化，拉美文明和中华文明一样，都重视兼收并蓄、开放创新，善于借鉴吸收人类一切优秀文明成果。”参见 Discurso frente a la Comisión Económica para América Latina y el Caribe de las Naciones Unidas（CEPAL）. Santiago de Chile，julio de 2012.

② “拉美人经常谈论中国的千年文明，但却很少将其与旧大陆的千年原始文化相提并论，同样视为智慧和深刻的象征。当我们谈论根源时，我们更多地会强调欧洲。”（Reyes Matta，2015）

全球化的历史进程当中，还是在人类发展进程当中，都堪称非凡。我们认为，中国在阿根廷这个南美国家所实施文化政策的适宜性以及阿根廷对中国文化的兴趣都极具研究价值，它们可以促进一个知识体系的建立，有助于更好地调整与促进两国文化交流。

Segunda Parte

Cooperación de Ganar-ganar

第二单元

02

合作共赢

2003年以来，中国与阿根廷在经贸领域的合作呈现跳跃式发展。目前，中阿已互为重要的经贸伙伴。阿根廷地大物博，资源丰富；中国人口众多、市场巨大。双方在经贸往来中的互补性、互利性和相互依存性日益显现，这为中阿之间形成合作大于竞争、共识多于分歧的关系奠定了基础，也为两国未来的发展提供了更为广阔的空间和更多的机遇。

当前，中国与阿根廷的经贸关系发展已经进入一个新的历史时期，以“贸易为主要推动力”的合作格局发生了向“贸易、投资和金融共同带动”的结构性变化。中国经济的转型和产业调整、阿根廷经济面临的诸多困境，对双方合作提出了新的挑战。但是，无论遭遇多少障碍、多大困难，中阿关系无疑将面临比以往更多、更好的机遇。坚持多元化合作、不断创新合作机制，将是未来两国经贸关系实现互利共赢的必由之路。

本单元以“合作共赢”为主题，从诸多方面探讨了中阿两国未来的合作路径和可能。在多边框架内，中阿可借助G20、南方共同市场等平台或机制挖掘新的合作潜力；在地方层面，省市之间、非政府之间、企业之间的合作大有可为；在矿业领域，中国企业在阿根廷的投资仍处于摸索阶段，但不成功的案例也为未来的合作提供了宝贵的借鉴；在渔业领域，两国合作具有明显的优势互补性，合作前景广阔；农业领域是中阿两国经贸合作的重点，中国居民对中高档消费品的需求和对产品质量的要求日益提高，使更多阿根廷产品，特别是优质的农业加工产品进入中国市场成为可能。

中国与阿根廷在二十国集团框架下的合作①

二十国集团（以下简称 G20）作为当前最重要的全球经济治理和宏观经济政策协调平台，集合了全球最主要的大型经济体和国际组织。自成立以来，G20 一直为世界经济实现强劲、可持续、平衡增长做出不懈努力。② G20 最早于 1999 年 9 月在美国华盛顿由八国集团（G8）财长会议提出，并于当年 12 月在德国柏林召开的首次财长和央行行长会议期间正式成立，属于布雷顿森林体系框架内的一种非正式对话机制。G20 成员由 G8 成员国以及代表全球各地区的另外 12 个重要经济体组成，其成员国人口总额占全球人口的 2/3，国土面积占全球的 60%，贸易额占全球的 80%，国内生产总值占全球的 85%。③ G20 至今已经举行了 12 次峰会，并于 2018 年底在阿根廷布宜诺斯艾利斯召开第 13 次峰会，旨在推动发达国家和新兴市场国家之间就国际经济和金融议题进行开放、建设性的政策沟通和立场协调，以寻求围绕稳定国际经济形势、促

---

① 作者：陈倩文，中国社会科学院研究生院拉丁美洲系博士研究生。

② Zhu Jiejin, "G20 Institutional Transition and Global Tax Governance", *The Pacific Review*, 2016. DOI: 10.1080/09512748.2016.1154687.

③ Wang Lei, Wang Rui, "G20 Institutionalization: From Crisis-Management to Long-Term Global Governance", in *China Quarterly of International Strategic Studies*, Vol. 2, No. 3, pp. 347 - 364. 逯新红：《G20 推动全球治理需寻求渐进方案》，载《中国智库经济观察》，北京，中国社会科学文献出版社，2017 年。

进全球财经政策协调、推动全球发展合作等重大议题开展全球性合作。[①] 中国与阿根廷都是G20的重要成员国，且同为新兴市场国家，在推动G20发展的进程中发挥着不可或缺的作用，并且借助G20这一重要平台，开展了卓有成效的双多边合作，其无疑成为两国推动双边关系发展、展开经济金融合作、参与全球多边治理的重要机制。

一 中国和阿根廷在G20框架下展开合作的基础

阿根廷是南美洲第二大经济体，在中国对南美地区外交政策中占有重要地位。在地区和国际舞台上，阿根廷也是联合国、世界银行、世贸组织、G20等全球多边机制以及南方共同市场、南美洲国家联盟、拉共体和伊比利亚美洲国家组织等地区合作机制的创始国。“自1972年中国与阿根廷建立外交关系以来，中阿关系一直平稳发展”[②]，两国于2004年建立战略合作伙伴关系。进入21世纪以来，中阿交流不断深入发展，合作领域不断拓宽，在包括G20在内的双多边领域开展了多方面的有效合作。2014年习近平主席访问阿根廷，中阿建立全面战略合作伙伴关系。2016年，习近平主席和阿根廷总统马克里（Mauricio Macri）在G20杭州峰会期间举行双边会晤。次年5月，马克里总统还应邀出席了在北京举行的“一带一路”国际合作高峰论坛并对中国进行国事访问。自2015年底马克里政府执政以来，阿根廷积极打造负责任的大国新形象，谋求重返国际资本市场。阿根廷争取到2018年G20峰会的主办权，马克里总统认为，这是阿根廷有史以来最重要的国际会议，对全球治理进程与阿根廷发展具有重要意义。阿根廷将本次G20峰会的口号定为“为均衡和可持续发展建设共识”，同时确定本次峰会的三项中心主题为“未来就业、为发展加强基础设施建设、人类食品未来”[③]。中国与阿根廷是G20重要成员国，也是全球新兴经济体的代表国家；作为2016年G20杭州峰会的轮值主席国，中

---

① Wang Lei, Wang Rui, “G20 Institutionalization: From Crisis-Management to Long-Term Global Governance”, *China Quarterly of International Strategic Studies*, Vol. 2, No. 3, pp. 357－362.

② 林华：《中国和阿根廷贸易关系发展中的障碍及其原因》，载苏振兴主编：《国际格局中的拉美：形势与对策》，北京：知识产权出版社，2014年，第349页。

③ 阿根廷总统马克里于2018年5月30日在布宜诺斯艾利斯基什内尔文化中心的演讲。

国积极支持与配合阿根廷举办第13次G20峰会。因此，加强在G20框架内的政策沟通及双边经贸合作，对中阿双方意义重大，不仅可以巩固G20作为发展中国家与新兴市场国家参与全球经济治理重要平台的地位，还有助于拓展中阿双边合作的机制性平台。①

阿根廷也是中国在拉美地区的第五大贸易伙伴，2017年中阿双边贸易额为137.8亿美元。② 中国已成为阿根廷第二大贸易伙伴、第二大进口来源国和第二大出口市场。自1980年签署中阿经济合作协定以来，两国在农、牧、矿、渔等多个方面进行了广泛合作。2004年，中阿签署了《中华人民共和国与阿根廷共和国关于贸易和投资领域合作的谅解备忘录》，阿根廷正式承认了中国的市场经济国家地位。③ 2009年，中阿两国央行签署了700亿元等值人民币的双边货币互换框架协议，迄今保持顺畅运作，并多次续签。④ 此外，中国是阿根廷重要的投资来源国，阿根廷则是南美地区与中国进行投资和技术合作的主要国家。据中国商务部统计，中阿两国在2017年签署了总计300亿美元的投资协议，覆盖阿根廷开展金融、石油、矿业、能源、通信设备、农业、化工等领域的投资项目。G20成员之间经贸往来密切，具有很高的依赖度，而且中国、阿根廷等新兴经济体作为G20的重要成员，相互之间的经贸合作具有很广阔的合作空间和互补性。⑤

基础设施建设合作成为中阿经贸合作的新亮点，而这一领域也从布里斯班峰会以来成为G20各成员关注的重要议题。⑥ 2013年，中国葛洲坝集团和两个

---

① 刘宏松：《新兴大国对G20议程的影响——兼论中国在议程塑造中的外交作为》，载《国际展望》，2014年第2期，第115~119页。

② 商务部综合司、商务部国际贸易经济合作研究院：《2017年阿根廷货物贸易及中阿双边贸易概况》，载《国别贸易报告——阿根廷》，2018年第1期。

③ 林华：《中国和阿根廷贸易关系发展中的障碍及其原因》，载苏振兴主编：《国际格局中的拉美：形势与对策》，北京：知识产权出版社，2014年，第349~361页。方旭飞：《中国与阿根廷：竞争中实现共赢》，载《中国远洋航务》，2011年第10期。

④ 中国人民银行与阿根廷中央银行先后于2014年和2017年两次续签了700亿元等值人民币的双边货币互换协议。

⑤ 金中夏、李良松：《二十国集团成员国利益关系研究——基于经济和金融角度》，载《国际金融研究》，2014年第5期，第43~46页。

⑥ G20布里斯班峰会期间，各国领导人一致认为解决全球投资和基础设施投资不足对促进经济增长、创造就业和提高生产力至关重要。峰会期间，各国领导人赞成“全球基础设施倡议”，以促进公共和私人部门对基础设施的高质量投资，同意成立全球基础设施中心，为政府、私人部门、开发银行和其他国际组织提供分享知识的平台和网络。之后的安塔利亚峰会、杭州峰会、汉堡峰会都继续关注基础设施领域投资在全球经济增长中扮演的重要角色。

阿根廷公司组成的财团获得修建阿根廷圣克鲁斯省两座大型水电站的竞标合同。2017 年，上海电建等中企承建的太阳能光伏电站在阿根廷北部的胡胡伊省开工，这是美洲最大的光伏发电项目，标志着中阿在能源基础设施建设领域进行合作取得新的进展。根据“美洲对话”（Inter-American Dialogue）机构提供的中国数据库，自 2007 年以来，阿根廷已成为中国领衔的基础设施建设项目最大的客户，获得中国贷款金额高达 190 亿美元。[①]

综上所述，近年来中阿双边关系取得了重大进展，两国在各领域的合作进一步加深；与此同时，中阿双方作为新兴经济体国家的代表，也都面临参与全球经济和金融治理并加强协调与合作以推动国际经贸和金融体系改革的重任，双方都高度重视 G20 对各自国家经济发展的重要价值，并积极加强在 G20 框架下的各领域多边合作，也推动了双方在各层次拓展新的合作视域，共同应对全球经济治理中的风险和挑战。

二　中国与阿根廷对 G20 的立场与期待

中国与阿根廷作为 G20 框架下新兴市场国家的代表，都积极参与 G20 各领域合作，希望将 G20 打造成反映自身和新兴市场与发展中国家政策诉求的重要平台。特别是自 G20 实现升级转型以来，中国和阿根廷等“新兴大国在全球经济治理中获得了与发达国家平等的对话机会；通过参与对话，新兴大国可以影响 G20 议程，进而影响全球经济治理的模式选择和改革方向”[②]。

（一）中国对 G20 的立场与期待

从 1999 年 G20 财长和央行行长会议开始，中国外交政策对全球治理领域

---

① 《中国将资助阿根廷 150 亿美元建两座核电厂》，载《参考消息》，2015 年 11 月 18 日，http://www.xinhuanet.com/world/2015-11/18/c_128441912.htm. 检索时间：2018 年 3 月 18 日。

② 刘宏松：《新兴大国对 G20 议程的影响——兼论中国在议程塑造中的外交作为》，载《国际展望》，2014 年第 2 期，第 119-121 页。Wang Lei, Wang Rui, “G20 Institutionalization: From Crisis-Management to Long-Term Global Governance”, *China Quarterly of International Strategic Studies*, Vol. 2, No. 3, pp. 362-364.

议题的关注日益上升，并且这一趋势日趋明显。[①] 通过参与 G20 框架下的多边议题对话，中国对全球治理的认识不仅进一步加深，而且也进一步提升了中国开展多边外交的能力。其中 2016 年由中国担任主席国的 G20 杭州峰会具有重要的里程碑意义。中国国家主席习近平在杭州峰会上首次系统阐述了中国的全球经济治理观，提出了“以平等为基础、以开放为导向、以合作为动力、以共享为目标”的全球经济治理观，倡导“构建金融、贸易投资、能源、发展”的四大治理格局[②]。中国认为在全球治理方面，要坚持理念、政策和机制的开放。中国主张全球经济治理特别要抓住以下重点：“共同构建公正高效的全球金融治理格局，维护世界经济稳定大局；共同构建开放透明的全球贸易和投资治理格局，巩固多边贸易体制，释放全球经贸投资合作潜力；共同构建绿色低碳的全球能源治理格局，推动全球绿色发展合作；共同构建包容联动的全球发展治理格局，以落实联合国 2030 年可持续发展议程为目标，共同增进全人类福祉。”[③]

随着中国多边外交的有效开展，以及在全球治理领域影响力的日益提升，中国的外交努力也成为新兴大国成功塑造 G20 议程的重要促成因素。中国在 G20 框架下的立场与期待具有广泛的代表性，在一定程度上促成了新兴大国偏好的国际经济治理和全球金融体系改革议题被纳入 G20 议程。[④] 胡锦涛明确指出：“我们要推动各方努力解决全球经济治理结构不平衡问题，按时完成二十国集团领导人匹兹堡峰会确定的国际金融机构量化改革目标，增加新兴市场国家和发展中国家的代表性和话语权。”[⑤]

在 G20 峰会上，中国领导人围绕全球经济形势、国际贸易体系、宏观经

---

① 张海冰：《全球治理视角下的中国与 G20》，载《同济大学学报（社会科学版）》，2017 年第 2 期，第 38－44 页。

② 习近平：《中国发展新起点　全球增长新蓝图》（2016 年二十国集团工商峰会开幕式主旨演讲），2016 年 9 月 3 日，http://www.g20chn.org/banner/201609/t20160903_3311.html。检索时间：2018 年 2 月 1 日。

③ 习近平：《中国发展新起点　全球增长新蓝图》（习近平主席在二十国集团工商峰会上的主旨演讲），2016 年 9 月 3 日，http://g20.org/banner/201609/t20160903_3310.html。检索时间：2018 年 5 月 6 日。

④ 刘宏松：《新兴大国对 G20 议程的影响——兼论中国在议程塑造中的外交作为》，载《国际展望》，2014 年第 2 期，第 120－121 页。

⑤ 胡锦涛：《在“金砖四国”领导人巴西利亚会晤时的讲话》，新华网，2010 年 4 月 16 日，http://news.cntv.cn/china/20100416/102966_1.shtml。检索时间：2018 年 6 月 6 日。

济政策协调、国际金融机构改革等广泛议题提出了多项倡议。这些倡议重申了新兴国家在全球经济治理议题上的集体偏好和共同立场，主要包括：（1）积极推动构建开放型世界经济体系，捍卫以世界贸易组织为核心的全球多边贸易体系的中心地位，反对贸易保护主义和排他主义；（2）改革国际金融体系的治理架构，提高发展中国家在国际金融体系中的代表性和发言权；（3）加强各国之间宏观经济政策协调，促进全球经济的均衡、可持续发展；（4）积极落实联合国2030年可持续发展议程，推动全球发展，推动全球经济体系朝向更加公正合理方向改革。这些倡议使中国及其他新兴大国的改革诉求在G20峰会上得到清晰展现，起到了巩固新兴国家和发展中国家团结，向发达国家表明立场的信号传递作用。①

（二）阿根廷对G20的立场与期待

G20峰会的机制化是新兴大国和发展中国家积极推动全球经济治理体系改革的重要成果，阿根廷作为G20成员中仅有的来自拉美地区的三个成员国之一，高度重视自身拥有的这一重要身份，不仅将G20视为阿根廷实现自身经济发展和金融稳定的重要平台，而且希望通过G20峰会反映南美国家、新兴国家和发展中国家的共同诉求，并成为新兴大国和发展中国家参与全球经济治理的重要成员，集体推动国际经济体系和金融体系的改革。② 正如马克里总统在阿根廷接任2018年G20峰会主席国的演讲中指出的，这将是阿根廷主办过的最重要的会议，对于阿根廷而言是一个历史性时刻，将极大提升阿根廷在拉美地区和全球的影响力。

根据加拿大多伦多大学G20研究中心主任柯顿教授的分析，阿根廷开展的G20外交主要专注于以人为本的包容性经济增长，强调从新兴国家特别是拉美地区的立场出发，更多地关注未来的就业机会，更加强调教育、健康、投

---

① 郭宪纲：《中国外交新亮点：与新兴国家合作的探索与实践》，载《国际问题研究》，2010年第1期，第6页。刘宏松：《中国在全球治理中的改革倡议：基于WTO多哈回合谈判和G20进程的分析》，载《国际展望》，2012年第5期，第23－24页。Wang Lei，Wang Rui，“G20 Institutionalization：From Crisis-Management to Long-Term Global Governance”，*China Quarterly of International Strategic Studies*，Vol. 2，No. 3，pp. 362－364.

② Wang Lei，Wang Rui，“G20 Institutionalization：From Crisis-Management to Long-Term Global Governance”，*China Quarterly of International Strategic Studies*，Vol. 2，No. 3，pp. 359－363. 江时学主编：《阿根廷危机反思》，北京：社会科学文献出版社，2004年，第154－207页。

资、可持续发展、气候变化、能源和性别平等一系列问题。由于阿根廷自身多次遭遇金融危机的困扰，阿根廷在 G20 框架下也高度关注金融监管议题，希望世界主要经济体就维持国际金融稳定形成更有效措施。[①] 阿根廷也希望 G20 能加大力度推进实现 2030 年可持续发展议程与减贫目标；在就业问题上，阿根廷关注就业市场的两极分化问题，关心技术发展和生产自动化可能给劳动力市场和就业带来的不同程度的冲击，并认为必须制定更好的指标，通过打造全球实验室等以创造更多就业机会。[②] 总体而言，阿根廷将 G20 视为新兴国家和发展中国家争取与发达国家平等参与的国际多边机制，也是前者推动国际经济治理和全球金融体系朝向更加公正、合理、平衡、可持续方向改革与发展的重要平台。

首先，在宏观经济政策和金融监管等方面，阿根廷在 G20 的主要诉求可以归纳为三点：①支持和鼓励反周期措施，推动需求增加，加快走出危机，推动正规就业，扩大就业范围，令工资的普遍提升成为进一步发展的保障。②加强对金融市场的监管，为未来新一轮的经济增长提供更坚实的基础，消除过去的脆弱性和不稳定性。[③] ③改革国际货币基金组织与世界银行，使其成为更可靠的融资来源，以保证新兴市场国家的金融稳定性；支持推动深层对话，有序实现全球货币体系改革，也包括重新探讨美元的地位等。[④] 上述三点意味着全球货币体系和现行增长模式的转型。由此可见，在加强全球宏观经济政策方面，阿根廷的立场和新兴国家与发展中国家是高度一致的。[⑤]

其次，阿根廷希望通过与 G20 成员协调以推动对外贸易发展，积极开拓

---

① 阿根廷多次爆发金融动荡，并造成了全国性社会骚乱和政坛大地震，致使本国经济严重受损，导致进入中等收入陷阱且难以摆脱。关于这一分析及其反思，可详见江时学主编：《阿根廷危机反思》，北京：社会科学文献出版社，2004 年，第 192－207 页。

② John Kirton，Argentina's Agenda for G20 2018，http://www.g8.utoronto.ca/blogs/170604－kirton.html. 检索时间：2018 年 5 月 8 日。

③ 斯蒂芬妮·格里菲思－琼斯：《国际金融市场的监管》，载陈东晓、史丽娜主编：《中国与二十国集团》，上海：上海人民出版社，第 61－71 页。

④ Martín Abeles，Esteban Kiper，El G20 y el rol de Argentina，un trabajo presentado en el Encuentro："El G20 . Hacia una nueva arquitectura financiera internacional? El rol de Argentina，México y Brasil"，realizado en Buenos Aires el 15 de junio de 2010，organizado por la FES，el CEPES y la AEDA.

⑤ "Mecanismo de Coordinación Bilateral entre Argentina y Brasil en el marco del G20"，8 de junio de 2012，http://www.mrecic.gov.ar/es/mecanismo－de－coordinación－bilateral－entre－argentina－y－brasil－en－el－marco－del－g20. 检索时间：2018 年 6 月 18 日。

更广阔的国际市场。主要贸易伙伴的经济前景对于阿根廷经济保持持续增长势头具有重要意义。[①] 根据中国商务部数据统计，2017 年阿根廷最重要的 15 个贸易伙伴中，有 13 个国家是 G20 成员，其中巴西、美国、中国是最重要的前三大贸易进出口对象，中国分别是阿根廷第二大出口市场和第三大进口来源国（参见表 2. 1 和表 2. 2）。根据国际商务发展组织 DNI（Desarrollo de Negocios Internacionales）的分析，2017 年，G20 成员在阿根廷对外贸易中的比重高达 73%，约为 854 亿美元，其中出口占总额的 63%，高达 363 亿美元。[②] 阿根廷是一个农产品出口大国，农业与阿根廷的国家利益密切相关，因此，国际农产品价格波动会对阿根廷出口收入和农民受益产生直接影响。阿根廷希望借助 G20 为代表的国际多边舞台，能够在全球发展议题内维持国际大宗商品特别是大豆、玉米和牛肉等农畜产品的价格稳定，进一步挖掘阿根廷农产品在国际市场的潜力。[③]

表 2. 1　2017 年阿根廷对主要贸易伙伴出口额

国家和地区	金额（百万美元）	同比增长（%）	占比（%）
总值	58 384	0. 9	100. 0
巴西	9 307	3. 0	15. 9
美国	4 430	0. 1	7. 6
中国	4 325	-2. 5	7. 4
智利	2 621	13. 6	4. 5
越南	2 272	-10. 8	3. 9
印度	2 081	-5. 5	3. 6
西班牙	1 503	-8. 7	2. 6
阿尔及利亚	1 471	26. 5	2. 5
荷兰	1 392	17. 7	2. 4

① 林华：《阿根廷：执政党地位巩固，经济形势好转》，载袁东振主编：《拉丁美洲和加勒比发展报告》，北京：社会科学文献出版社，2018 年，第 188 页。

② "El comercio con el G20", http://www.lanacion.com.ar/1920959 - el - comercio - con - el - g20, MARTES 26 DE JULIO DE 2016. 检索时间：2018 年 5 月 6 日。

③ "Argentina to chair the G20 in 2018", http://cancilleria.gov.ar/en/argentina - chair - g20 - 2018. 检索时间：2018 年 4 月 15 日 .

续表2.1

国家和地区	金额（百万美元）	同比增长（%）	占比（%）
加拿大	1 332	16.1	2.3
埃及	1 262	-29.6	2.2
瑞士	1 261	10.9	2.2
乌拉圭	1 203	5.6	2.1
德国	1 165	-8.4	2.0
巴拉圭	1 139	15.9	2.0

资料来源：中国商务部发布的《国别贸易报告——阿根廷》，https://countryreport.mofcom.gov.cn/record/view110209.asp?news_id=57723.

表2.2 2017年阿根廷自主要贸易伙伴进口额

国家和地区	金额（百万美元）	同比增长（%）	占比（%）
总值	66 899	19.7	100.0
巴西	18 140	31.0	27.1
中国	9 454	14.9	14.1
美国	9 376	13.5	14.0
德国	2 968	5.7	4.4
比利时	1 790	15.5	2.7
墨西哥	1 740	15.8	2.6
中国香港	1 633	55.7	2.4
意大利	1 521	20.5	2.3
西班牙	1 463	44.0	2.2
玻利维亚	1 255	43.4	1.9
巴拉圭	1 095	50.1	1.6
泰国	1 072	22.2	1.6
智利	1 005	19.2	1.5
荷兰	973	6.9	1.5
法国	957	-11.1	1.4

资料来源：中国商务部发布的《国别贸易报告——阿根廷》，https://countryreport.mofcom.gov.cn/record/view110209.asp?news_id=57724.

第三，G20国家对于阿根廷经济发展至关重要的另一个方面在于提供外来直接投资。根据阿根廷商务部发表的分析报告，阿根廷吸引的外国直接投资中80%来自G20国家。[①] G20国家是世界上外国直接投资（FDI）的主要提供国。自2013年以来，阿根廷经济处于低迷不振状态，通货膨胀率居高不下。特别是国家主权债务违约，使得阿根廷一度被排除在国际金融市场之外，无法得到必要的外部融资，给国家经济发展造成了很大影响。2015年底马克里总统上台后，采取了一系列改革措施，鼓励国内产品出口和积极吸引外部投资，创造更多体面就业的机会。"对外发行债务和外国直接投资的增加导致资本账户出现了399.7亿美元的巨额盈余，不仅弥补了经常账户赤字，而且充实了外汇储备。截至2017年11月，外汇储备增加到546亿美元，超过了前三届政府时期的最高水平。"[②]

三　中国与阿根廷在G20框架下开展合作的路径

"国际体系中新力量的出现引导着21世纪地缘政治的走向，打破了20世纪相当长一段时期内十分盛行的两极甚至是单极权力格局。"[③] 新兴大国并没有试图推翻现有的国际秩序，相反，不但已经接受和参与了现有的国际秩序，而且也在与其他大国合作改进现行体系的不足，这使得G20成为一个充满活力的舞台，新兴市场国家在这里找到了它们的声音，制订出了自己的行动计划，并且在国际体系中获得了代表。[④]

中国和阿根廷作为全球最重要的新兴市场国家，也是各自所在地区和具有全球影响力的大国，在G20框架内都发挥着重要作用。中国和阿根廷在G20内都采取了多层面的外交政策，在国际关系出现权力重新分配和多极化的时候，两国通过开展双边、诸边和多边合作，既推动了G20的发展，而G20有

---

① "El comercio con el G20", http://www.lanacion.com.ar/1920959-el-comercio-con-el-g20, MARTES 26 DE JULIO DE 2016. 检索时间：2018年5月6日。

② 林华：《阿根廷：执政党地位巩固，经济形势好转》，载袁东振主编：《拉丁美洲和加勒比发展报告》，北京：社会科学文献出版社，2018年，第188页。

③ 罗萨娜·皮涅罗-马沙多：《中国、金砖国家和二十国集团》，载陈东晓、史丽娜主编：《中国与二十国集团》，上海：上海人民出版社，第201页。

④ Renato Baumann, Os BRICS e o G20 Financeiro, Brasilia: Fundacao Alexandre de Gusmao.

利于新兴国家推动全球经济和金融体系的平衡和多元化，增强国际政治经济体系的代表性和公平性，两国还以新兴市场国家代表的身份在国际体系中寻求更大的保护和合法性。[①] 在这一背景下，中国与阿根廷等新兴国家的合作推进了G20的机制化建设，有利于该平台从危机应对机制向长效治理平台转型。[②]

（一）G20框架下中国与阿根廷开展的双边外交

G20为中国和阿根廷在全球多边场合积极推动双边关系发展，并协调有关政策立场提供了宝贵机遇。中阿两国领导人先后在2013年圣彼得堡峰会和2016年杭州峰会期间进行了卓有成效的双边会晤，达成了诸多共识。

2013年9月，G20峰会在俄罗斯圣彼得堡召开，峰会期间中国国家主席习近平同时任阿根廷总统克里斯蒂娜举行双边会见。习近平表示，中国一贯从战略高度重视发展同阿根廷的传统友好关系，愿同阿方一道，不断充实和扩大合作。双方要发挥好政府间合作机制和经济合作对话等机制作用，制订共同行动计划，加强统筹指导，促进双边贸易平衡增长，挖掘投资增长点，拓展能源、矿业、水电、基础设施建设、农业、金融等领域合作，希望阿方为中国企业赴阿投资创造便利条件。中方支持两国人文交流。阿根廷是拉美重要国家，中方支持阿方在国际事务中发挥更大作用，愿同阿方共同努力，推进中拉整体合作。中阿同为新兴市场国家，双方要加强合作，维护新兴市场国家和发展中国家共同利益。

克里斯蒂娜表示，近年来，阿中战略伙伴关系取得新发展，务实合作迈出新步伐，中国成为阿根廷第二大贸易伙伴。阿方希望增加对华商品出口，欢迎中国企业参与阿方水电、铁路等重大建设项目，并通过阿根廷进入拉美市场。阿方希望推进两国本币互换。阿方愿在国际事务和拉中关系中同中方加强沟通和协调。两国还达成了关于成立两国政府间常设委员会、建立经济合作与协调战略对话机制等合作意向。[③]

2016年9月，G20峰会在中国杭州召开。9月3日，中国国家主席习近平

---

① 罗萨娜·皮涅罗－马沙多：《中国、金砖国家和二十国集团》，载陈东晓、史丽娜主编：《中国与二十国集团》，上海：上海人民出版社，第208页。

② 曹玮、王俊峰：《G20机制化建设与中国的对策》，载《亚非纵横》，2011年第4期。

③ 《习近平在圣彼得堡会见阿根廷总统克里斯蒂娜》，中国政府网，2013年9月5日，http://www.gov.cn/ldhd/2013-09/05/content_2481877.htm. 检索时间：2018年8月10日。

在杭州会见前来出席 G20 杭州峰会的阿根廷总统马克里。习近平指出，中阿同为重要新兴市场国家，互为全面战略伙伴，应该加强交流合作，携手应对挑战，实现共同发展。中方对当前中阿关系良好发展势头感到满意，愿同阿方一道努力，推动两国关系在新时期得到更大发展。

习近平主席强调，下一阶段，两国要保持高层密切联系，把握好双边关系发展大方向，加强政策沟通和发展战略对接，把各自优势和需求更好结合起来，推动贸易、投资、金融“三驾马车”齐头并进；促进贸易便利化，优化贸易结构，推动双边贸易稳定均衡增长。落实好铁路、水电、核电等现有重大合作项目，探讨深化金融合作。加强文化、科技、旅游、足球、地方等领域交流合作，办好中阿建交 45 周年庆祝活动。中方愿同阿方就气候变化、全球经济治理等重大议题保持密切沟通。中方祝贺阿根廷担任 2018 年 G20 主席国，希望阿方继续大力支持中拉关系发展和中拉整体合作。

马克里表示，阿方致力于深化阿中传统友好。阿中经济互补性强，阿方愿继续推进两国能源、经贸、投资、质检、基础设施、旅游等各领域合作。阿方愿密切同中方在国际事务中的沟通协调，支持中方成功举办 G20 杭州峰会。[①]

（二）G20 框架下中国与阿根廷开展的多边合作

G20 很好地填补了全球治理结构中的缺口，随着 G20 议程的扩大和影响力的提升，与越来越多的国际机构建立了联系。G20 取代 G8 成为主要国际经济协调机制顺应了世界经济全球化的潮流，反映了国际经济领域实力变化的现实，提升了新兴经济体在国际经济金融领域的地位，为更快捷地解决全球经济金融问题提供了一个有效的平台。作为新兴经济体和发展中的大国，中国和阿根廷充分利用 G20 机制表达发展中国家的立场和看法，加强多边立场协调与政策沟通，努力发展成国际机制的积极参与者和改革者，为建立公平合理的国际经济新秩序贡献力量。[②] 中国和阿根廷两国不仅通过参加 G20 峰会为代表的国际高峰会议等方式积极寻求扩大在多边合作框架内的作用和地位，还先后担任 G20 轮值主席国，并积极筹备和承办 2016 年和 2018 年 G20 峰会和一系列

---

① 《习近平会见阿根廷总统马克里》，新华社，2016 年 9 月 3 日，http://www.xinhuanet.com/world/2016-09/03/c_1119505404.htm。检索时间：2018 年 8 月 12 日。

② 曹广伟：《一种新的国际经济协调机制的建构——简评 G20 机制在应对全球经济危机中的作用》，载《东南亚纵横》，2010 年第 5 期，第 106 页。

相关活动，显示新兴大国融入世界、参与国际事务的信心和决心。①

1. 协调立场共同应对金融危机

2008 年由美国次贷危机引发的金融危机爆发，并且逐步蔓延到包括阿根廷等国在内的新兴市场和发展中国家，各国应对金融危机进入一个新阶段，即寻求全球联合来推动金融体系改革。中国和阿根廷等新兴市场国家借机成功推动发达国家同意将 G8 峰会升级为 G20 峰会，新兴市场国家终于争取到了和发达国家共同参加全球经济治理的重要机遇。在美国华盛顿召开的首届 G20 峰会分析了危机产生的根源，承诺各国将继续致力于开放的全球经济；并通过了应对金融危机的《华盛顿声明》，包括 47 条金融领域改革行动计划。

2009 年连续召开的 G20 伦敦峰会和匹兹堡峰会，是在全球金融危机持续蔓延的背景下召开的，针对发达国家和发展中国家之间出现的立场分歧，中国和阿根廷等新兴国家加强立场协调和政策沟通，强烈呼吁必须改革以美元为主导的国际货币体系，尽快通过为国际货币基金组织（IMF）和世界银行等多边金融机构提供资金的倡议，大幅增加 IMF 资金规模，切实推动国际金融体系改革和推动全球发展。中国和阿根廷等新兴国家终于通过集体努力确立了 G20 作为国际经济合作主要论坛的地位，并就二十国集团领导人峰会机制化等达成重要共识。②

2010 年 G20 多伦多峰会和首尔峰会是在世界经济开始脆弱复苏背景下召开的，主要议题有经济可持续与平衡增长、金融部门改革、改革国际金融机构、促进全球贸易增长等。中国和阿根廷代表新兴市场和发展中国家认为，世界经济恢复增长，但严峻的挑战依然存在。双方的立场是继续推动 G20 机制化建设，加快建设公平、公正、包容、有序的国际金融新秩序，促进建设开放自由的全球贸易体制，提高发展中国家的自我发展能力，推动世界经济尽早强劲、可持续、平衡增长。同年 7 月，阿根廷总统克里斯蒂娜访华，与胡锦涛主席进行双边会晤。中阿双方认为两国都是 G20 成员，在重大国际和全球性问题上有着相同或相似立场，双方应进一步加强在 G20 等全球经济治理多边

---

① 林华：《阿根廷：执政党地位巩固，经济形势好转》，载袁东振主编：《拉丁美洲和加勒比发展报告》，北京，社会科学文献出版社，2018 年，第 191－194 页。

② Wang Lei, Wang Rui, "G20 Institutionalization: From Crisis-Management to Long-Term Global Governance", in *China Quarterly of International Strategic Studies*, Vol. 2, No. 3, pp. 356－357.

领域的沟通与合作，维护发展中国家共同利益。①

2. 全面合作争取发展中国家话语权

2010 年 G20 首尔峰会，首次在新兴市场国家和亚洲国家举行，中国和阿根廷联合 G20 中的各新兴市场国家成功地将全球发展议题确定为与全球金融安全、国际金融机构改革等并列的长期议题。中阿等新兴市场国家推动峰会完成了世界银行和国际货币基金组织量化改革目标，各新兴市场国家认为必须完善框架机制，推动合作发展；倡导开放贸易，推动协调发展；完善金融体系，推动稳定发展；缩小发展差距，推动平衡发展。

2011 年 G20 戛纳峰会承诺继续加强宏观经济政策协调，通过促进增长和就业行动计划，就建立更为稳定和抗风险的国际货币体系、改革全球经济治理达成重要共识。中阿等新兴市场国家认为，必须建立更稳定、灵活，更具代表性的国际金融体系，以反映国际金融体系中各国货币比重和重要性的变化，提升新兴市场国家和发展中国家在国际金融体系中的话语权和代表性。

2012 年 G20 洛斯卡沃斯峰会和 2013 年 G20 圣彼得堡峰会连续在新兴市场国家召开。中阿等新兴市场国家积极推动峰会聚焦经济增长和就业等关系到新兴市场和发展中国家切实利益的重要议题，致力于推动世界经济稳定复苏，并继续深化国际金融体系改革，促进国际贸易健康发展，要维护和发展开放型世界经济体系，加强各经济体直接的沟通协调，反对保护主义，呼吁更加公平公正的全球经济治理体系。中阿同为新兴市场国家，双方要加强合作，维护新兴市场国家和发展中国家共同利益。②

3. 深度互动扩展全球治理议题

2014 年 G20 布里斯班峰会举行的背景是随着世界经济的温和复苏，发达国家和发展中国家的经济表现呈现严重分野，发达国家出现贸易保护主义势头。中国和阿根廷等新兴市场国家积极推动建设开放型世界经济，反对保护主义，维护 G20 作为全球经济治理重要平台的地位，加强各国之间的宏观经济

① Wang Lei，Wang Rui，“G20 Institutionalization：From Crisis-Management to Long-Term Global Governance”，in *China Quarterly of International Strategic Studies*，Vol. 2，No. 3，p. 358.

② 同上，第 360 – 362 页。

政策协调，提高新兴市场国家和发展中国家的代表性和发言权，确保各国在国际经济合作中权利平等、机会平等、规则平等。之后，G20 峰会先后由同为新兴市场国家的土耳其和中国担任轮值主席国。

2015 年土耳其 G20 安塔利亚峰会主题为“共同行动以实现包容和稳健增长”。中国、阿根廷等新兴市场国家积极推动全球经济实现包容增长，强调增强 G20 各项共识的落实程度。2016 年 G20 杭州峰会主题为“构建创新、活力、联动、包容的世界经济”。作为发展中国家和新兴经济体的代表，中阿等国认为在涉及全球经济金融治理规则、秩序等问题上有着相似立场主张，应在 G20 框架下加强政策沟通协调，共同获得更大话语权和制度性权力，维护好共同利益，在更高层次上为南南合作注入新的活力，增强发展中国家和新型经济体在全球治理中的话语权。中阿还积极推动扩大 G20 机制的包容性，以让更多的发展中国家参与到全球治理之中。①

2017 年汉堡 G20 峰会，中阿等新兴市场国家积极推动关注气候和贸易问题，并且将非洲发展确定为关注重点。新兴市场国家联合欧盟国家要求捍卫全球多边贸易体系的中心地位，反对美国推动的贸易保护主义，双方还推动关注气候变化议题。

随着阿根廷获得 2018 年 G20 峰会的主办权，中阿两国开始围绕“G20 与中阿合作”展开研讨。阿根廷高度重视中国成功举办 G20 杭州峰会的经验，中国也积极启动帮助阿根廷筹备 G20 峰会进程，支持阿根廷办好 2018 年峰会，并积极落实 G20 杭州峰会等历次峰会达成的共识，为促进开放型世界经济、完善全球经济治理做出新兴市场国家的集体贡献。自马克里总统上任后，气候保护已经成为阿根廷的优先政策。中阿两国积极支持 2018 年 G20 峰会为气候金融议题提供关键平台。②

G20 峰会自从 2015 年安塔利亚峰会特别是 2016 年杭州峰会以来，形成了“放眼长远，综合施策，扩大开放，包容发展”的“杭州共识”，新兴市场国家积极推动 G20 从危机应对向长效治理机制转型，G20 着力突出发展问题，推动就落实联合国 2030 年可持续发展议程制订行动计划。

---

① Wang Lei, Wang Rui, “G20 Institutionalization: From Crisis-Management to Long-Term Global Governance”, *China Quarterly of International Strategic Studies*, Vol. 2, No. 3, pp. 362 - 364.

② Christian Hübner, “Private Sector and Climate Finance in the G20 Countries”, Climate Report 2017, Konrad Adenauer Stiftung, 2017.

四　中国与阿根廷在 G20 框架下开展合作面临的挑战

中阿两国经济发展模式不同，发展阶段具有较强的相似性，而且两国外交传统也根植于不同的历史文化背景，这就导致两国在 G20 框架下开展全球治理合作也面临一些不利因素，因此会给未来的中阿多边领域合作带来一定的挑战。[①]

（一）经济原因

阿根廷的法律体系较为完善，但左右翼政党轮替执政等导致政策可预见性较低。自 2013 年以来，阿根廷经济增速缓慢，财政收入减少。虽然马克里政府采取了一系列措施，如与“秃鹫基金”达成和解协议，重返国际金融市场等，但仍然面临国家外汇储备不足的问题，并且阿政府对进口和利润管控存在限制，这些都给中阿推动构建开放型世界经济、积极推动双边贸易投资合作造成不利影响。

中国与阿根廷均处在经济转型期，两国的产业结构虽存在互补，但同质性带来的竞争性一面较为突出，贸易结构存在较为突出的失衡问题。据阿根廷国家统计局公布的数据，2017 年阿根廷与中国双边货物进出口额为 137.8 亿美元，阿根廷对中国出口 43.2 亿美元，下降 2.4%，阿根廷自中国进口 94.5 亿美元，增长 14.9%。阿方贸易逆差 51.3 亿美元，增长 35.1%。[②] 中阿贸易的不平衡，激化了两国间的贸易摩擦。“近年来，阿根廷不断对中国采取反倾销、配额限制、技术限制、设置最低参考价格等贸易保护主义措施，使中国对阿根廷出口深受影响。”阿根廷一直是全球反倾销大国，发起的案件数量居全球前 5 位，也是对中国发起反倾销调查最多的国家之一。[③] 中阿两国贸易结构

① 周志伟、齐传钧：《经济、外交“双转型”下的中拉关系战略定位》，载袁东振主编：《拉丁美洲和加勒比发展报告》，北京：社会科学文献出版社，2018 年，第 113 - 129 页。

② 商务部综合司、商务部国际贸易经济合作研究院：《2017 年阿根廷货物贸易及中阿双边贸易概况》，载《国别贸易报告——阿根廷》，2018 年第 1 期。

③ 林华：《中国和阿根廷贸易关系发展中的障碍及其原因》，载苏振兴主编：《国际格局中的拉美：形势与对策》，北京：知识产权出版社，2014 年，第 349 页。

导致的阿根廷频繁对中国产品设限，带来的一个重要负面影响就是使得阿根廷对 G20 框架下反对贸易保护主义的声明大打折扣，破坏了新兴市场国家特别是中阿两国在国际多边场合做出的共同努力，影响了新兴市场和发展中国家之间的团结，导致以金砖国家为代表的新兴市场国家组合难以短期内推动实现 G20 框架下的新兴市场国家紧密联合，也削弱了 G20 的代表性和权威性。[①]

（二）美国因素

美国是影响拉美国家政治经济及对外关系发展的最大域外国家。特朗普就任美国总统后，对拉美政策进行了较大的调整，实行贸易保护主义并收紧移民政策，这使得拉美主要国家受到较大影响，巴西、阿根廷、墨西哥等拉美大国加强了合作与互动。随着近年来中拉双边关系取得飞速发展，美国作为重要的第三方也高度关注中国在拉美地区日益增强的存在感和影响力，中美拉三边之间的地缘政治因素被美国政界和学界再次关注，这导致美国对中国在拉美加强影响力始终存在疑虑和不安，也给中国加强与阿根廷等拉美地区大国之间的合作带来了一定的负面影响。

西方媒体在分析中国与拉美发展关系的动机时，常使用这样一种推理：因为拉美是美国的“后院”，所以，中国扩大在拉美的存在感是为了遏制美国。因此，从地缘政治角度出发，美国因担心自己在拉美这个“后院”中的势力范围会受到影响，而对中国加强与阿根廷在内的拉美国家发展关系表现出忧虑和警觉。[②] 与此同时，由于拉美地区内部政治发展存在的左右翼轮流执政和规律性消长的存在，也导致美国担忧由于中国加强与拉美双边关系发展会助长拉美左派政治势力赢得政权的可能性。[③] 这也成为中阿两国发展双边关系，并加强在 G20 等国际多边机制内合作的重要掣肘。

（三）外交传统

受历史文化的深刻影响，阿根廷长期自认为是欧美世界的一部分，是广义

① Wang Lei, Wang Rui, “G20 Institutionalization: From Crisis-Management to Long-Term Global Governance”, *China Quarterly of International Strategic Studies*, Vol. 2, No. 3, p. 364.

② 江时学：《中拉关系五问》，载苏振兴主编：《国际格局中的拉美：形势与对策》，北京：知识产权出版社，2014 年，第 255 页。

③ 同上，第 254－257 页。

的大西洋共同体的一员，因此，阿根廷的外交政策重心偏重欧美国家和拉美与加勒比地区。特别是与同属拉美地区的智利、秘鲁甚至巴西等国相比，虽然阿根廷也逐渐增强了自身作为新兴经济体的身份认同，但要改变近两百年的外交传统仍需要一个逐步调适的过程。

近年来，虽然阿根廷与包括中国在内的亚太地区与国家的外交关系和经济贸易往来逐步加强，但阿根廷外交传统中的大西洋因素仍发挥着重要作用。"中国与拉丁美洲的关系正形成一种幻想、规划、希望和恐惧的混合体。"① 诸多西方学者甚至部分阿根廷学者也对此表示认同，认为中阿关系是建立在脆弱的基础之上的，短期的昙花一现难以带来中阿关系的长期繁荣②，在涉及 G20 等全球治理议题时更受到阿根廷自身外交政策侧重点的影响，这是由于虽然阿根廷是 G20 创始国，也希望在全球经济治理中发挥积极影响力，但是受自身实力影响，阿根廷在 G20 的地位和影响力有限，导致其外交政策重点仍以南美洲甚至南方共同市场等区域和次区域合作机制为主。

要推动中阿双边在 G20 为代表的全球多边经济治理和金融治理体系下的快速发展，中阿双方尤其是阿根廷需要深刻把握当前全球经济发展呈现的以下特点：（1）全球经济增长的重心和引擎从大西洋地区加速向亚太地区转移；（2）新兴经济体和发展中国家日益成为全球经济增长的最重要引擎③；（3）中国和阿根廷等新兴市场国家必须加强团结合作，抱团取暖，才能实现推动国际政治经济体系朝向更加公正、合理、均衡方向改革的目标。

五　结语

自 2008 年国际金融危机以来，国际格局及发达国家和发展中国家之间的实力对比都发生了一系列深刻变化，最重要的影响就是中国和阿根廷等为代表

① Evan Elilis, *China in Latin America: The Whats and Wherefores*, Boulder: Lynne Reinner Publishers, 2008, p. 288.

② 陈懋修：《中国与拉美关系：长期繁荣还是昙花一现?》，载《国际政治科学》，2011 年第 2 期，第 77 页。

③ 王萍、王翠文：《国际格局的变化与中拉关系的可持续发展》，载苏振兴主编：《国际格局中的拉美：形势与对策》，北京：知识产权出版社，2014 年，第 299 页。

的新兴市场国家群体性崛起，发展中国家整体实力不断增强。中阿两国通过双边合作撬动了在中拉诸边领域的关系深化，并通过南南合作，带来了在全球经济治理、国际金融体系改革、全球发展议题等日益广泛的多边领域的互动与合作。中阿两国为代表的新兴市场国家之间的合作日益获得了强大的推动力，合作基础日趋深化，合作机制愈加巩固和拓展；但中阿在G20等全球治理领域的协作也呈现出一定的复合相互依存的特质，即双方在全球治理的多项议题领域都相互依赖，只有加强合作才是实现双方参与和改革全球治理体系目标的唯一路径，双方在经济、金融、气候变化、发展、就业、基础设施等不同领域具有各自独特的竞争优势，这使得双方均认识到互利共赢才能带来各自利益的最大化，也才能进一步彰显新兴市场国家和发展中国家的代表性。

此外，G20框架下的中阿合作也具有一定的外溢效应。首先，中国和阿根廷都是G20内新兴市场国家和发展中国家的代表，双方加强合作将推动G20框架下新兴市场国家之间的整体合作，并且将积极推动金砖国家拓展与其他新兴国家实现政策沟通和立场协调，增强与发达国家进行政策博弈的整体实力。其次，阿根廷虽然有强烈诉求借助G20增强自身在国际政治和经济舞台上的影响力，但其外交政策首要目标仍然聚焦于南方共同市场和南美洲地区，中阿加强在G20框架下的合作，不仅有利于中国加强与南美甚至拉美和加勒比地区的整体合作，更有利于南南合作的深入发展。

贸易视角下中国对南方共同市场制造业一体化的再影响[①]

2016年，包括阿根廷和巴西在内的南方共同市场（以下简称“南共市”）几个主要国家的经济持续衰退，南共市的未来也随之显得疑窦重重。事实上，围绕南共市一直争议不断。争议的焦点是“不完全的自由贸易区”和“不完善的关税同盟”是否确实有利于成员国的产业升级。根据叶芝的观点，20世纪90年代南共市的贸易增长是以效率为代价的。[②] 通过向低效的本地生产者提供排外的优惠条件，并实行内外有别的关税政策，南共市成员国间的贸易往来主要集中在不具有国际比较优势的产品上。某些专家认为[③]，叶芝没有考虑南共市成立之前的情况。由于在第二次世界大战前后较长一段时间采取了进口替代的工业化战略，巴西和阿根廷的贸易开放度较低，因此，南共市建立后带来的贸易创造效应远远大于贸易转移效应。而更有说服力的论点则认为，基于静态比较优势的自由贸易对于后发国家并不一定总是福音，不对称的增长可能

① 作者：林越，法国社会科学高等研究院发展经济学博士，现为马德里自治大学东亚研究中心终身副教授。

② A. J. Yeats, “Does Mercosur's Trade Performance Raise Concerns about the Effects of Regional Trade Arrangements?”, *The World Bank Economic Review*, Vol. 12, No. 1, 1998, pp. 1 -28.

③ M. Berkerman and C. Rikap, “Regional Integration and Export Diversification in MERCOSUR: The Case of Argentina and Brazil”, *CEPAL Review*, No. 100, 2010, pp. 165 -187.

会使自然资源丰富的国家长期处于工业化不足的阶段。在这种情况下，“相似”的发展中国家之间的自由贸易区安排可以提供发展规模经济的空间，同时排外性的优惠政策赋予本地企业一定的学习过程，从而能够在区域内外产生动态比较优势。①

抛开理论上的争辩，事实上，21 世纪以来，衡量区域内贸易强度的南共市一体化进程业已停滞。区域外与区域内贸易之间的比率从 1998 年的 3.6 增至2008 年的5.5，并在2014 年进一步上升到 6.4，创南共市成立以来的历史新高。此外，经济体量较小的国家在工业方面仍缺乏预期的动态比较优势。巴西仍是南共市制度安排的最大受益者。②

在这一过程中，国际环境也发生了变化，其中影响最为深远的是中国作为制造业强国和领先的贸易国的出现。从 2001 年到 2014 年的十几年时间里，中国的货物出口额从2 030亿美元增长到 2.2 万亿美元，先后超过日本、德国和美国。与此同时，中国的货物进口额从2 137亿美元增长到 1.2 万亿美元，仅落后于美国。从南方共同市场的角度来看，2014 年中国的进口额和出口额占其进口总额的 16.3% 和出口总额的 14.2%，而在 2001 年相对应的份额仅为 3.2% 和 2.8%。如今中国是巴西最大的贸易伙伴，是阿根廷、乌拉圭和巴拉圭的第二大贸易伙伴。

最初，中国与拉美双边贸易的扩张得到普遍认可，各方评价也多为积极正面。由于贸易结构的高度互补，中国对大宗商品的需求极大改善了资源类产品出口国的贸易条件指数。③ 但面对来自中国制造业的竞争，这种乐观态度逐渐消失。特别是在南方共同市场，悲观主义者认为中国对原材料的需求扭曲了激励机制，减少了制造业的投资，造成了巴西出口的“初级商品化”，经济的

① A. H. Amsden, “Bringing Production Back in Understanding Government's Economic Role in Late Industrialization”, *World Development*, Vol. 25, No. 4, 1997, pp. 469 - 480. D. Rodrik, and L. Wolfson, “Las Reformas a la Política Comercial e Industrial en los Países en Desarrollo: Una Revisión de las Teorías y Datos Recientes”, en Desarrollo Económico, Vol. 35, No. 138, 1995, pp. 179 - 225.

② P. Moncarz, M. Olarreaga, and M. Vaillant, “Regionalism as Industrial Policy: Evidence from MERCOSUR”, *Review of Development Economics*, Vol. 20, No. 1, 2016, pp. 359 - 373.

③ J. Blázquez - Lidoy, J. Rodríguez, and J. Santiso, “Angel or Devil? China's Trade Impact on Latin American Emerging Markets” in J. Santiso (ed.), *The Visible Hand of China in Latin America*, OECD Publishing, 2007, pp. 410 - 438.

“去工业化”或者制造业的“空洞化”[①]，以及阿根廷农业“大豆化”的问题[②]。此外，这一系列文献还发出警告，认为拉美本地生产商无法在国内市场上与中国产品竞争。

这种对中国崛起的担忧在后危机时期表现得更明显。一方面，中国当前发展战略的变化意味着中国制造业正在经历质变。另一方面，阿根廷和巴西等南共市国家的工业和贸易政策正在回归进口替代战略，以保护其国内市场并使生产链本地化。政策的碰撞对现有认识提出了挑战。本文将以阿根廷和巴西为例，力图勾勒中国在后危机时期对南共市制造业一体化的再影响。通过对2009年至2014年分类贸易统计数据的梳理，研究发现中国与阿根廷和巴西的不对称贸易格局持续存在，但中国对阿根廷和巴西各自造成的贸易挤出效应在下降。此外，中国与阿根廷和巴西制造业竞争力的差距在供应链上游有扩大的趋势，这将在未来深刻影响区域制造业一体化的进程。本文首先回顾中国与南共市贸易格局的主要特点；其次讨论中国、阿根廷和巴西三国在危机时期采取的工业和贸易政策的短期和长期影响；第三介绍实证研究采用的方法和数据；最后，具体分析中国对阿根廷和巴西工业制成品出口的情况，评估中国对阿根廷和巴西双边制造业贸易的直接影响，并对南共市的现在和未来进行展望。

一　中国与南方共同市场的贸易特点

与欧盟、北美自由贸易区及东盟（10+3）等其他贸易集团相比，南共市的区域内贸易强度并不高。2002年至2014年间，区域内贸易仅占南共市贸易总额的13%。而且，南共市与南美洲和中美洲其他国家的贸易增长速度非常缓慢，其份额从41%下降到26%。显而易见，南共市在21世纪更多地加深了

① R. Jenkins and A. Barbosa, “Fear for Manufacturing? China and the Future of Industry in Brazil and Latin America”, *The China Quarterly*, No. 209, 2012, pp. 59 - 81. R. Jenkins, “Chinese Competition and Brazilian Exports of Manufactures”, *Oxford Development Studies*, No. 42, 2014, pp. 395 - 418.

② A. López, D. Ramos, and G. Starobinsky, “A Study of the Impact of China's Global Expansion on Argentina: Soybean Value Chain Analysis”, in Cuadernos de Trabajo del CECHIMEX, Vol. 2, 2010, pp. 1 - 28.

与拉美以外的国家的贸易关系，其中中国扮演了一个不容忽视的角色。

出口方面，南共市对中国出口从2002年的38亿美元增长到2014年的566亿美元，使中国成为南共市仅次于美国的第二大出口市场。进口方面，南共市从中国进口总额增长了24倍，2014年达到592亿美元，中国超过欧盟15国，成为南共市最大的进口来源地。毫无疑问，中国在21世纪已经从南共市贸易版图的外围转移到了核心。但是，对于南共市而言，中国并不仅仅是除美国和欧盟之外的又一个贸易伙伴。长期以来，南共市的区域外贸易呈现以初级商品换取工业制成品的特点，但与中国的贸易往来则呈现更加不对称的态势。根据平塚①的估算，2014年中国和南共市的产业内贸易指数仅为1.7，远远低于美国（21.8）和欧盟（16.6）。这种现象直观体现为贸易产品的高度集中。根据海关HS二位编码分类，2014年南共市对中国的出口中有78.8%集中于三类商品，即HS12（油籽和油质水果）、HS26（矿石、矿渣和矿灰）、HS27（矿物燃料和油），而从中国进口的55.3%由下列三类产品构成，即HS85（电气机械设备及其零部件）、HS84（核反应堆、锅炉和机械设备）、HS29（有机化学品）。

表2.3 2014年南共市与其主要贸易伙伴的结构比较

地区	产业内贸易指数	产品集中度（%）		中高端技术密集型产品进出口净额（亿美元）	
		CX3	CM3	2001	2014
南方共同市场	37	48.2	45.7	0.05	-0.11
美国	21.8	38.4	47.6	-34.4	-101.2
欧盟	16.6	36.2	40.3	-86.4	-243.7
中国	1.7	78.8	55.3	-9.6	-296.9

资料来源：C. Hiratuka, "Impactos de China Sobre el Proceso de Integración Regional de Mercosur", in E. D. Peters (ed.), La Nueva Relación de América Latina y el Caribe con China: ¿Integración o Desintegración Regional? Centro De Estudios China - Mexico, 2016.

在此背景下观察中国对南共市贸易一体化和工业化的影响，形成了两种相

① C. Hiratuka, "Impactos de China Sobre el Proceso de Integración Regional de Mercosur", in E. D. Peters (ed.), La Nueva Relación de América Latina y el Caribe con China: ¿Integración o Desintegración Regional? Centro De Estudios China - Mexico, 2016, pp. 195 - 243.

反的观点。一方面，中国对包括能源在内的大宗商品以及农业和矿产原料的需求不仅在数量上扩大了此类产品的出口额，而且也改善了贸易条件指数。对中国出口成为拉美国家的一个积极增长点[①]，使南共市成员国在保持较高增长率的同时，有能力更好地推行宏观经济政策。因此，中国构成了全球金融危机之前阿根廷和巴西制造业复苏的有利外部条件的一部分。另一方面，中国打破了南共市构造的限制外部竞争的并不完美的壁垒。中高端技术密集型产品带动的中国出口转化为南共市在这一领域对中国赤字的惊人增长。从 2001 年到 2014 年，赤字增长了 31 倍，达到 297 亿美元，成为其复杂工业品赤字最大的来源。考虑到区域市场对南共市成员国制造业贸易的重要性[②]，中国制造业出口的增长至少部分挤占了南共市成员国的市场份额[③]。从这个意义上说，南共市制造业竞争力的不足被放大，并对区域制造业一体化构成压力。

需要指出的是，将中国对南共市的整体影响仅仅看作是出口收益与进口损失之间的平衡是一种过于简单的理解。莱德曼等人就指出从中国进口更便宜的技术密集型产品可以提高进口国的经济效率。[④] 相反，詹金斯等则强调以自然资源密集型商品为主导的对华出口会诱致“去工业化”，削弱出口国工业部门中长期的竞争力。[⑤] 由于贸易效应的复杂性，中国对南共市一体化和工业化的影响并不是静态不变的，而是取决于贸易结构、贸易和产业政策以及相关国家的国家能力的一个动态的变化过程。后者会随着时间的推移和外部环境的挑战发生改变，其中 2008 年全球金融危机就是这样一个加速动态变化的突发性事件。

---

① A. C. Vianna, “The Impact of Exports to China on Latin American Growth”, *Journal of Asian Economics*, Vol. 47, 2016, pp. 58 - 66.

② 2014 年，约 1/3 的制造业出口集中在南共市内部。如果制成品是中高技术密集型产品，份额可能会更高。

③ 通过恒定市场份额分析，中国在 2001 年至 2014 年期间共从南共市成员国手中抢夺了 34% 的区域市场份额。在国家层面上，巴西是最大的输家（62%），其次是乌拉圭（41%）、巴拉圭（22%）和阿根廷（20%）。参见 C. Hiratuka, “Impactos de China Sobre el Proceso de Integración Regional de Mercosur”, in E. D. Peters (ed.), La Nueva Relación de América Latina y el Caribe con China: ¿Integración o Desintegración Regional?, Centro De Estudios China - Mexico, 2016, pp. 233 - 234.

④ D. Lederman, M. Olarreaga, and I. Solaga, “The Growth of China and India in World Trade: Opportunity or Threat for Latin America and the Caribbean?”, in D. Lederman et al. (ed.), *China's and India's Challenge to Latin America: Opportunity or Threat?* Washington DC.: The World Bank, 2009, pp. 101 - 120.

⑤ R. Jenkins, E. D. Peters, and M. M. Moreira, “The Impact of China on Latin America and the Caribbean”, *World Development*, Vol. 36, No. 2, 2008, pp. 235 - 253.

二 危机期间的政策取向和冲突

2008 年的金融危机改变了全球经济环境，并对中国以及阿根廷和巴西这两个主要的南共市经济体的工业和贸易政策产生了短期和长期的影响。对中国而言，贸易流量在 2008 年年底出现了崩塌。总体而言，2008 年至 2009 年间，中国的商品进出口总额分别下降了 16.0% 和 11.1%。对阿根廷和巴西而言，冲击更明显地体现在区内贸易上。阿根廷和巴西双边贸易在 2008 年年底减速，并在 2009 年前几个月进入断崖式下跌。2009 年 1 月，阿根廷出口额比上年下降 51%，这是自 2001 年汇率危机以来阿根廷对巴出口首次遭受重创。巴西的工业活动则迅速失速，7 年多来第一次出现贸易赤字。

为了缓解危机冲击，中国、巴西和阿根廷三国都采取了扩张性财政措施来维持国内的经济增长。在中国，2008 年实施了 4 万亿人民币规模的财政刺激方案，危机前坚持的“稳健的财政政策和紧缩的货币政策”被“积极的财政政策和适度宽松的货币政策”取而代之。[①] 阿根廷于 2008 年至 2010 年期间共投放了 917 亿比索，其中 74% 用于资助 2009 年的大型基础设施计划。[②] 至于巴西，过去着重加强国际竞争力和刺激出口的政策被维持（和保护）国内需求所取代。2008 年启动的“生产发展政策”的初衷在于产业结构调整，但在危机期间转变为一系列为国有大型企业如巴西石油公司（Petrobas）提供融资的反周期措施。[③] 在贸易政策方面，自 2008 年下半年以来，中国出现了政策转向，放松了此前较为严格的贸易政策。出口退税率在 2008 年中期至 2009 年中期的一年间上调了六次，覆盖面遍及纺织、服装、钢铁、有色金属、石化等各个重点行业[④]。与中国采取的鼓励出口的措施相反，阿根廷则以防御的姿态

---

① C. Y. Luo and J. Zhang, “China Trade Policy Review: A Political Economy Approach”, *The World Economy*, Vol. 33, No. 11, 2010, pp. 1390 - 1413.

② IILS, “Case Study of Past Crises - Lessons Learned from Argentina”, *EC - IILS Joint Discussion Paper*, No. 3, 2011, p. 5.

③ S. E. M. C. De Oliveria, “Brazil in the Twenty-First-Century International Trade: Challenges and Opportunities”, in A. Macek (ed.), *International Trade - On the Brink of Change*, *in Tech*, 2017, p. 67.

④ J. Gourdon, S. Monjon, and S. Poncet, “Trade Policy and Industrial Policy in China: What Motivates Public Authorities to Apply Restrictions on Exports?”, *China Economic Review*, Vol. 40, 2016, p. 107.

来保护国内市场。由于巴西的卢拉政府最初反对过多使用保护主义措施，阿根廷单方面丰富了政策工具以便精准控制特殊产品的进出口。这些手段包括自动和非自动进出口许可证、VER 协议、标准值、反倾销税和进出口平价协议。①这些反危机措施取得了明显成效。到 2010 年，中国、阿根廷和巴西三国的进出口从 2008—2009 年的衰退中强力反弹，国内生产总值增长率分别达到 10.6%、10.1%和 7.5%。但三国的政策导向在此之后出现分化。

一方面，中国政府认为全球金融危机是加速体制改革的动力。2010 年，中国政府减少了对劳动和能源密集型产品出口的政策支持，取消了钢铁、有色金属、加工材料、银粉、淀粉、乙醇、农药、医药化工产品、塑料制品、橡胶制品和玻璃制品等产品的出口退税。② 另外，财政和货币政策再次收紧，官方对 2011 年 GDP 增长率的预期降至 7.5%。中国“十二五”规划（2011—2015 年）进一步明确要以内需和创新推动中国经济发展。研发支出的 GDP 占比提高到 2.2%，以促进新兴战略性产业的发展。③ 因此，中国的贸易结构在后危机时期继续向价值链上游攀升，并出口更多以国内投入为基础的高科技产品。

另一方面，由于贸易条件恶化，信贷紧缩持续以及通胀压力加大，自 2011 年以来，阿根廷和巴西的宏观经济形势变得更为恶劣。“临时性”的贸易救济措施难以退出。例如，克里斯蒂娜·基什内尔开始第二任期之后，实施了更严格的非自动进口许可证制度，并提高了大豆的出口税收以获取更多的财政收入。④ 巴西日益增长的保护主义立场也变得更加清晰。在迪尔玛·罗塞夫第一任期时（2011—2016 年），巴西的贸易和产业政策出现了全方位的带有保护主义色彩的调整。首先，巴西通过与贸易有关的政策更加积极地保护其国内市场。2011 年 9 月，巴西向南共市成员提出建议，允许各自对特定消费品临时增加高于共同对外关税的国家关税，以保护当地生产者对抗地区外进口的竞

① D. Dalle and F. Lavopa, “In Case of Fire, Break the Glass: Argentina's Border Emergency-Kit in Times of Global Crisis”, in S. J. Evenett (ed.), *Managed Exports and the Recovery of World Trade: The 7th GTA Report*, 2010, pp. 54 - 56.

② J. Gourdon, S. Monjon, and S. Poncet, “Trade Policy and Industrial Policy in China: What Motivates Public Authorities to Apply Restrictions on Exports?”, *China Economic Review*, Vol. 40, 2016, p. 107.

③ 新兴战略性产业包括节能环保产业、新一代 IT 产业、生物产业、高端装备制造业、新能源产业、新材料产业和新能源汽车产业。根据“十二五”规划，到 2015 年，其国内生产总值将达到 GDP 的 8%。

④ A. Gallo, “Trade Policy and Protectionism in Argentina”, *Economic Affairs*, Vol. 32, No. 1, 2012, pp. 55 - 59.

争。同时，巴西还采取了其他手段来平抑进口需求，其中包括取消关税折扣和重新引入非自动进口许可。[①] 此外，巴西在 2011 年至 2015 年间共实施了 152 项贸易救济措施，成为该领域的“世界冠军”。[②] 更为重要的是，罗赛夫政府的产业政策带有鲜明的进口替代性色彩。所谓的“大巴西计划”（2011—2014 年）更多地体现在对巴西本土工业的保护上，比如政府采购优先选择本土供应商，并给予那些愿意培育当地供应链的企业更多的制度激励。[③]

综上所述，在全球金融危机的余波下，一方面，中国经济的绝对增长速度放缓，表现为对发展质量的追求。同时中国开始放弃对低附加值产品出口的政策支持，转而鼓励技术密集型产品尤其是工业零部件的出口。另一方面，阿根廷和巴西贸易保护主义抬头，进口替代战略复苏。三国经贸政策的同时改变意味着中国与南共市双边贸易的黄金时代业已结束，而中国产业升级的努力与阿根廷和巴西制造业内部化和本地化的政策取向可能会产生利益冲突。接下来，本文将通过对 2009—2014 年三边贸易数据的分析来观察上述理论假设在何种程度上得到了实证支持。

三　研究方法与数据

本文的分析采用标准的“恒定市场份额”模型（CMS），并沿用巴西经济学家豪尔赫·巴蒂斯塔提出的扩展模型来评估由于中国的竞争而导致的阿根廷和巴西在南共市的贸易损益[④]。

与惯常应用的“相对市场份额”模型（RMS）不同，“恒定市场份额”模型通过区分竞争力效应与产品构成效应来识别市场份额变化的主要原因。具体

---

① M. Doctor, “Brazil's New Government and Trade: An Evaluation of Policy and Performance”, *Critical Sociology*, Vol. 38, No. 6, 2012, pp. 803 - 804.

② S. E. M. C. De Oliveria, “Brazil in the Twenty-First-Century International Trade: Challenges and Opportunities”, in A. Macek (ed.), *International Trade—On the Brink of Change*, *Tech*, 2017, p. 69.

③ D. Kupfer, J. C. Ferraz, and F. S. Marques, “The Return of Industrial Policy in Brazil”, in J. E. Stiglitz and Y. F. Lin (ed.), *The Industrial Policy Revolution I*, Palgrave Macmillan UK, 2013, p. 337.

④ J. C. Batista, “Competition Between Brazil and other Exporting Countries in the US Import Market: A New Extension of Constant-Market-Shares Analysis”, in *Applied Economics*, Vol. 40, No. 19, 2008, pp. 2477 - 2487.

到中国、阿根廷和巴西之间的三边贸易，该模型可写为：

$$\Delta K_{\mathrm{H}} = K_{\mathrm{H}}^{t+1} - K_{\mathrm{H}}^{t} = \sum_{i=1}^{z}\left[\frac{X_{\mathrm{H}i}^{t}}{M_{\mathrm{U}i}^{t}} \times \left(\frac{M_{\mathrm{U}i}^{t+1}}{M_{\mathrm{U}}^{t+1}} - \frac{M_{\mathrm{U}i}^{t}}{M_{\mathrm{U}}^{t}}\right)\right] + \sum_{i=1}^{z}\left[\frac{M_{\mathrm{U}i}^{t}}{M_{\mathrm{U}}^{t}} \times \left(\frac{X_{\mathrm{H}i}^{t+1}}{M_{\mathrm{U}i}^{t+1}} - \frac{X_{\mathrm{H}i}^{t}}{M_{\mathrm{U}i}^{t}}\right)\right]$$

$$+ \sum_{i=1}^{z}\left[\left(\frac{M_{\mathrm{U}i}^{t+1}}{M_{\mathrm{U}}^{t+1}} - \frac{M_{\mathrm{U}i}^{t}}{M_{\mathrm{U}}^{t}}\right) \times \left(\frac{X_{\mathrm{H}i}^{t+1}}{M_{\mathrm{U}i}^{t+1}} - \frac{X_{\mathrm{H}i}^{t}}{M_{\mathrm{U}i}^{t}}\right)\right]$$

其中，t，$t+1$ 分别指代用于比较的两个基准年，M_{U}为 U 国的进口总额，$M_{\mathrm{U}i}$为 U 国具体商品 i 的进口额（$i=1, 2, 3, \cdots, z$），X_{H}为 H 国对 U 国的出口总额，$X_{\mathrm{H}i}$为 H 国对 U 国具体商品 i 的出口额（$i=1, 2, 3, \cdots, z$），K_{H}为 H 国在 U 国进口总额中所占的市场份额。

在整个计算过程中，如使用初始年份权重（Laspeyres 指数），上述模型将 H 国在特定国家 U 的进口总额中宏观市场份额的变化归因于以下三个效应。

（一）产品构成效应

该效应假设 H 国向 U 国出口的所有商品在其对应的单一商品市场中所占份额不变，总的宏观市场份额将如何变化。换言之，该效应反映进口方需求变化带来的外生效应。如果 H 国在初始年的出口集中在需求增长较快的商品上，那么“产品构成效应”为正；相反，如果 H 国的初始出口结构倾向于需求增长缓慢的商品，那么“产品构成效应”就为负。这个假定的初始优势或劣势将会由于竞争力效应而得到增强或削弱。

（二）竞争力效应

该效应计算 H 国在 U 国市场上的宏观份额增减在多大程度上可以归因于它在单一商品上的微观市场份额增减的总和。竞争力效应的正负表明 H 国在 U 国进口市场上与其他竞争对手相比的出口竞争力的多寡，但其本身并不一定意味着国家整体产业竞争力的上升或下降，因为 U 国对个别商品的相对进口需求会随着时间而变化，这导致了第三个效应，即相对适应效应。

（三）相对适应效应

该效应表明 H 国在多大程度上成功地使其出口结构适应了 U 国进口结构的变化。该效应的正负值和绝对值取决于产品构成效应和竞争力效应之间的相关性，如果H国的出口结构的变化速度比所有竞争对手的平均速度更快，那么“相对适应效应”就是正的。换言之，相对适应效应衡量的是H国在两个基准年份间对U国市场变化的反应能力。

需要指出的是，标准“恒定市场份额”模型不足以告诉我们一个国家对另一个国家的出口竞争力究竟造成了何种直接的影响，因此，豪尔赫·巴蒂斯塔扩展了该模型，为计算一国对另一国在第三国市场上的贸易挤出提供了可能。其基本思路为，在零和博弈中，H国在特定一国U的市场上的市场份额的增加或减少应等于其余竞争者的全部市场份额的减少或增加。因此，扩展后的模型为：

$$\Delta K_{\mathrm{H}} = \sum_{\mathrm{J} \neq \mathrm{H}}^{n} \left(\frac{X_{\mathrm{J}}^{t}}{M_{\mathrm{U}}^{t}} - \frac{X_{\mathrm{J}}^{t+1}}{M_{\mathrm{U}}^{t+1}} \right)$$

其中，t、$t+1$ 分别指代用于比较的两个基准年，J国为竞争对手，M_{U}为U国的进口额，X_{J}为J国向U国的出口额，ΔK_{H}为H国在U国的市场份额变化。扩展的CMS模型使我们能够定量估计竞争对手对H国在U国市场上的贸易挤出。这种估算既可以是宏观层面的粗略估计，也可以具体到单一产品的竞争层面。

无论是标准的还是扩展的CMS模型，都要求使用尽可能详细的贸易数据，因为分解程度不够高的数据往往将不可替换的商品置于同一个类别，从而夸大了原本并不存在的竞争。为此，我们将使用海关HS六位编码（1996版本）汇总的联合国商品交易数据（Comtrade），并且从CEPII的BACI数据库中提取相关信息。同样值得注意的是，这两种分析工具都对基准年的变化非常敏感。单一商品的市场份额不仅每年不同，而且波动性有时极大。因此，不恰当地选择参照年份不利于得出具有趋势性的解读。在后危机时代，世界贸易复苏依然不确定，市场对突发事件过度敏感，这种潜在的方法性错误变得尤为突出。为缓解这一问题，本文用较长的三年期间的平均市场份额代替单年数据。更准确地说，我们将整个2009—2014年期间分为两个三年期：一方面，2009—2011年的平均份额反映了危机对阿根廷、巴西和中国之间贸易的即时影响；另一方面，考虑到各国应对危机的政策有一个逐步实现、调整和巩固的过程，2012—2014年的平均份额代表了危机的中期影响和近期形势。为了更直观地呈现分析结果，本文还参考了经合组织的“国际标准产业分类”第三次修订版（ISIC Rev. 3）对技术强度的定义，根据技术水平对制造品进行重新分类。此外，本文还依据联合国生产阶段的大类经济类别第四次修订版（BEC Rev. 4）区分资本品、中间品和消费品。

四 分析结果

下面根据CMS模型及其扩展模型，运用上文所述来源数据，分析巴西与阿根廷的双边贸易情况、中国对巴西和阿根廷制造业的竞争力效应、中国的挤出效应变化以及在供应链中的竞争力变化。

（一）阿根廷与巴西的双边贸易

中国在后危机时期对铁矿石的进口增速固然下降，但其对农产品特别是大豆的需求依然旺盛。以美元计，中国在2012年至2014年间年均进口大豆377.5亿美元，较2009年至2011年平均增长54%。然而，面对这一市场增速，阿根廷和巴西两国采取了截然相反的政策措施。阿根廷的基什内尔政府采取歧视性出口税，希望通过提高政府的财政收入来增加政府的社会投资资金，并鼓励农民转向种植小麦和玉米等口粮作物来降低国内粮食价格。在2009—2014年期间，阿根廷的大豆出口税率为35%，小麦为23%，玉米为20%。阿根廷大豆种植面积和产量的增加在后危机时代都大幅减少。相反，巴西的卢拉政府在各级农民协作组织的压力下实施了大豆种植的自由化政策，完全开放了化肥、农药和种子的进口，以争夺中国的市场份额，扩大国内生产能力。[①] 据联合国粮农组织统计，巴西大豆种植面积从2008年的2 125万公顷增加到2014年的3 027万公顷，增长42.5%，大豆总产量从5 983万吨增长到8 576万吨。

阿根廷农业部门的“去大豆化”过程和巴西农业的“大豆化”取向意味着两国在后危机时期踏上了不同的农业专业化路径。值得深思的是，本来互补程度就很高的农产品贸易，在这一背景下，反而得到了进一步加强。在后危机时代，阿根廷和巴西之间的农产品贸易总额，包括食用油和肉制品等以农业为基础的制成品，几乎翻了一番。更重要的是，阿根廷维持并扩大了与巴西的农

① J-U. Rothacher, “The Sources for Orthodox and Heterodox Trade and Industrial Policies in Brazil”, in Revista de Economía Política, Vol. 36, No. 3, 2016, pp. 580-602.

产品贸易顺差，其中尤以小麦、麦芽和小麦面粉最为突出。

尽管如此，阿根廷对巴西的净货物贸易总额仍为赤字，并主要由工业制成品的进出口情况决定。但是，在后危机时期，特别是2011年以后，阿根廷对巴西的贸易赤字明显收窄。在此过程中，巴西对阿根廷的出口几乎没有变化，而阿根廷对巴西的出口从2009—2011年的平均111亿美元增长到2012—2014年的124亿美元，增长了12%。某些产品，尤其是载人载物的机动车辆出现贸易盈余，电信设备、发动机和家用电器类别的赤字大幅减少，导致阿根廷对巴西货物贸易赤字的持续改善。贸易赤字总额从2011年的48亿美元高峰降至2014年的3.27亿美元。巴西与阿根廷的这种双边制造业贸易的变化，在多大程度上可以理解为其各自竞争力的相对改变？这将是下节的探讨重点。

（二）制造业竞争力之争

若仅考虑工业制成品①的进口体量，阿根廷的市场要远远小于巴西市场。但在后危机时期，两国的市场都得到了不同程度的增长。阿根廷的制成品进口总额从2009年至2011年的年均494亿美元增长到2012年至2014年的年均596亿美元，增幅为21%。而巴西同时期的制成品进口总额也从1 514亿美元增长到了1 928亿美元，增幅为27%。然而，阿根廷和巴西之间的双边贸易则不那么活跃。阿根廷从巴西的进口仅从156.4亿美元增长至156.6亿美元，导致巴西在阿根廷的市场份额下降5.4个百分点。与此同时，巴西从阿根廷的进口增长了11%，但仍低于总体增长速度。2012—2014年期间，阿根廷占巴西进口制成品的6.4%，比前一个三年期下降了0.9个百分点。相比之下，中国对阿根廷和巴西的制成品出口保持强劲势头，分别增长39%和43%。中国在阿根廷的市场份额从15.4%升至17.7%，在巴西则从16.3%升至18.3%。

巴西在阿根廷市场份额的丢失可部分归结于阿根廷自身进口结构的变化，特别是中高科技产品需求增速的下降。但正如表2.4所示，产品构成效应无法充分解释中巴两国出口表现的差异。无论是中国所占市场份额的上升还是巴西所占市场份额的下滑，其背后的竞争力因素都是决定性的，尤其表现在中高科技产品门类上，中国制造业出口竞争力的增强和巴西制造业竞争力的弱化形成鲜

① 本部分中的制成品不包括与农业有关的制成品，因此只包括“国际标准产业分类”编码17至37的产品。

明对比。

表 2.4 中国与巴西在阿根廷制成品进口市场上份额变化的效应分解

	合计	产品构成效应	竞争力效应	相对适应效应
巴西	-5.4	-1.31	-4.57	0.49
中高技术产品	-2.29	-0.17	-2.35	0.23
高技术产品	-1.46	-0.67	-1.32	0.53
中国	2.34	-0.44	1.86	0.92
中高技术产品	1.44	-0.16	0.95	0.65
高技术产品	1.09	0.08	0.71	0.30

另外，阿根廷受益于巴西的进口需求变化，在中等技术强度的产品出口上实现了产品构成效应为正。但正如表 2.5 所示，这一先发优势不足以弥补其后续竞争力的丧失。相反，中国竞争力不断提高，成功地弥补了以负面产品构成效应为代表的初始劣势。竞争力再次成为左右市场份额分配的决定性因素。

表 2.5 中国与阿根廷在巴西制成品进口市场上份额变化的效应分解

	合计	产品构成效应	竞争力效应	相对适应效应
阿根廷	-0.91	0.22	-1.07	-0.07
中低技术产品	-0.46	0.17	-0.50	-0.13
中高技术产品	-0.35	0.10	-0.53	0.08
中国	2.01	-0.28	1.82	0.47
中低技术产品	0.53	-0.05	0.51	0.07
中高技术产品	1.10	-0.11	0.86	0.36

鉴于竞争力效应是影响市场份额上升或下降的关键因素，那么对不同门类产品竞争力效应的比较观察可以帮助我们初步判断一国制造业出口的主要竞争对手。比如，巴西因竞争力下降丢失的市场份额主要集中于中高技术强度和高端产品，那么对巴西形成市场挤占的竞争对手既包括中国这样处于技术和产业升级的国家，也包括美国和欧洲这样处于价值链上游的经济体。又比如，阿根廷因竞争力下降丢失的市场份额主要发生在中低和中等技术领域，那么其直接竞争对手除中国外，还包括如墨西哥和印度这样处于全球制造业价值链中下游

的新兴市场国家。

（三）中国的挤出效应相对下降

表 2. 6 是根据扩展的“恒定市场份额”模型所做的定量分析结果。结果显示，不论是阿根廷还是巴西，中国都是其市场份额下降的最大原因。此外，正如预期中的那样，对阿根廷造成市场挤占的前五个国家里包括印度和墨西哥，而巴西有 25. 3% 的市场份额被美国和德国夺走。尽管如此，对比表 2. 6 和表 2. 7 可以发现，后危机时期最大的竞争格局的转变是美国竞争力的恢复。根据我们的计算，在前危机时期（2003—2008 年），巴西因美国竞争力下降收获的市场份额，换算成同期出口价值为 4. 03 亿美元；而阿根廷相对美国的竞争收益相当于 3. 23 亿美元。美国竞争力的恢复意味着中国对阿根廷和巴西的市场挤出效应相对降低，中国在巴西市场挤占的比重从危机前的 62. 8% 降至危机后的 28. 1%；在阿根廷，则从 49. 5% 降至 29%。

表 2. 6　主要竞争对手对阿根廷和巴西的市场挤占（2009—2014 年）

阿根廷			巴西		
	价值（亿美元）	占比（%）		价值（亿美元）	占比（%）
中国	-5. 69	29. 0	中国	-9. 38	28. 1
美国	-3. 36	17. 1	美国	-6. 26	18. 7
印度	-1. 08	5. 5	德国	-2. 22	6. 7
墨西哥	-0. 30	4. 7	俄国	-2. 07	6. 2
荷兰	-0. 79	4. 0	荷兰	-1. 88	5. 6
其他	-7. 79	39. 7	其他	-11. 59	34. 7
合计	-19. 63	100	合计	-33. 41	100

表 2. 7　主要竞争对手对阿根廷和巴西的市场挤占（2003—2008 年）

阿根廷			巴西		
	价值（亿美元）	占比（%）		价值（亿美元）	占比（%）
中国	-3. 77	49. 5	中国	-9. 39	62. 8
印度	-0. 63	8. 3	俄罗斯	-0. 74	4. 9
墨西哥	-0. 53	6. 9	墨西哥	-0. 66	4. 4
智利	-0. 37	4. 9	日本	-0. 46	3. 1

续表2.7

阿根廷			巴西		
俄罗斯	-0.29	3.8	泰国	-0.43	2.9
其他	-2.03	26.6	其他	-3.28	21.9
合计	-7.63	100	合计	-14.97	100

值得指出的是，由于页岩油气革命，美国对巴西和阿根廷的市场挤占主要集中在精炼石油产品上。在阿根廷市场，将美国从巴西挤占的市场份额换算成美元，首当其冲的是航空燃料（HS271000），2.05亿美元；其次是飞机和其他航空器（HS880240），8 400万美元；杀虫剂（HS380810），1 300万美元。在巴西市场，航空燃料（HS271000）也是阿根廷的损失大项，达到2.89亿美元；其次是丙烷（HS271112），7 500万美元；除草剂（HS380830）2 300万美元；杀虫剂（HS380810），1 300万美元。由于中国的制造业优势更多体现在机械和电子产品上，中国仍然是阿根廷和巴西一些战略领域中最具竞争力的竞争对手，值得进一步分析。

（四）中间产品与竞争的新局面

在较微观的层面，表2.8汇总了HS六位编码产品分类的分项计算结果，并按技术强度和BEC标准进行了重组。两个结果值得重点探讨。第一，与表2.6列出的宏观损益估计相比，更准确的微观定量分析显示，中国对阿根廷和巴西的市场挤占要低得多，这表明中国与两国之间的直接竞争在某种程度上被夸大了。第二，中国的竞争优势不仅按技术强度有所不同，而且在供应链上主要集中于中间产品。中国对阿根廷和巴西出口的“中间化”符合中国贸易结构转型的大趋势。正如勒穆瓦纳和于纳尔所指出的那样，虽然中国在世界消费品出口中的份额在2007年至2014年之间保持稳定，资本品的份额也由18%上升到26%，但中国中间产品特别是零部件的出口，在世界市场上取得了突破性发展。①

① F. Lemoine and D. Unal, “China's Foreign Trade: A ‘New Normal’”, *China & World Economy*, Vol. 25, No. 2, 2017, p. 18.

表 2.8 按技术强度和生产过程汇总的中国商品对阿根廷和巴西的市场挤占与让渡（2009—2014） （单位：亿美元）

	资本品	中间品	消费品	其他	合计
阿根廷					
低技术	-0.01	-0.28	-0.11	0.00	-0.40
中低技术	-0.02	-0.82	-0.06	0.01	-0.89
中高技术	0.59	-1.31	-0.24	0.49	-0.46
高技术	-0.03	-0.08	0.00	0.00	-0.11
合计	0.53	-2.48	-0.40	0.50	-1.86
巴西					
低技术	0.00	-0.25	-0.20	0.00	-0.45
中低技术	-0.02	-0.37	-0.06	-0.01	-0.47
中高技术	-0.66	-1.42	-0.26	-0.05	-2.39
高技术	-0.26	-1.41	0.05	0.00	-1.62
合计	-0.94	-3.45	-0.47	-0.07	-4.93

中国自2006年以来一直是半成品的净出口国，从2007年以后则一直是零部件的净出口国。这反映出中国不再只专注于成为全球“装配工厂”，而是更积极地参与到全球供应链的上游阶段。另外，中间产品的出口能力可以更准确地反映国家技术水平，避免了由于装配作业空间积聚造成的“统计错觉”①。

两个例子可以用来说明和解释中国如何巩固中间产品的竞争力。第一个例子是信息通信技术产品方面的贸易，主要体现在巴西和中国高科技产品的竞争上。总的来说，后危机时期，巴西在办公室、会计及计算器材的竞争中胜出，但是在收音机、电视机及通信设备的竞争中输给了中国。如表2.9所示，巴西在办公室、会计及计算器材方面的竞争收益主要来自资本品。更准确地说，巴西在2003—2008年期间在数字处理部件（HS847130）和自动数据处理机器（HS847141）两个类别中因与中国竞争平均损失1 544万美元，但在2009—2014年间，该损失转化成了2 943万美元的收益。另外，计算机的输入或输出

① K. Gallagher and R. Porzecanski, *The Dragon in the Room: China and the Future of Latin American Industrialization*, Stanford University Press, 2010, pp. 71-75.

部件（HS847160）的损失也由4 252 万美元大幅下降至1 264 万美元。另外，巴西的损失绝大部分集中在通信设备的中间产品上，其中电话机、蜂窝网络或其他无线网络电话的部件（HS851790）几乎完全涵盖了中间产品的损失。

表 2.9 中国在阿根廷主要高科技产品市场上对巴西的市场挤占与让渡

（单位：亿美元）

产品类别	办公室、会计及计算器材		收音机、电视机及通信设备	
时间	2003—2008 年	2009—2014 年	2003—2008 年	2009—2014 年
资本品	-0.64 HS 847130：-0.15 HS 847141：0.00 HS 847160：-0.43	0.06 HS 847130：0.17 HS 847141：0.12 HS 847160：-0.13	-0.38	-0.28
中间品	-0.01	0.00	-0.27 HS 851790：-0.01	-1.35 HS 851790：-1.35
消费品	0.00	0.00	-0.22 HS 852812：-0.21	0.05 HS 852812：0.05

巴西在计算机领域重新获得对华竞争力主要可归因于以下三个方面：第一，自2013 年以来，阿根廷单方面将从非南共市国家进口的电子消费品的关税提高到35%，这一关税壁垒暂时提高和扭曲了区域外出口商在南共市的竞争力。第二，计算机部门长期被巴西政府确定为战略性行业，20 多年来一直受益于一系列保护和激励“幼稚工业”的措施，因此计算机和数字存储设备的生产力增长较快，构成了ICT 行业8 个子行业中唯一的亮点，其贸易赤字在2010 年至2014 年期间没有增长。① 第三，在向拉美市场的渗透中，包括中国联想在内的个人电脑市场的所有世界领先企业都没有采取组装外包的形式，这使得巴西 Positivo 等本土生产商在开发定制产品和提供本土解决方案方面具有了独特优势。②

值得注意的是，阿根廷对电脑相关产品的进口需求在后危机时期萎缩了

① E. Zylberberg, “Redefining Brazil's Role in Information and Communication Technology Global Value Chains”, in MIT-IPC Working Paper, No. 16-003, 2016, p. 12.

② B. C. Araújo and R. A. F. De Sousa, “Market Leadership in Brazil's ICT Sector: The Cases of TOTVS and Positivo”, in F. Malerba, S. Mani, and P. Adams (eds.), *The Rise to Market Leadership: New Leading Firms from Emerging Countries*, Cheltenham: Edward Elgar Publishing, 2017, pp. 176-203.

15%，而同期进口的通信设备则增长了89%。在此背景下，我们或许可以认为中国在计算机领域对巴西的市场让渡是由于其离开了“慢行道”，转而选择在需求更为旺盛的产品市场（比如智能手机）上巩固了其竞争优势的结果。中国不仅诞生了华为、小米、OPPO等生产规模庞大的手机制造商，还培育了全球平台领导者之一MediaTEK。MediaTEK公司不仅具备为手机制造芯片组的设计能力，并且凭借其开发的低成本芯片组一跃成为在中国以及其他新兴市场上不容忽视的竞争对手。[①] 相比之下，巴西通信设备本地化生产的努力不尽如人意。巴西依然需要依靠大量进口设备来改善分布稀疏且过时的移动电信网络。2014年，巴西仅通信设备一项就占到ICT贸易赤字的1/4以上。换言之，中巴两国在促进新兴产业及创新部门发展方面的差异化表现，配合阿根廷的特殊贸易体制[②]，促成了中巴之间在高科技领域竞争的新局面。

我们还可以以汽车行业的演变为例来说明中国如何通过出口中间产品进入不断增长的细分市场。阿根廷和巴西之间汽车行业的一体化可以说是南共市少数可以引以为傲的成就之一。自2002年实施“第31号议定书”以来，南共市为真正的汽车共同市场奠定了基础，为与区域外国家的贸易管理制定了共同的规则，成员之间也实行了准自由贸易计划。例如，阿根廷和巴西同意实施一致的对外关税，其中整车进口关税为35%，农业机械为14%，非本土生产的汽车零部件为2%。此外，阿根廷和巴西还就南共市内部生产的部件制订了关税协调计划。汽车共同市场的建立清楚地表明了两国实施的进口替代战略，即在对整车进口设置高关税壁垒的同时，保证一定的自由度以便进口本地产能不足的汽车零部件。

这些保护措施对区域内贸易产生了拉动效应，特别是2009年以来，全球汽车行业进行了结构性转型，新兴市场变得越来越重要。2009年至2014年间，阿根廷和巴西汽车产品双边贸易增长了19%，从年均128亿美元增长到152亿美元，远远高于总体双边贸易5%的增长率。更重要的是，自2009年以

---

① L. Brandt and E. Thun, “Going Mobile in China: Shifting Value Chains and Upgrading in the Mobile Telecom Sector”, in *International Journal of Technological Learning, Innovation and Development*, Vol. 4, Nos. 1 – 3, 2011, pp. 148 – 180.

② 虽然阿根廷自2009年以来严格限制消费品进口，但服务进口替代战略的特殊地区贸易体制仍在延续。其中一个地区是火地岛自由贸易区，进口零部件免征关税，且自由贸易区生产的货物可以免税进口到阿根廷其他地区。

来，由于市场规模和政策激励的结构性不对称，阿根廷和巴西之间出现了以产业分工为特征的双边贸易格局。一方面，阿根廷保持并扩大了对巴西组装车辆的贸易顺差；另一方面，巴西成为汽车零部件的净出口国。这种产业分工意味着阿根廷汽车产量的增长伴随着进口部件的增加，并大大有利于巴西。①

尽管如此，巴西汽车零部件部门对阿根廷相对较好的表现并不一定意味着其在国际市场上竞争力的提高。事实上，2013 年巴西汽车零部件贸易赤字达到了新的水平。“巴西汽车创新计划”（Inovar-Auto）并没有解决巴西零部件行业的长期系统性问题，即本地生产的技术含量较低，而进口项目的附加值较高。② 与此同时，中国汽车产业从规模扩张向价值增长转变，意味着汽车零部件产业一体化和国际化进程加速。汽车工业总产值中的零部件比重稳步上升，达到 40% 以上。尽管中国本土汽车零部件生产企业总体数量庞大但呈现平均规模小、整体技术落后的特点，但近年来，一些中国上市公司的净利润率已高于国际巨头。这背后是对技术升级持续投入的努力，以及随之而来的更高的生产效率和更有竞争力的价格。③ 如今，作为全球汽车及零部件生产和供应体系的关键环节，中国不仅是世界上几乎所有主要汽车零部件制造商的投资首选地，而且还是汽车轮胎、车用玻璃和音响设备的主要出口国。根据日本学者马场对近 30 种汽车零部件国际贸易的统计分析，中国汽车零部件的整体国际竞争力由 1992 年的“弱势”转为 2013 年的“稍强”；部分零部件，如汽车车身，更是发生了戏剧性的变化，由“非常弱”变成了“强势”④。

尽管中国汽车零部件产业主要是在亚洲实现了价值链上的深度整合，但中国汽车零部件出口还是在一定程度上冲击了阿根廷和巴西市场。如表 2.10 所示，一方面，中国在整车领域对阿根廷的威胁明显减弱，对阿根廷的市场让渡达到了 1.3 亿美元。另一方面，中国对阿根廷和巴西的市场挤占几乎全部集中

---

① I. Pelicaric, “Evolución Reciente del Contenido Importado en la Producción Automotriz Argentina”, in Revista Argentina de Investigación en Negocios, Vol. 3, No. 1, 2017, p. 115.

② N. L. Palmeri, O. Vendrametto, and J. G. M. Dos Reis, “Development of the Auto Parts Industry in Brazil”, in IFIP International Conference on Advances in Production Management Systems, Springer, 2014, pp. 505 – 512.

③ Deloitte, Gaining Momentum: Recent Trends in China's Automobile Parts Market, 2011. https://www.deloitte.com/content/dam/Deloitte/cn/Documents/manufacturing/deloitte-cn-mfg-gaining-momentum-en-161111.pdf. 检索时间：2017 年 11 月 5 日。

④ T. Baba, “Changes in International Competition Regarding Auto-Parts in China, Korea, and Japan”, *Journal of International Economic Studies*, Vol. 30, 2016, pp. 27 – 40.

在中间产品，合计达到 9771 万美元。

表 2.10　中国在汽车及交通运输设备产品上对阿根廷和巴西的市场挤占与让渡

（单位：亿美元）

国家	阿根廷		巴西	
时间	2003—2008 年	2009—2014 年	2003—2008 年	2009—2014 年
资本品	0.01 HS 870431：-0.01	0.81 HS 870431：0.87	0.00	-0.01
中间品	-0.11	-0.54	-0.16	-0.43
消费品	0.00	0.00	-0.73 HS 871120：-0.72	0.04 HS 871120：0.02 HS 871130：0.02
其他	-0.01 HS 870321：-0.01	0.49 HS 870321：0.08 HS 870322：0.29 HS 870323：0.12	-0.15	-0.05

上述信息通信技术产品和汽车行业两个例子都勾勒出这样一种趋势，即中国制造业的竞争力不再仅仅体现在各产业供应链的下游，以最终产品的形式争夺消费者和客户，而是更明显地扩展到供应链的中上游，以更高附加值的中间产品嵌入南共市制造产业链中。对于阿根廷和巴西制造业的一体化和竞争力的提高而言，中国制造业在价值量上的攀升既可能是福音也可能是噩耗，其结果取决于区域层面和国家层面的政策调整。

五　结语

2008 年世界金融危机发生以来，中国、阿根廷和巴西都展现出对抗危机短期影响的能力，但危机的长期后果和不同的宏观经济形势决定了三国初期实施的应急措施的退出机制不尽相同。在中国，反周期性措施得以较快纠正，危机前业已启动的结构性改革方案得到延续。相反，阿根廷和巴西的保护主义措施和进口替代政策得到了加强。中国经济"新常态"预计将更多地依靠国内消费和技术创新，从而对阿根廷和巴西的制造业恢复产生一定的影响。

首先，中国消费品进口需求虽然快速增长，但基本上集中于高端奢侈品，这在很大程度上惠及发达国家。2014 年，中国进口的消费品中有 67% 属于高端产品，80% 的消费品是从发达国家进口的。① 因此，中国目前的消费转型尚不足以改变其与阿根廷和巴西的基本贸易格局，中国从两国进口的大部分商品仍是农业和矿产类大宗商品。与此同时，中国为了降低产能，限制能源和劳动密集型产业的进一步增长，致力于技术密集型产业的发展，加大了向阿根廷和巴西出口中间产品的力度。另外，阿根廷和巴西对区域外消费品进口的限制措施也加强了中国出口向供应链上游转移的趋势。因此，尽管中国对阿根廷和巴西的整体市场挤出效应相对减少，但在复杂中间产品领域的竞争却日趋激烈。

其次，这一新竞争局面对两国制造业的影响并不相同。鉴于巴西是南共市唯一一个拥有完整的上下游产业体系的国家，中国制造的中间产品的渗透给巴西带来的挑战要远甚于阿根廷。这种差异性凸显了困扰南共市一体化的两个内部问题，即持续的结构不对称和政策协调性的不足。南方共同市场的建立从一开始就不是为了满足企业家降低跨境交易成本的需求，而是由国家主导的实现区域工业化的政治企图。这种由国家主导的一体化进程并不一定会失败，但是需要超越国家主体的制度建设，以便协调国家之间可能存在的结构性和管理性不对称。否则，区域整合可能会加剧现有的不对称性，并在成员国之间产生贸易紧张，从而阻碍一体化的过程。② 不幸的是，正如贝尔和席尔瓦所论述的，“历史上，国家利益冲突对拉美国家之间互惠协议产生有害影响的现象屡见不鲜，如今，这一现象仍然存在”③。危机期间，国家利益往往凌驾于共同规则之上，在现实层面具体表现为区域内的非关税壁垒和对共同对外关税的偏离。这进一步削弱了本已薄弱的超国家制度。④

第三，全球金融危机为南共市成员国采取更为孤立的产业政策提供了合理性。阿根廷和巴西的产业政策本质上是保守的，并具有明显的路径依赖特点，

---

① F. Lemoine and D. Unal, “China's Foreign Trade: A ‘New Normal’”, *China & World Economy*, Vol. 25, No. 2, 2017, pp. 13 - 15.

② M. Bekerman, and G. Dalmasso, “Políticas Económicas y Asimetrías Productivas en Argentina y Brasil. ? Cómo Estamos Hoy”, en Documento de Trabajo CENES, No. 20, 2010. http://home.econ.uba.ar/economicas/sites/default/files/CENES20.pdf. 检索时间：2017 年 11 月 5 日。

③ W. Baer and P. Silva, “Mercosul: Its Successes and Failures During its First Two Decades”, in *Latin American Business Review*, Vol. 15, Nos. 3 - 4, 2014, p. 195.

④ BID, Informe MERCOSUR, No. 17, Buenos Aires: IDB - INTAL, 2013.

而非像它们自诩的那样具有“前瞻性”。比如巴西实施的产业政策，从结果上看，不过是更多地补贴了传统和低技术产业部门，对新的创新部门并未给予过多的支持。[①] 在此背景下，其他国家的技术突破往往会以一种极端的方式削弱南共市成员国的国际竞争力。最明显的例子就是美国的页岩油气革命，不仅使美国的油气企业重新在阿根廷和巴西占领了市场，而且使后者为巩固自身油气行业竞争力所做的努力烟消云散。

最后，产业政策效率低下的背后是进口替代战略与按照全球价值链进行分散化组织的生产方式之间的冲突。进口替代战略并不一定与以全球价值链为导向的贸易政策不相容，关键是要简化国外生产要素和中间产品进入国内市场的机制，并积极寻求打开主要国外市场的出口优惠条件。然而，巴西和阿根廷领导的南共市不仅追求重点产业链的完全本土化，而且还以共同市场为出发点与欧盟和美国展开了冗长的多边贸易谈判。对对等互利原则和多边主义的坚持限制了南共市成员国的经济开放度，也推迟了对全球价值链的深度融合。相反，包括中国在内的亚洲国家，则通过双边谈判较早地取得了向欧美市场出口的优惠条件。目前，以英国退欧和特朗普就任美国总统为标志的反全球化保护主义，意味着南共市短期内实现多边贸易谈判突破的可能性较低。从这个意义上来说，在目前南共市的制度安排下赋予成员国更大的经贸政策的灵活性可能是一个更好的选择。如果这种政策调整成真，那么围绕中国制造业渗透的争论和判断，将更多地取决于南共市成员国各自的政策取向，以及双边贸易、投资和合作协定的谈判与落实。

---

① Y. Kasahara, and A. J. J. Botelho, "Catching up and Falling Behind: An Appraisal of Brazilian Industrial Policy in the Twenty-First Century", *European Review of Latin American and Caribbean Studies/Revista Europea de Estudios Latinoamericanos y del Caribe*, No. 101, 2016, pp. 97 – 109.

可持续发展视角下的中国与阿根廷地方合作新机遇[①]

千年发展目标是联合国组织成员共同商定的目标，也是联合国新颁布的2030年可持续发展目标的起点。虽然拉丁美洲地区就这一发展目标取得了一些成就，但在基础设施建设和可持续发展方面还有很长的路要走。本部分旨在论述中国在实现千年发展目标和可持续发展规划中所具备的能力和采取的措施，以及中国思想在制定发展战略中的重要性。此外，阿根廷政府是否能依据在可持续发展方面总结出来的经验，从地方政府出发，在国家和地方层面上制定发展规划的可能性也是本部分的主要议题之一。

毫无疑问，在地理范围、人口数量上的优势，以及近几十年来经济上的飞速增长，使得中国的影响力超越了地域范围，逐渐在全球经济发展中发挥主导作用。然而，中国仍然是一个落后于发达国家的发展中国家。如果考虑人均国内生产总值（世界排名第91位）、人类发展指数（世界排名第101位）和人均温室气体排放量水平（世界排名第84位）等指标，中国甚至还处在中下等水平，落后于其他一些发展中国家。但这一因素绝不会限制我们对这个国家进

① 作者：米格尔·阿尔弗雷多·贝略索（Miguel Alfredo Velloso），阿根廷驻上海前总领事、阿根廷国际关系理事会成员、国家外事服务学院教授；纳迪亚·拉杜洛维奇（Nadia Radulovich），国际关系专业博士生，阿根廷国际关系理事会中国和东南亚工作组成员。

行观察和研究，相反，我们以它为切入点来分析中国是如何通过大型公共和私人投资在消除贫困和饥饿、城市化治理、基础设施建设方面取得了如此显著的进步的，而如此巨大的社会进步同样囊括了中国广袤土地上的众多少数民族。最后，基于每个国家不同的特征，文章将从阿根廷可持续发展议程以及截至2017年7月各国发布的《可持续发展议程国家自愿报告书》中提到的战略规划、措施和成果的视角，探讨中国和拉丁美洲在地方层面上实现可持续发展目标合作的可能性。

一　全球可持续发展议程及目标

全球化带来的最可期的一点在于，具有多极性的世界各国能够凝聚在一起，形成一个以人道主义利益为核心的新兴秩序。随着联合国的战略规划不断被强调，新的挑战也应运而生。各国采取积极行动，而不同国家的经验也在为当前挑战提供新的答案。当今快速发展的媒体和社交网络孕育出了一种良性的、充满生机的合作方式，虽然到目前为止该方式起到何种作用仍未探究清楚，但它的确通过地区层面的合作达到了全球层面的融通。毋庸置疑，2000年9月联合国千年首脑会议上所提出的以期在2015年取得相应成果的全球发展议程，在很大程度上取代了之前发达国家间推行的“双边援助”。国与国可通过交流、整合各自的经验来实现国家目标和联合国拟定的目标。出于预算层面的考虑，该发展议程执行的优先权由负责设计和执行国家计划的高层机构掌握。各国结合自身国情所拟定的提案、项目及倡议由国家统计系统（SEN）整合，使得这些工具能够被国家政策制定者有效利用，最终达成千年首脑会议上所承诺的目标。国际对于2015年既定目标中各国所取得的成就感到乐观，这也促使国际社会加倍努力，深度探索新提案的可能性，并在执行和实施过程中注入新兴动力，其中就包括通过公私合营来最大限度调动私营部门的积极性。

因此，2015年9月的联合国大会上全体成员一致通过了一项新的议程，该议程聚焦于2016至2030年发展区间。可持续发展目标也反映在这一旨在面向人类、地球和共同繁荣的2030年行动规划中：“我们认识到，消除包括极端贫困在内的一切形式和规模的贫困是世界面临的一个巨大挑战，也是可持续发展的基本要求。”① 该议程围绕五个轴心，即俗称的“五 P”②：人本、地球、繁荣、和平与伙伴关系五位一体。其包含一套涉及 17 个领域 169 个具体问题的可持续发展目标，这些发展目标具有普遍性，并且综合了可持续发展的三个维度——社会、经济和环境。落实可持续发展目标需要国际社会的资源和共同努力，而对该目标的检验必须通过 232 个基准指标来实现，因此统计机构将在确定优先事项和进展方面发挥决定性作用。

与千年发展目标不同的是，这一新举措侧重于经济增长以及人本安全，强调社会包容和环境保护。巨大的挑战导致私营部门不得不发挥更大作用，同政府部门一起，承担更多的参与角色，分担工作和责任。联合国前秘书长潘基文曾提道：“各国政府、国际社会、民间组织以及私营部门的协调努力将为全世界人民点亮新的希望和机遇。”③

在以可持续发展为核心的新形势下，需要特别强调“社会”在该进程下的核心作用。因为要达成最终目标，市级和省级的行动是迈出的第一步。因此，在不损害国家利益的前提下，在当今同不发达斗争、争取机会平等的行动中，新的执行角色应运而生，它们可直接接触目标对象以达到最好的效果。现如今可持续发展战略的最终目标已不再是减轻贫困，而是根除贫困。这一目标只有通过所有参与人共同努力才可实现，而民间力量的参与显得尤为重要。

“从地区出发”，这一理念将在未来发展规划中起到更深远的作用。随着国际关系的不断深化，如地方政府、非政府组织及企业这样的非国家层面的组织和机构扮演着越发重要的角色。这样的转变也迎合了“地球村”的发展趋势。可以看到的是，信息技术的全球化扩张使得我们能够分享、交流、学习来自距离相隔甚远的别国经验，促使彼此参与各种议题，不光是政治和经济，也包括科学和应用技术等诸多领域。如此迅速的发展给关于社会、个人和集体利益的决策带来了巨大的影响。正如马努埃尔·罗德里格斯·夸德罗斯（Manuel Rodríguez Cuadros）在他的文章《外交与分权化合作：区域发展与可治理性的工具》中所提出的，通过以下三个社会进程可以实现最大限度的发展动力——全球化、民族化和区域化。“一方面，世界经济的非国界化趋势日益明

① 联合国大会于 2015 年 9 月 25 日通过的决议。

② Planet, People, Prosperity, Peace, Partnership.

③ Ban Ki Moon, “Prólogo”, Objetivos de Desarrollo del Milenio Informe de 2014, Naciones Unidas, p. 3 http://www.un.org/es/millenniumgoals/pdf/mdg-report-2014-spanish.pdf.

显，与此同时，基于国家间的新竞争，确立国家主权和领土会被愈发强调。国际化一方面促进了生产行为、货币流通和消费的全球化，但同时也推动了民族、地区和文化认同的加强。"① 其次，现代化促使国家对其内部区域以及地方作用进行重新审视，进而促进了新兴制度的产生，正是这些制度推动了区域、地方和非政府组织在国际政治、国际谈判，以及投资、贸易与合作中参与度的提升。区域化进一步发展意味着范围更广的集体认同，意味着更广阔的多制度体系，将推动邻国之间前所未有的合作形式。可以认为，我们目前正处于重新审视地区及地域作用的过程之中，甚至还处在超国家区域化的发展进程中，如欧盟的形成。长久以来，历史上从未有过任何时期，世界各区域的身份认同、经济发展，以及区域间、地方间合作像当今一样得到如此深刻的强化。这也是全球化的最佳佐证。乔恩·诺格（Joan Nogué）针对这一议题进行了反思："……当今全球化势必导致关于'全球'还是'地区'的激烈辩论……我们正面临着的是，如何在前所未有的全球化形势下看待地区的作用……全球化进程下社会、文化、政治、经济等环境中产生的一些现象给人们带来了心理上安全感的缺失，导致人们逐渐趋于逆全球化而回归地区主义。"② 这一趋势促进了"准外交""后外交"或民间外交的兴起。这一转变正在逐渐改变只有主权国家才是国际政治唯一参与者的模式。通过重新审视公共利益、重视社会发展、注重人权，可以实现加速减贫、优化公共政策和提高社会凝聚力的三重目标。此外，还包括加强民主机制，使民主在国家、区域和地方层面的代表性及同市民政治生活的关联性上得到更好的体现。

上文提及的多边外交领域和分权合作主要体现在以下三个基本方面：①地方政府之间的外交关系，尤其是机构间外交；②地方政府之间的分权合作与实践交流，尤其在公平和可持续发展及管理方面；③地方政府参与制定次区域一体化、边界地区一体化及其他联合国框架下的规划，并且，以发展和对外政策为目标的供需双方的合作将越来越多。

对于拉美地区而言，目前摆在其面前的巨大挑战在于推动拉美地区次国家机构和组织（区域、省、市、部门等）同那些在千年发展议程以及可持续发

① Rodríguez Cuadros, M., Diplomaciay cooperación descentralizada: un instrumento para el desarrollo y la gobernabilidad de las regiones.

② Joan Nogué, Nacionalismo y territorio, Editorial Milenio, Lleida, 1998, p. 117.

展议程中表现出色的国家对接，汲取他们的成功经验。

二　中国可持续发展目标

作为拥有世界人口近五分之一的大国，中国已经实现了千年发展目标中最重要的一个：赤贫人口占比从60%减至12%，4亿人口摆脱了赤贫状况。联合国前秘书长潘基文一再强调中国对全球实现千年发展目标做出的巨大贡献，指出中国已成为全球反贫困的典范，并且邀请中国与其他发展中国家分享经验。同样，联合国开发计划署署长海伦·克拉克（Helen Clark）赞扬道："中国在预定日期前就已实现了诸多千年发展目标，这对全球千年发展目标的完成做出了重大贡献。"①

毫无疑问，对于一个人口众多、城乡差距甚大的发展中国家来说，取得这样的成绩并不容易。自2004年以来，中国粮食产量连续11年保持增长，利用不足世界耕地面积10%的土地，保证了近20%世界人口的粮食供给。此外，在健康（妇幼保健、疫病防疫等）和饮水安全方面也取得了显著进步，尤其在农村地区更为明显。教育方面，中国将其视为国家可持续发展的基础，全面贯彻落实了城乡九年义务教育政策。自2008年以来，中国小学净入学率一直保持在99%以上。此外，中国贫困人口从1990年的6.89亿下降到2011年的2.5亿。中国在性别平等和环境保护方面取得的成绩也不容忽视。据统计，到2013年，5岁以下儿童的死亡率从以前的61‰降至12‰；孕产妇死亡率从1990年的10万分之88.8，下降到2013年的10万分之23.2。环境保护方面，2000—2013年，中国政府人工造林面积已达6089万公顷，森林覆盖率从18.21%上升到21.63%，林木蓄积量从124.56亿立方米增加到151.37亿立方米②。2000—2014年，中国从世界第六大经济体跃升到第二大经济体，人均国内生产总值从955美元增至7 595美元。

如此巨大的成就背后所采用的方法和措施值得大家关注。但另一个值得研

---

① Gu Zhenqiu, Satisfactoria hoja de respuestas de China ante Objetivos del Milenio de ONU, CriOnline, 17-09-2015, http://espanol.cri.cn/782/2015/09/17/1s362569.htm.

② 数据来自 China Today, Por un crecimiento sostenible, 13-10-2015, http://www.chinatoday.mx/eco/analys/content/2015-10/13/content_706111.htm.

究的方面在于中国是如何应对第八项千年发展目标，即“全球合作促进发展”的。中国提出，将在经济、政治及社会层面推动国际秩序的重新构建。近几十年来，中国通过积极参与南南合作和对超过120个发展中国家进行合作与援助，努力实现千年发展目标，寻求不同于构建在“中心—外围”基础上的西方援助主义的东方发展之道。追溯历史，在17世纪欧洲建立威斯特伐利亚体系之前，“中国中心主义”便在远东盛行，它确立了以“中心帝国”为核心的国际关系等级体系。然而，随着全球经济的扩张和发展，当今格局赋予了这一理念新的含义。2016年的二十国集团峰会期间，中国宣布寻求建立一个“创新、有活力、相互联系、包容的全球化经济”，探索促进发展和体制改革的新途径。这一愿景必然也是国际社会的愿景：国家之间实现经济和交流、互联互通，以此改善经济和财政制度，通过消除不平等和不平衡，确保所有国家都能实现经济增长。据中国领导人所说，这一愿景可以用四个关键词来概括：希望、创新、互联、包容。从中国的角度来看，其创新，作为全球可持续经济增长的奠基石，将有助于建立一个崭新的全球体系。关于包容，中国出台了“一带一路”倡议，力求建立亚欧非经济互联网，加强国与国之间的联系与合作。2014年10月，中国国家主席习近平提出设立亚洲基础设施投资银行，旨在支持基础设施建设，促进亚洲区域的建设互联互通化和经济一体化。习近平主席强调：“在中国，我们有一句话老话‘要想富，先修路’。我认为这是对基础设施建设之于经济发展重要性的生动描述。”① 就这方面而言，中国成功履行了其诺言，为世界经济发展做出了重要贡献。新丝绸之路这一发展战略不仅促进了公路网络的建设，而且还推动了城市基础设施建设，创造就业机会，提升社会包容性，获得安全有保障的能源及饮用水，促进技术创新和其他可持续发展目标的实现。为响应2030年可持续发展议程，2016年中国在二十国集团背景下制订了自己的“2030年可持续发展行动计划”，这一计划涉及基础设施和投资部门、粮食安全、人力资源和就业、能源、通讯、全球卫生等多个领域。中国共产党第十八次全国代表大会提出到2020年消除农村贫困人口的目标。根据国务院2017年8月29日发布的报告，2012—2016年，中国每年有1 391万人脱贫。此外，农村贫困人口人均年收入每年增长10.7%。基于一系列实践经验和丰富成果，中国政府认为书写历史新篇章的时机已经到来。

---

① 习近平在“筹建亚洲基础设施投资银行备忘录签署仪式”上的讲话，2014年10月24日。

三 中国对外关系

拉美经委会指出："过去二十年来，世界经济的重心发生了从经合组织经济体到新兴经济体的偏移，这种现象被认为是全球资产重置。"① 大量文献和相关研究将目光聚焦在一个有规划、务实的经济结构上——社会主义市场经济，同时它也是开放市场的践行者，实现了在最短时间内的规模最大的社会经济转型。然而，随着中国在全球范围内的经济扩张，其在国际事务中承担的责任也越来越重。中国学者尝试从东方视角看待问题，这些观点和西方国际关系理论形成鲜明对比。

中国高层领导在处理问题时，尤其是面对国际事件，经常会提到"天下体系"。"天下"由中国社科院哲学研究所学者赵汀阳提出，他强调中国文化实质上包含了自由民主在内的现代社会的所有要素。西方对于政治文化的观点现已不适用于新秩序世界，因为它的理论基础是17世纪建立的威斯特伐利亚体系中的"民族国家"。西班牙学者曼努埃尔·蒙托比奥（Manuel Montobbio）在其论文中提到②，第一个方面，中国政治观将"世界"定义为最高的政治单位，这与止步于民族国家概念的西方观点有所不同。同时，中国强调"家—国—天下"这样的等级结构，所有中国民众将它视为一种共识，甚至是一种情怀，他们一致认为这是一个可以维护世界秩序的全球性、普适性的政治体系。第二个方面，"天下体系"意味着包容世界上的所有人民和所有土地，没有一个人或一个事物会被视为外来者或是异教徒。理论上讲，建立在天下体系上的治理是面向所有人的，其中心思想就是从建立、完善每个人的家庭着手逐渐构建世界，最终把世界变成所有人的家。换句话说，正是其包容的特性使这一体系逐渐走向世界。第三个方面，赵汀阳强调"世界政府"的重要性，它可以成为能够兼顾全人类福祉的最高级别政治实体和权威机构。西方理论中常出现的民族国家只是国际体系中的一个组成部分而已，应当要依赖于一个更高

① CDE/CEPAL/CAF, Perspectivas económicas de América Latina 2016: Hacia una nueva asociación con China, p. 3.

② M. Montobbio, El ascenso global de China y la reconfiguración de la Teoría de las Relaciones Internacionales, Real Instituto Elcano, 4 de abril 2017.

层面的世界秩序。他认为，大多数西方国际关系理论所秉持的“国际性”，并不是一个完整的世界秩序思想体系。因此，用“世界性”或许能更好地诠释这一新理念，较于前者，它涵盖了“国家利益”，涉及的范围更广。第四个方面，“天下体系”意味着一个“不称霸”的和谐合作的世界体系。因此，这一概念时常出现在中国和平崛起或和平发展的外交政策上。① 中国在世界秩序上坚持认为，没有和平就没有平衡；没有平衡，就不会有稳定；没有稳定，就不可能有经济增长。从这一理论出发所实现的和谐与稳定是从内部向外部逐渐传递的，其稳定性毋庸置疑。此外，若结合孙中山先生秉持的“天下为公”，这一新概念还可以表现在民族经济的发展和增长方面。中国是以一种世界共同体的视角，将自己置于国际体系之中的。不仅如此，中国已经将这种独特新颖的模式应用到“一带一路”中，这一新兴金融体系将替代第二次世界大战以后的金融格局。

综上所述，“天下体系”的中心思想是内在的和谐统一，力求实现：①共同利益大于个人利益。在共同体中获得的好处总是比独自行事得到的好处多。②创造出个人利益互相交织、相辅相成的和谐整体。个人获益也可以让他人获益，个人损失也会导致他人的损失。③包容不同形式的文化，拒绝任何文化凌驾于其他文化之上，实现世界和平并创造共同的价值观。

中国正是通过这样的方式，基于这样的思想理念，致力于营造和平的国际环境以谋发展，同时为世界和平做出重要贡献。基于这一理念，中国国家主席习近平在2013年提出的“命运共同体”这一概念，得到了国际社会的广泛认可和传播。总而言之，中国正在书写其历史上的宏大篇章，承诺并随时准备同包括拉美在内的其他国家和地区一起分享、交流经验，实现全球合作以及共同和平发展。

四　中国和拉丁美洲及加勒比地区的关系

2008年和2016年，中国政府两次发布关于同拉丁美洲战略关系的白皮

---

① 和平崛起或和平发展，指不通过军事手段，而是主要依靠经济实力、贸易协定、外交手段和文化实力，创造一个有说服力的、强大的国家。

书，这充分证实了中国领导层对拉美地区有极大的兴趣。毫无疑问，中国和拉美地区之间存在较强的互补性。中国人口占世界的22%，耕地面积却仅有世界的7%，而拉美国家资源丰富，能够为这一亚洲大国提供数量可观的原材料和食物，尤其是能源、矿物、金属、木材、大豆等，以维持其快速的经济增长以及制成品贸易的扩张。

通过和拥有强大的财政及贸易能力的中国建立起的贸易伙伴关系，拉美地区也因此获益颇多。中国已快速成长为拉美地区的第二大贸易伙伴，而对于巴西、智利和秘鲁而言，中国已成为它们的第一大贸易伙伴。2014 年 7 月 17 日，习近平主席在巴西利亚提出“1 +3 +6”的合作框架，并邀请该地区加入打造命运共同体的行动。经过不同决策层各代表的一系列会议和商讨，这一提议最终于2015 年在中国—拉共体框架内得到落实。由于拉共体不包括美国和加拿大，因此在一定程度上削弱了美洲国家组织的影响力。美洲国家组织是世界上存在时间最久的区域性组织，其起源可以追溯到1889 年10 月在华盛顿特区举行的第一次美洲国家国际会议。但是就目前而言，在中拉区域间合作的进程中，整个拉美地区还未能形成完全协调统一的行动，让拉美各国同中国一道达成地域利益和地域首要任务的共识。正如拉美经委会指出的那样：“中国有意愿继续在拉美地区开展合作，但同时需要相应的协调机制来进行谈判。双边谈判会使一些国家的市场获益，但对于缺乏相应机制的其他国家，则会损害到它们的利益。现有的区域性平台在这些协调机制的建设中发挥着重要作用，但目前还没有形成一个完整的区域性战略。”①

在缺乏共同行动的情况下，中国政府强化了合作议程并进一步阐释了其相关利益和首要任务，提出了“1 +3 +6”的新概念。简而言之，这一新的合作框架中，“1”代表着一个战略规划；“3”代表着三大引擎，也就是投资、贸易和金融合作；“6”代表着六个重点领域，包括能源资源、基础设施、农业、制造业、科技创新和信息技术。拉美国家同中国一样，都是新兴的发展中国家，在很大程度上也面临同样的挑战。拉美国家、东亚以及东南亚国家都致力于应对挑战，为自身社会谋取最大福祉。正如本文第一部分所提到的，这些地区已经被纳入联合国2030 年可持续发展议程。中国秉着实现平等共赢的基本

① CEPAL, Perspectivas económicas de América Latina 2016 hacia una nueva asociación con China, p. 173.

外交政策，引导全球国家研究、制定联合倡议，其中最重要的原因无疑是中国拥有能够支持其首要发展规划的财力。它在保证与其他国家顺利进行合作的同时，也为国家利益做出贡献，并巩固了其作为全球参与者的地位。强大的财政力量使中国能够加入区域性多边开发银行的框架中。例如，1986 年中国加入亚洲开发银行（ADB），2009 年加入美洲开发银行（IDB）。此外还有东南非贸易与开发银行，并占其银行资本的 12.3%，以巩固同非洲地区的往来。不止于此，作为地位相对牢固的金融强国，中国于 2014 年自发推动、建立并发展了涵盖全球利益的金融机构，如亚洲基础设施投资银行（AIIB）。建立之初，21 个亚洲成员国签署了《筹建亚投行备忘录》，以实现协议区域内的基础设施项目融资。2017 年 6 月，阿根廷成为继玻利维亚、巴西、智利、秘鲁和委内瑞拉之后，第六个加入亚投行的拉美国家。亚投行成立 9 个月后，2015 年 7 月，中国同巴西、俄罗斯、印度和南非其余四个金砖国家成员一道，在上海设立了金砖国家新开发银行。这一系列举措对于拉丁美洲地区而言是前所未有的绝佳时期。今天，中国是该地区主要的商业和金融合作伙伴之一，已成功取代世界银行和美洲开发银行成为拉美地区的贷款主要来源国，2005—2016 年，共有1 410亿美元从中国注入拉丁美洲和加勒比地区。[①]

但是，中国在全球范围内取得卓越成就的同时，也面临来自内部的挑战。一方面，相关研究显示，中国人口数量在 2043 年之前会保持增长，直到达到 15.5 亿。毫无疑问，随之加剧的是资源和环境问题。并且，到 2050 年中国总人口的 27% 将超过 60 岁，社会活力也将伴随人口老龄化而逐渐减弱。另一方面，2020 年中国劳动人口将超过 9 亿，创造就业将成为政府面临的最大挑战之一。显然，不管是拉美国家还是中国都将在未来面临巨大挑战，双方可以基于存在的互补性共同应对。因此，在这种情况下，双方国家政府及地方机构和组织间的合作将会得到增强。例如，从 1978 年实行改革开放至今，中国的城市人口从 1.72 亿增长到 7.5 亿，整整增加了近四倍。“2011 年，中国的城市人口达到 7 亿，已经超过了总人口的一半。这导致中国的城市结构受到了很大冲击和影响。未来 10 年内，城市人口应该会增长至 8 亿左右，而到 2025 年将

① The Database, “China - Latin America Finance Database”.

接近10亿。"① 因此，中国政府颁布了《2014—2020年国家新型城镇化规划》，旨在优化城镇化布局和形态，提高城市可持续发展能力以及推动城乡发展一体化。预计该规划将投入约70亿美元以建设住房、铁路、公路及改善基础服务设施等，而这势必导致对拉美地区原材料的大量需求。

中国政府的这一规划对拉美国家而言无疑是内需的保障，与此同时也是满足城市扩张需要的良好机遇。根据相关研究显示，经过一段长时间的农村人口向城市的迁移过程，如今大约80%的拉美人口，即大约4.68亿人口生活在城市地区。但与中国不同的是，拉美国家的城市地区普遍发展不均衡，贫民窟的扩张给城市带来深刻的不平等和分层隔离现象。而中国的城镇化规划由于围绕着成效显著的五年计划进行，成功地避开了这一局面。23个省、区（包括台湾地区）、4个直辖市、5个自治区和2个特别行政区的城镇化进程积累了其他国家无法媲美的丰富经验。到2025年，中国将有200多个人口超过100万的城市，甚至拥有20多个人口超过500万居民的城市。全球咨询公司Mc Kingsley指出，这一因素已经使中国成为世界上在城镇化方面的主要商业以及经验来源。

这一因素值得共同研究，并通过合作、借鉴中国城镇化经验，进而从地方层面实现联合国千年发展目标。中国经验进入拉美地区，对于该地区而言便能通过省、市和部门间的交流合作以更好应对2030年可持续发展目标。一直以来，尤其是2003年之后，中国对农产品需求的增加以及对自然资源和能源资源的开采是拉美地区经济增长的决定性因素。然而，影响全球的2008年金融危机之后，中国经济结构发生转变，向内部市场偏移，而渴望获取更多福祉的"中产阶级"逐渐壮大成为其经济结构的中坚力量。因此，随之出现的是地区间新形式及新领域的合作，特别体现在服务部门。在这样的形势下，拉美和加勒比地区应该发挥更为积极的作用，思考如何制定相应的发展政策来参与国际体系。从结构规划、社会角色间的协调到建立公私合营关系等方面，每个拉美国家都面临不同的挑战。但对所有国家而言，最重要的是要制定一个长期的、可持续性的、包括国家层面及地方层面的整体战略规划。在以上方面，中国的

① Carlos Moreno el Mié, La Principal Migración urbana del mundo: el Nuevo Año Chino, 10 - 02 - 2016, http://smartcities.i - ambiente.es/? q = blogs/xin - nian - kuai - la - principal - migracion - urbana - del - mundo - elnuevoanochino.

发展经验对于拉美地区有着极大的借鉴意义。但是，能否取得实质性的成果取决于拉美各国在共同战略框架下是否足够团结。

五　拉美国家2030可持续发展议程取得的成果

实现可持续发展目标的进程中，最复杂的问题便是如何实现全球融资。根据融资机构的不同标准，很难对某个国家的发展状况进行分类和界定。例如，联合国将48个国家视为最不发达国家，世界银行将34个国家列为低收入国家，而按照国际货币基金组织的标准，低收入国家有60个。①

为了实现2030年可持续发展议程这一宏伟规划，2015年7月13日至16日在亚的斯亚贝巴举行了第三届发展筹资问题国际会议，其间大会通过了《亚的斯亚贝巴行动议程》。该文件包括100多个几乎涵盖了所有融资领域的大胆措施，涉及科学技术、创新和贸易等多个方面，旨在彻底改革全球金融实践，为解决经济、社会和环境挑战而创造投资。然而，尽管这次国际会议具有里程碑式的意义，为世界各国领导人2016年9月通过的可持续发展议程奠定了基础，但是各地区实现可持续发展目标的方式还未得到解决。关于拉美地区要应对的挑战，拉美经委会执行秘书阿莉西亚·巴尔塞纳（Alicia Bárcena）在2017年7月在联合国可持续发展高级别政治论坛的“区域和地方执行”板块中提道②：“拉丁美洲和加勒比地区33个国家中有19个国家拥有高级别的跨部门机构来协调执行该议程。截至目前，有14个国家于2016年至2017年期间提交了《可持续发展议程国家自愿报告书》，与此同时另有两个国家计划2018年提交。”③

确定行动重点和解决资金问题的方式之一是利用《可持续发展目标指数

---

① PUND, Revolución de datos para flujos financieros internacionales.

② “Foro Político de Alto Nivel sobre el Desarrollo Sostenible”, julio de 2017, en la sede de las Naciones Unidas en Nueva York.

③ CEPAL, CEPAL destaca el liderazgo y compromiso político de los países de América Latina y el Caribe con la Agenda 2030. https://www.cepal.org/es/comunicados/cepal-destaca-liderazgo-compromiso-politico-paises-america-latina-caribe-la-agenda-2030.

和指示板报告》（SDG Index and Dashboards，a Global Report）①，它能对目前的执行进程进行评估，并同其他国家的数据进行比较。截至 2016 年 10 月，61 个国家中的 22 个国家已经采取这一方式执行发展议程，并在联合国可持续发展高级别政治论坛上提交了报告。该政治论坛自 2015 年开始，每年由联合国经济及社会理事会主持召开，旨在从政治上领导并指导可持续发展进程、提出相应的工作建议。拉美国家中已提交自评报告的有阿根廷、哥伦比亚、墨西哥和委内瑞拉。

根据美洲开发银行的数据，拉丁美洲和加勒比地区是第一个实现能源可获性的地区。尤其是尼加拉瓜、多米尼加共和国、巴拿马和萨尔瓦多，这几个国家已拥有较高的可再生能源发电比例和较大的复合循环燃气厂普及率。拉美经委会建议，拉美国家应建立更高层次的机构和部门互联互通结构，积极调动公共和私人资源以更好地实现 2030 年可持续发展议程的目标。②

此外，在由伊比利亚美洲首脑会议总秘书处（SEGIB）和智利外交部联合举办的题为“社会凝聚力新挑战”的国际研讨会上，巴尔塞纳强调：“拉美地区应重新恢复和振兴国际合作以及多边主义，为区域一体化建设注入新的活力。”③

六　美洲开发银行新兴和可持续城市倡议

美洲开发银行作为以应用研究为支撑的区域性机构，为成员国提供了城市规划发展的方法及思路，有助于建立政府和公民之间的相互信任和共识。因此，为了支持新兴城市应对未来发展的挑战，2010 年该行启动了《新兴和可持续城市倡议》（ICES），以加速实现可持续发展，并和联合国 2030 年可持续发展议程齐头并进，以最大限度避开发展道路上可能存在的阻碍。该倡议提供了一种快速评估方法，可以识别、组织并确定短期、中期和长期基础设施项目

---

① 报告显示，拉美各国的世界排名依次为乌拉圭（全球第 40）、智利（第 42）、阿根廷（第 43）、巴西（第 52）、哥斯达黎加（第 53）、墨西哥（第 56）、海地（第 144）。

② CEPAL，CEPAL destaca el liderazgo y compromiso político de los países de América Latina y el Caribe con la Agenda 2030. https://www.cepal.org/es/comunicados/cepal-destaca-liderazgo-compromiso-politico-paises-america-latina-caribe-la-agenda-2030.

③ CEPAL，Alicia Bárcena llama a recuperar la cooperación internacional y el multilateralismo con un nuevo y revigorizado papel de la integración regional.

的优先次序，以及明确城市、环境、社会、财政和治理方面的项目及提案并给出建议，以改善拉美城市的生活质量，提升其可持续性。此外，通过该倡议的执行，拉美国家能够基于三个可持续性发展核心来思考如何规划 50 年城市发展蓝图。

为了贯彻执行该倡议，首先，城市生活质量评估以及首要任务的明确是必不可少的，这也是该实施办法的核心。然后再制订相应的“行动计划”并落实到每个城市。此外，《新兴和可持续城市倡议》还启动了公民监督程序以促进行动推进和干预措施的执行。总之，这是一个诊断、规划相结合的体系，而且会根据每个地区和国家的实际情况给出相应的建议。据美洲开发银行发布的报告，目前在拉美和加勒比地区有 242 个新兴城市，其生产总值约占整个地区生产总值的 30%，预计 2025 年这一数字将达到 40%。基于可实现长期增长的规划方法，美洲开发银行将制订 2030 年和 2050 年未来发展计划。

新兴和可持续城市计划（CES）是一项无偿技术援助计划，为中央和地方政府制订和实施城市可持续发展计划提供直接支持。因此，它从整体和跨学科的角度明确、组织并确定了城市干预措施以及优先顺序，以确保拉美和加勒比新兴城市在可持续发展的道路上顺利前行。简单来说，该计划的基本核心有三方面：一是环境和气候变化的可持续性，二是城市的可持续性，三是财政和治理的可持续性。①

如前文所说，近几十年来中国的城镇化发展迅猛，因此在执行这一由美洲开发银行启动、涵盖整个拉美地区城市的行动计划时，毫无疑问可以借鉴中国城市积累的丰富经验。此外，中国的大国经验和出色的财政水平使其成为拉美地区不可或缺的战略合作伙伴，它在拉美金融体系中的重要地位以及能够给拉美地区带来的效益不容忽视。

七　可持续发展合作新机制

联合国开发计划署（PUND）也向包括阿根廷在内的 177 个国家和地区提

① BID，Ciudades Emergentes y Sostenibles，http://www.iadb.org/es/temas/ciudades - emergentes - ysostenibles/dando - respuesta - a - los - desafios - de - desarrollo - urbano - de - las - ciudades - emergentes，6690.html.

供资金支持。其推进的机制包括有利于基础设施投资的南南合作（SSC）（基础设施投资占其全部活动的55%），除此之外还支持社会、农业和粮食安全部门，并且近年来加快推进社会保护和可再生能源领域方面的资助。南半球国家为了应对共同挑战，在该机制下互相帮助，成功实现了国与国之间的知识和技术转移。

可以说，联合国开发计划署采取的行动成效显著。例如，促进印度尼西亚协助菲律宾进行台风“海燕”灾后重建工作；埃博拉疫情期间，与南非政府合作在受疾病影响的国家（几内亚、利比里亚和塞拉利昂）分发高压灭菌器，以便安全处理医疗废物；通过“三角合作”扩大南南合作在可持续发展领域的影响；在丹麦的支持下，开发计划署与中国政府合作，在加纳和赞比亚推行可再生能源项目。

八　阿根廷可持续发展经验

阿根廷全国社会组织委员会（CENOC）于1995年在总统府社会发展秘书处下设立。目前，该委员会积极参与联合国2030年可持续发展议程，以推动实现阿根廷可持续发展目标。根据2002年颁布的第357号法令，国内推动可持续发展目标的协调工作由国家社会政策协调委员会（CNCPS）负责。其协调工作具体由6个委员会承担，涉及20个政府部门。[①] 具体为：教育委员会，负责教育体育部、交通部及全国妇女委员会（CNM）之间的协调工作；科学和技术委员会，负责环境与可持续发展部、科学技术部、外交和宗教事务部及全国社会组织中心之间的协调工作；可持续农牧业生产委员会，负责环境与可持续发展部、农业部、财政部及公共财政部之间的协调工作；居住环境、城市发展和基础设施委员会，负责环境与可持续发展部、文化部、内政部、公共工程和住房部及劳动就业部之间的协调工作；劳动与就业委员会，负责环境与可持续发展部、生产部、能源与矿业部、财政部、公共财政部、司法与人权部、劳动就业部及旅游部之间的协调工作；社会保障委员会，负责社会发展部、司

① Consejo Nacional de Coordinación de Políticas Sociales (CNCPS), http://www.politicassociales.gob.ar/.

法与人权部、现代化部、卫生部、国家统计与人口普查局（INDEC）及全国妇女委员会之间的协调工作。

该机构是与地方政府和其他国际参与者合作的纽带，其目标之一就是促进整个国家（包括联邦政府、省和市）、企业以及社会力量共同推动可持续发展议程，从战略角度出发共同构建和谐包容的社会。此外，其“行动路线”提到，该机构负责协助省、市政府建立社区组织。因此，外交部的任务是通过其下属的亚太地区委员会，实现部门间乃至国家间的合作，巩固阿根廷和中国的合作框架。

九　阿根廷省市级可持续发展目标

在 2017 年 7 月举行的高级别政治论坛上，阿根廷提交了《可持续发展议程国家自愿报告书》，重点强调了阿根廷作为联邦制国家的特点，提到2030 年可持续发展议程需要适应该国 24 个行政区（23 个省和布宜诺斯艾利斯自治市，也是联邦政府所在地）的不同情况，特别是卫生、教育和安全等方面的首要责任。国家社会政策协调委员会和省级最高权力机构共同签署了合作协议，以实施并推进省级可持续发展议程。合作协议主要涉及两方面内容[①]：一是向可持续发展中期和最终目标的确定提供技术援助，二是协助确定各省可持续发展目标的跟踪指标。迄今，国家社会政策协调委员会已经与省级政府签署了 9 项协议，还有 6 项正在进行中。

根据 2010 年人口普查数据，阿根廷2 171个市中，平均每个市人口数量为 17 173人。阿根廷城市呈现出明显的异质性，特别是在人口、规范、制度、预算、竞争力等方面，而制度能力的差异更为突出，如技术管理能力、政策能力及同其他各级政府机构协商、对接能力等。基于这一系列表象，明确了市级可持续发展阶段规划[②]，主要涉及以下 8 个方面的内容：在地方层面实施执行 2030 年议程及相应可持续发展目标；指定市级政策和技术负责人；撰写报告

① Agenda 2030 ODS, Argentina, Guía para el Proceso de Adaptación de los ODS en el Gobierno Provincial, Consejo Nacional de Coordinación de Políticas Sociales, p. 7.

② Informe Voluntario Nacional, Foro Político de Alto Nivel Naciones Unidas, Julio 2017, p. 44.

说明当前市政情况，确定主要问题并确定可持续发展议程的首要任务；实现市级可持续发展目标与国际发展议程目标对接；说明城市在各领域采取的行动计划，以及它们与每个可持续发展目标的联系；确定市级可持续发展目标，并从外部和内部确定相关监测指标；开展性别、人权、残疾人、老年等社会问题的研究，提升公民的社会参与度；明确监测相关负责区的过程。

在实施市级可持续发展议程中，"虚拟工具"对于各市政当局而言不可或缺。简言之，这指的是两个运行机制。① 其一是可持续发展目标地方指导方针，它是目标实施过程中重要的管理和规划工具；其二是所谓的"工具箱"系统，它可以系统性地筛选出国际上最有价值的信息，并结合国内联邦制度及各级政府机构的特点进行整合。

总之，阿根廷已经充分准备好在地区层面上有序、高效地推行可持续发展议程，并随时与拉美其他国家共享经验。同减贫和发展道路上有足够经验和实力的国家合作，一道推进实施地方层面的行动计划，应对未来发展中的挑战，可以使阿根廷在这一领域占据领先优势。

十　推进地方层面的地区间合作

我们知道，全球化提供了可被国家各层面利用的大量机会和经验。就拉美地区而言，其城市面貌近几十年来经历了一个快速变化的过程。小城市成长为大城市，大城市成长为特大城市。但是，在此过程中公共服务及基础设施的维护建设预算并没有随之增长，反而不断减少，进而导致了公民生活质量的降低。根据拉美经委会的数据，在不到 15 年的时间里，该地区的总人口增加了 1 亿多。估计未来数十年内增幅会更大，到 2020 年，拉美主要中心城市将会新增9 000万居民。而主要城市人口的快速增长对城市的道路系统、交通状况、公共服务和事故率都造成了重大影响。不仅是拉美地区，亚洲国家尤其是中国也面临类似的问题，这都是城市化速度过快所导致的。尽管中国城镇化发生的时间晚于拉美，但其发展速度更快，这意味着相比于拉美地区，中国农村居民

---

① Consejo Nacional de Coordinación de Políticas Sociales, Presidencia de la Nación, Informe Voluntario Nacional, Agenda 2030 - ODS Argentina, pp. 43 - 44.

在更短的时间内以更庞大的规模迁移到城市。因此，同中国一道在应对未来挑战的领域中合作，尤其是市与市、省与省之间的地方性合作，对拉美国家来说显得尤其重要。

一方面，中国被国际社会视为履行千年发展目标的最佳典范和最佳实践者，因此应邀在南南合作框架内分享其经验；另一方面，自 2008 年中国加入美洲开发银行[①]以来，中国也成为该区域合作框架内的天然盟友和可能的融资来源。若这一亚洲强国参与到新兴和可持续城市规划中，将带来宝贵的城市化规划经验。

1994 年，阿根廷实行修宪，其主要目的就是通过加强各省的权力来削弱集权。其宪法第 124 条规定："各省可以规划有利于经济和社会发展的区域并创立相关机构，在不违背国家外交政策、不影响联邦政府职能、不损害国家公信力、议会知悉的条件下，可以缔结国际协议……"[②] 这一条款指出了省级行动的两个核心：其一，它使得地区间的合作及融合成为可能；其二，以省为单位行使国际管理的权力被国家认可。此外，第 125 条还规定："若在联邦议会通过，各省可以以司法管理、经济利益和互利劳动为目的缔结部分条约，应用自身资源促进工业、移民、铁路和航道建设、省级土地垦殖、引进和建立新兴工业、引进外资，开发河流等活动。"[③]

因此，应在阿根廷全国范围内推进省、市级外事处（OAE）的建立，同国家外交部一同协调行动，在国际上寻求合适的合作伙伴。民间外交虽然为国际交流做出卓越贡献，但总受限于国家外交政策的影响及公信力的缺乏。省、市级层面的外交正好可以弥补这一缺憾，能够成为促进国际交流和共同发展的主要动力。目前，阿根廷外交部下设的联邦和选举事务局负责推动并协调使领馆和地方机构的联合行动。其主要职能在于引导和响应不同地方当局对外交部的要求，以及协助地方当局与其他国家地方政府进行谈判和缔结协议。[④]

中国，一个如此古老且独一无二的大国，在困境和挑战面前的应对能力鲜有国家能与之媲美，它为世界发展做出的贡献也得到了国际社会的广泛认可。

---

① 2008 年 10 月 23 日，中国加入美洲开发银行，成为其第 48 名成员国。

② Constitución Nacional，Artículo 124.

③ Constitución Nacional，Artículo 125.

④ Ministerio de Relaciones Exteriores y Culto，"Asuntos Federales y Electorales". http://cancilleria.gob.ar/es/asuntos-federales-y-electorales.

同中国合作，这将是拉美地区前所未有的发展机遇。为此，阿根廷政府应在全国范围内全面启动地方层面的机构间合作，与国家层面的合作并驾齐驱，为实现可持续发展目标做出努力。

中国在阿根廷的投资：以希拉格兰德铁矿为例①

中国对外投资近几年一直稳定增长。2016 年，中国凭借1 830亿美元的投资额（UNCTAD，2017）成为全球第二大境外直接投资输出国。这个数据在 2016 年全球境外直接投资下降 2% 的背景下显得格外惊人，同年，中国的投资额扩大了 43% 。

中国在拉美地区的投资力度逐年增大。2003—2016 年，中国在该地区的总投资额达到约 1100 亿美元，近 5 年的增长尤其引人注目。中国投资已从最开始的以采掘业为主导拓展到现如今的各个领域：运输、金融、信息技术、替代能源等。巴西是获得投资最多的国家，总计 610 亿美元；其次是秘鲁，180 亿美元。相比之下，中国在阿根廷的投资很有限，只有 50 亿美元。②

收购希拉格兰德铁矿是中国在阿根廷最重要的投资决策之一。其重要性体现在两个方面。其一，希拉格兰德铁矿是阿根廷最大的铁矿；其二，这个铁矿与随着它在 20 世纪 70 年代被发现而发展起来的城市中心之间有着不可分割的历史和文化关联。同时，这个投资项目是中国加入世界贸易组织并且实行“走出去”战略之后，在阿根廷最早的几个大规模投资项目之一。

① 作者：吉叶尔墨·奥斯卡尔·桑塔克鲁斯（Guillermo Oscar Santa Cruz），就职于工商银行（阿根廷），同时负责中阿商会中国投资监测站工作，阿根廷国际关系理事会中国工作组成员。

② Avendano R.，Melguizo A. y Miner S.，“Chinese FDI in Latin America：new trends with global implications”，Atlantic Council of the United States y OECD Development Centre，junio 2017.

中国企业于2004年完成了对铁矿的收购，此前十多年它都没有经过任何开采。领导层和当地居民在最初展现出的对项目的热情与2017年最后因项目的瘫痪而呈现出的失落形成了鲜明的对比。

本部分研究的目的是通过分析希拉格兰德铁矿的发展进程来明确项目最终失败的原因。中国在世界包括在拉美的投资越来越多，本部分研究的结论可能会帮助我们认清哪些方面可以做得更好，以避免日后类似情况的发生。

本部分研究是基于新闻中提供的信息和对事件相关人员采访得到的数据而完成的。考虑到采访中的人物还在继续担任公职或在私企工作，在此不便提供他们的姓名。为了完善这项研究的信息和分析，我们也参考了中国在其他地区投资的相关研究。资料来源的局限性是需要考虑的因素，因为中国在世界范围内的投资是近年来才出现的新现象。

本部分研究将围绕以下几方面进行：首先介绍投资希拉格兰德铁矿的事件背景，之后回顾与此项目相关的重大事件，最后分析得到的数据，并与其他相关研究进行对比。

一　事件介绍

（一）世界铁矿市场及中国铁矿市场[①]

98%的铁矿都用于炼钢，因此，钢铁产业的发展推动了对矿产的需求。从2000年开始，世界钢铁工业发展迅速，特别是为中国为首的亚洲国家。2001—2011年，全球钢铁产量从5.86亿吨增加到10亿吨。2000—2011年，对铁矿的需求量从约10亿吨上升到20亿吨。

中国是这个进程中的一个关键角色。2001年，中国钢铁产量占全球产量的25%，而10年后占比超过55%。同期，世界对铁矿的需求翻了一倍，而中国翻了五倍。由于国内生产不能应对如此巨大的需求，必须进口所需求铁矿的大约80%，中国的进口量从2000年的7 000万吨增加到2015年的9.53亿吨，占全球铁矿跨境交易总量的65%。为明确该进口量的概念，应特别指出的是，

① 这部分的研究主要参考以下资料：Dalian Commodity Exchange（2013），Rojas Seguel et al.（2016）和DBS（2017）。

世界第二大进口国是日本，2015 年，日本进口量占全球总量的 9%，韩国排名第三，占总量的 5%。

近年来国际市场也发生了变化。一方面，铁矿供应的增长导致了此种大宗商品的国际价格下跌。另一方面，从 2013 年起，中国钢铁生产停滞不前。其原因是中国政府决定减少工业闲置产能，新的经济增长模式不再过度依赖于政府投资（需要大量的钢铁生产），而是更多地鼓励个人消费，同时，也将环境问题纳入考量。

中国钢铁生产的停滞不前并未影响铁矿进口量，目前，后者仍在持续增长（如图 2. 1 所示）。这是因为钢铁的平均生产成本为 60 美元/吨，国际低价迫使当地生产者停止开采。

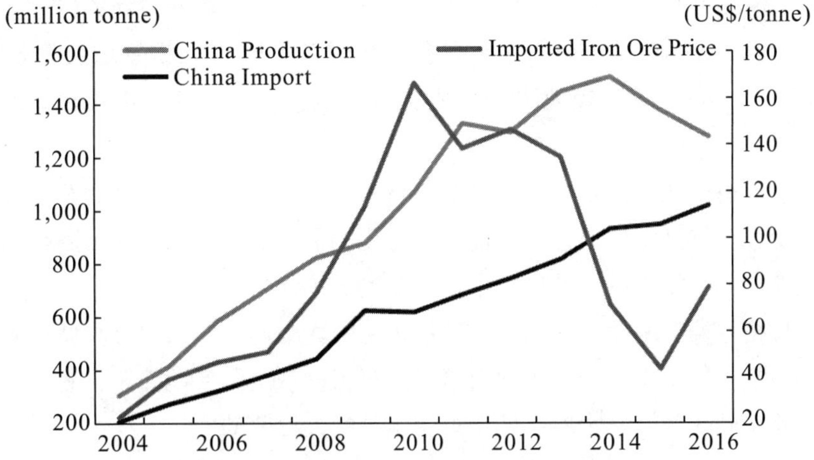

图 2. 1　中国钢铁产量、钢铁进口量和铁矿价格

资料来源：DBS，2017.

中国进口的钢铁中，有 50% 来自澳大利亚，30% 来自巴西。这些数据符合全球铁矿产量的现状，因为澳大利亚和巴西是世界上的主要铁矿开采国。2015 年，澳大利亚的铁产量占世界总产量的 41%，巴西占 21%，印度占 7%，中国占 6%，俄罗斯占 5%。

在中国，铁矿的生产很分散，绝大多数开采权归国家所有。钢铁生产商通常也是铁矿的经营者，尽管其自给率很少超过 50%。与全球情况不同的是，三家大型跨国公司集中了全球约 35% 的铁矿生产：英澳力拓、必和必拓和巴西淡水河谷。

（二）阿根廷采矿业及希拉格兰德铁矿情况[①]

阿根廷国家采矿业的发展烙有深深的国家印记。阿根廷矿业成规模地出现恰逢欧洲限制各生产国出口的战争时期——1914—1945 年。从那时起，政府便成为确保原料供给的关键角色。这些原料的保障也是实施进口替代工业化政策的必要条件。阿根廷的矿业开采就始于那个时期，其中包括对萨普拉铁矿（胡胡伊省）和希拉格兰德（黑河省）铁矿的开采。

为了促进希拉格兰德铁矿的发展，1969 年在军工制造总局和黑河省的监管下成立了巴塔哥尼亚铁矿有限公司（HIPASAM）。这个项目结合了经济、军事和人口三重目标。阿根廷试图通过此项目逐步摆脱对进口的依赖以实现贸易平衡，同时为武装部队提供战略物资，并在这个荒芜之地建设新的城市。

经 HIPASAM 挖掘出来的铁矿石会直接供应给阿根廷钢铁联合股份公司（SOMISA）。这是一家作为阿根廷工业支柱的国企，负责那个年代国家的钢铁供应。

进口代替工业化进程需要大量的原材料，虽然当时国家已经有开始运行的开采项目，但其开采量仍然无法满足工业化的需求。这种状况使得阿根廷形成了钢铁产业的传统结构，其中包括该行业的贸易赤字。

希拉格兰德开采项目的运行使得铁矿周围建立起了城市中心。城市人口一方面来自铁矿的工人，他们因项目给出的高工资从全国各地而来，另一方面来自那些移居到此并为这个新兴城市提供服务的大批劳动力。

1972 年，HIPASAM 公司的工人们在希拉格兰德项目成立了阿根廷矿工协会（AOMA）分会。这个工会有积极的参与精神，通过罢工和谈判从项目负责人那里争得了权力。一个具体的例子是他们通过 1973 年的罢工赢得了分配员工住房的主动权。

20 世纪 90 年代，阿根廷进入经济自由化时期，采矿业也因此受到影响并实行了新的监管框架来吸引外资。在采矿业采取的举措当中，值得一提的是 1993 年发布的“矿业投资法”，该法案规定了与开采和资本货物进口有关的税收优惠，同时明确了省级特权的界限。自从实行了新的制度，国际资本便进入了阿根廷采矿业，以开采铜、金以及非金属矿物锂等。

---

① 这部分研究主要参考资料：Tolón Estarelles（2011）y Gouarnalusse（2008）.

国家的新角色，更大的经济自由和对效益的追求，使得以前由进口代替政策驱动的项目失去了价值。HIPASAM 公司项目引发质疑的原因至少有三个：产品磷含量高、矿物储藏位置深以及成品装载运输至港口的成本高。有人认为 SOMISA 公司可以更便宜的价格从巴西哥伦巴①采购铁矿石。此外，与巴西的战争假说已不复存在，从邻国购买资源也不再是个问题。在这样的背景下，HIPASAM 公司停止了运营。

1993 年，HIPASAM 公司由黑河省接管并更名为巴塔哥尼亚黑河铁矿有限公司（HIPARSA）。员工由 1990 年的1 300名减少至 50 名，用于设施的维护。同时，他们中的一部分人被借派到一家私企来开发探险旅游业。②

（三）中国收购并运营希拉格兰德铁矿

2004 年，一家驻美国的中资企业 A Grade Trading 公司提交了关于收购并重新启动 HIPARSA 公司的申请。此项提案以向黑河省提交的 50 万美元作为担保。这是自十年前黑河省接手希拉格兰德铁矿以来第一次有投资集团正式提出投资意向。③

这次出售是通过国内和国际招标进行的，只有两家企业购买了招标文件。没有中标的另一家企业同样是中资企业——山东能源新汶矿业集团有限公司（Xinwen Mining Group）。但根据媒体报道，这家公司最终没能及时提交报价，也没有提出延期请求。该公司的阿根廷代表在媒体中指出，招标没有得到得当的宣传，给出的时间期限不足以对项目进行深入分析并就此为依据做出认真的报价④。

A Grade Trading 公司接管希拉格兰德铁矿的消息公之于众之后，一方面有人对这个有着悠久历史铁矿的再次启动充满期待；另一方面，有人质疑这家中

① Colás, H. "Refutación de la inviabilidad de HIPASAM", diario Río Negro, 27/08/2011. http://www.rionegro.com.ar/energia/refutacion-de-la-inviabilidad-de-hipasam-CFRN_693203.

② "Un pueblo que busca otras maneras de supervivencia", diario Clarín, 10/06/2001. https://www.clarin.com/sociedad/pueblo-busca-maneras-supervivencia_0_ByaM2yug0Yg.html.

③ "Los chinos presentaron los avales para Hiparsa", diario Río Negro, 24/09/2004. http://www1.rionegro.com.ar/arch200409/24/r24g20.php.

④ "Hipasam: los chinos insisten en más prórroga", diario Río Negro, 10/11/2004. http://www1.rionegro.com.ar/arch200411/10/r10g90.php.

资企业的来头，谁会是最终受益人？他们有开发矿业项目方面的经验吗？[①]

2005年1月，A Grade Trading公司提交了649万美元的保证金，以完成对铁矿的收购。大部分资金被用于建立一个信托基金。[②] 这个基金委托给了一个评估和监督委员会，该委员会由省协调部长塞萨尔·巴贝伊托（Cesar Barbeito）担任主席，并由当地立法者和官员组成。其中30%的储备金用于交易前的债务结清，其余资金计划用于为铁矿建造1.5万立方米的储水池和地下蓄水池，以及在铁矿和金色海滩（Playas Doradas）之间搭建导水管。[③]

开采工作开始后不久，就发生了几起与工会的冲突，公司因此开除了两名员工。这一举动受到阿根廷工人联合会（AOMA）的强烈反对，市长不得不出面干预冲突。[④]

经过近两年的经营，2006年的11月，A Grade Trading公司将希拉格兰德铁矿70%的股权出售给中冶集团。[⑤] 具体出售额官方媒体并未报道，但是中国媒体披露的数额是1亿美元，另外，还有3 800万美元的投资计划用于改善铁矿的经营情况。[⑥]

这家企业集团最大的股东是中国政府。[⑦] 该集团80%的收入源自工程建筑服务。作为次要业务，该公司涉足自然资源开采、设备制造和房地产项目开发（Global Offering，2009）。

希拉格兰德市长对中冶的参与表现出极高的期望，并提出将在原材料上投入1 000万美元，并在接下来的几个月内生产250万吨铁矿。他强调，中国的

---

① "Hiparsa：la empresa elegida no está acreditada"，diario Río Negro，18/11/2004. http://www1.rionegro.com.ar/arch200411/18/e18a22.php.

② "Sierra Grande se queda con 280 casas de Hiparsa"，diario Río Negro，10/05/2005. http://www1.rionegro.com.ar/arch200505/10/r10j22.php.

③ 同上。

④ "Poco hierro y mucho malestar en Sierra Grande"，Mining Press ，09/03/2006. http://www.miningpress.com/nota/125326/poco-hierro-y-mucho-malestar-en-sierra-grande.

⑤ "MCC se hizo cargo de la mina de Sierra Grande"，diario Río Negro，09/11/2006. http://www1.rionegro.com.ar/diario/2006/11/09/imprimir.200611e09f06.php.

⑥ "La dificultad de MCC Argentina para revertir sus pérdidas，problemas comunes en tres minas en el exterior"，《21世纪经济报道》（Diario Económico del Siglo XXI），28/08/2012. http://finance.sina.com.cn/360desktop/roll/20120828/044312969462.shtml.

⑦ 2008年，中国中冶集团将部分资产转入其子公司中国冶金科工股份有限公司，后者在上海和香港证券交易所上市，转让资产中包含希拉格兰德铁矿资产。所以当提到项目负责人背后的公司时，其名称可能不一样。在我们的研究中，统一使用中国中冶集团这一名称。

采矿技术人员正在试图减少从矿井中提取的铁矿石的磷密度。① 后文将会提到，该项工作没能达到预期的效果。

在生产方面，铁矿产量起初没有达标，但后来生产有所恢复。根据公布的数据，公司2009年的生产目标是32.6万吨，但最终只完成了9.8万吨。总结报告中给出的解释是生产受到了与阿根廷中期选举有关的罢工事件的负面影响。2011年的生产目标是26万吨，最终产量达到了28.5万吨。2012年，中冶提前完成了生产计划，总产量达到48.5万吨。

虽然这些数据很可观，但中国的新闻不时报道这个项目面临困难的消息：港口结构的缺陷、工会冲突、缺水、缺乏专业技术人员、矿物含磷量高。②

2013年全年共生产铁矿石43.5万吨，完成了目标值的97%，但财务报告显示，亏损1.627 2亿元。2014年，财务报告指出，总产量为32.8万吨，仅完成了目标量的73%，其主要原因是洪水造成导水管损坏而导致缺水，亏损额为1.6亿元。2015年，在全球铁矿石价格大幅下滑的情况下，产量为30.06万吨，平均销售价格为44.8美元/吨，降幅为52%，公司亏损额达到3.89亿元。2016年产量减少为上年的一半，亏损1.042亿元。

公司宣布打算暂停铁矿作业，并指出了生产的不可行性。为了避免裁员，2016年2月，中冶和黑河省政府签署了一项协议，政府同意补贴4 400万美元来维持就业③，期限为一年。临近期限时，希拉格兰德铁矿于2017年1月宣布，解雇200多名员工并停止铁矿的运营。截至2017年12月，中冶集团在铁矿只进行一些基本维护工作和剩余铁矿石的出口。

（四）“走出去”战略

有两大事件定义了中国针对海外投资的制度环境。一个是中国2001年加入世界贸易组织（WTO），另一个是同年中国实行“走出去”的战略。

---

① "Minera Sierra Grande repararú viviendas", diario Río Negro, 28/12/2006. http://www.rionegro.com.ar/diario/2006/12/18/imprimir.1166477896.php.

② "La dificultad de MCC Argentina para revertir sus pérdidas, problemas comunes en tres minas en el exterior", 《21世纪经济报道》, 28/08/2012. http://finance.sina.com.cn/360desktop/roll/20120828/044312969462.shtml.

③ "El gobierno pagó la segunda cuota de más de cinco millones a la Minera Sierra Grande", ADN Río Negro, 26/04/2016. https://www.adnrionegro.com.ar/2016/04/el-gobierno-pago-la-segunda-cuota-de-mas-de-cinco-millones-a-la-minera-sierra-grande/.

加入世贸组织意味着中国要进行经济结构改革，逐步开放经济，融入世界经济体系。与世贸组织所有成员国一样，中国承诺遵守该机构的核心原则，如最惠国待遇原则、透明度原则、独立于政府干预的审查制度。

融入全球经济使中国积累了大量的外汇储备。为了维持人民币的价值，政府长期干预外汇市场，以发行人民币的方式从出口中购买多余的美元。这样，外汇储备从1996年的1 000亿美元增加到2011年的3.2万亿美元。①

中国大部分多余的外汇储备流向了更发达的国家。主权基金和中央银行主要进行证券投资，购买低收益、高流动性的资产，如美国国债和房利美（Fannie Mae）、弗雷迪麦克（Freddy Mac）这类机构的债券。近年来，中国一直在寻找盈利性更高的外汇储备方式。

自2001年中国加入世贸组织以来，外汇储备增长，国家也进入新的发展阶段。中央政府制定了支持企业国际化的政策。这一系列措施被称为“走出去”战略。第十个“五年计划”（2001—2005）明确提出要加强海外投资力度，增强国家竞争力，支持国企开展国际业务。主要措施包括②：

- 海外投资管理体系改革。实行权力分散化、程序简单化以及缩短评估申请的时间。
- 外汇管理系统改革。简化程序，减少管制，取消境外投资汇回利润保证金制度。
- 创建专项资金。政府设立各种专项资金来帮助企业开展海外活动，承担海外项目可行性研究、采矿以及技术合作所产生的部分费用。
- 信贷支持。政府通过国有政策性银行如进出口银行和国家开发银行，提高其贷款额度来支持企业。

佛利曼（2013）指出，虽然政府做了这些尝试，但决定中国投资政策的因素是复杂而活跃的，并且政策与政策之间可能是互相冲突的。他还提到，无法实现预期是常态化的，而且包括国有企业在内的很多企业都试图摆脱政府在政策和法规上设定的限制。③

---

① Huang Yiping, Wang Bijun, "Investing overseas without moving factories abroad: the case of Chinese Outward Direct Investment", *Asian Development Review*, vol. 30, no. 1, p. p. 85 - 107, 2013.

② 同上。

③ Freeman Duncan, "China's Outward Investment. Institutions, Constraints and Challenges", *Brussels Institute of Contemporary China Studies*, Asia Paper Vol. 7 (4), 2013.

政府在国际扩张进程中扮演的角色是至关重要的。它提供了我们之前讲到的各种支持框架并且主要通过国有企业的自身行为来实现。2003 年，国有资产监督管理委员会成立，目标是管理、改革央企国企，以创造出效益更高的企业。

二　事件分析

综合前文提供的信息，希拉格兰德铁矿案例的大背景可以归纳如下：世界，特别是中国，针对铁矿的需求提高了它的价格。同时，中国政府推动中国资本立足境外，以充分利用不断增长的外汇储备，确保为工业提供发展所不可或缺的原材料。铁矿石价格的下跌，中国政府对国有企业以及钢铁行业进行改革以消除低效能使形势发生了巨大的改变。这一新的局面使得效益不好的项目受到了严重影响，最终，希拉格兰德铁矿停止了生产活动。

这一简短的总结为我们说明了希拉格兰德事件的背景，无疑对我们分析这一事件有着重要的意义。但是，我们还需要通过分析更多细节性的问题来厘清，为什么这一项目在上述背景的压力下不能持续发展。金属的价格是由国际市场决定的，而竞争力与一个公司管理运营成本的能力直接相关。

希拉格兰德属于地下铁矿，相对于露天矿场，其开采成本更高。此外，中国和阿根廷相隔万里，物流成本极高。我们相信，这些显而易见的问题在中方决定收购铁矿时都有所考虑，所以这里不再赘述。

Chen（2014）在分析了大洋洲和非洲的五个中国铁矿生产项目的经验后认为，其共性是在这些项目中，投资者都未在设备、人力资源、生产过程和基础设施这四方面进行精确的成本核算。① 我们想参照这四方面的问题来分析希拉格兰德事件。在对中冶公司高层人员进行的采访中，笔者获悉，前文提到的四个方面均存在起初预算与最终花费相差甚远的问题。

就设备这一问题，中冶管理层表示，受到阿根廷政府推行的进口替代政策

① Chen Bo，"Experiencia y enseñanzas de la inversión extranjera china en mineral de hierro – investigación y análisis de cinco proyectos"，Academia China de Ciencias Sociales，Instituto de economía y política internacional，Oficina de investigación de inversiones internacionales，reporte trimestral nro. 201415，17/7/2014.

（其中包括禁止海外采购）的影响，他们不得不在当地采购设备，不仅价格高，质量也不好。而按照最初规定的标准进行替换则增加了中方的成本。

同时，阿根廷政府实行了外汇监管制度，这一举动造成了官方美元价格和市场美元价格的不匹配。出口以官方美元价格计算（如2013年4月，1美元=5比索），而在当地购买设备和机器以市场美元价格报价（1美元=9比索），这就增加了这些器械的相对购买成本。

租赁的海运船只问题也加重了中方的成本负担。2012年，阿根廷国家矿业部的一项决议要求矿业公司与阿根廷公司签订货运协议。据中冶集团透露，阿根廷本国的货运公司无法提供足够的大装载量船只，于是这些公司只能向国外公司租用船只。这导致每次装载增加了15%的额外费用。该决议已于2017年8月被废除。①

与人力资源成本相关的问题也是一个矛盾点。根据中冶公司提供的信息，其公司员工的基本薪酬在2007年至2015年期间，由每月300美元增长至1 200美元。这一增速与全球铁矿石价格持续大跌的趋势形成强烈反差。

此外，中方负责人还提到，寻找铁矿项目所需要的专业人员是非常困难的。总体上讲，这类人才稀缺，愿意长期驻守在希拉格兰德的人就更少了。这里远离大城市，各类服务设施（如教育机构、综合性的医疗机构等）相对匮乏。

生产过程也是挑战重重。最大的困难便是保证所提取铁矿石的质量。据中方介绍，这个困难在他们投资的时候就已意识到，但是经过可行性研究他们发现，想要用更经济的方式减少铁矿石中的磷含量是不可能的。

最终公司决定按现有标准出口铁矿石，并且在出售总价中扣除客户将铁矿石与其他更高质量产品混合所需的成本。这些产品也用于非炼钢用途②的出口，但这类需求较小。

另一个与项目进展有关的问题是增值税（IVA）的退还，尽管这不是生产性问题而是贸易问题。企业在产品生产阶段缴纳这笔税收，之后在产品出口阶段国家应将此税退还。任何的延迟退税对企业来讲都意味着巨大的经济负担。

---

① 能源矿业部矿业国务秘书处第110－E/2017项决议。https://www.boletinoficial.gob.ar/#!DetalleNorma/168912/20170810.

② 用于洗煤或作为生产油漆和水泥的添加物等。

据中冶高管介绍，他们于2010年底开始出口，但直到2014年年中才收到了首笔出口退税。需要强调的是，在此期间，阿根廷比索贬值了50%，这意味着四年后这笔退税的购买力已远不如前。据媒体透露，直到2016年3月，政府仍拖欠1 900万比索的退税款。①

最后要谈到的是基础设施问题。据中方管理层介绍，这是影响整个项目发展的最不利因素。黑河省政府之前承诺会保证维持铁矿运营的水供应，但这个诺言并没有兑现。因此，中方企业不得不在节水工程上加大投资力度。这造成了中方工程延期和更多资金的投入，并导致中方错过了在铁矿价格处于高位时进行开采的良机。

为了证实中方给出的关于供水问题的说法，笔者联系到了该省立法部门的一名高级官员。他的回答是，中方利用供水这一问题为他们的低业绩找借口并且以此作为向当地政府解释解雇员工这一行为的理由。

尽管我们无法获得更多的信息来证明政府是否履行了相关承诺以及相应的责任，但事实证明，希拉格兰德项目因受到供水限制而无法实现更大的生产规模是成本增加的原因之一。

缺水的后果之一就是劳动力成本的增加。针对采矿这个行业，中冶集体的工作制度方案是连续工作7天，每天12个小时，然后休息7天以保证水库蓄水。但工会进行罢工反对这一制度，要求实行8小时工作制，如果超时，应另外支付加班费。

可以看出，与Chen（2014）在研究中的发现相一致，中方在决定投资希拉格兰德铁矿项目时，没有充分考虑到那些潜在成本。那么问题就是，这到底是因为中国企业能力有限，还是因为阿根廷经济环境的不确定性。

有一些成本是可以预估的，如物流、关税、保险等，但还有一些成本是事前无法确定的，所以也无法将其量化，尤其是对于外国企业。Eden和Miller（2004）将这一现象定义为“外来者风险”（Liablity of Foreignness，英文缩写

---

① “Minera MCC：Odarda e Iribarren se reunieron con el jefe de la AFIP”，ADN Río Negro，21/03/2016. https://www.adnrionegro.com.ar/2016/03/minera-mcc-odarda-e-iribarren-se-reunieron-el-jefe-de-la-afip/.

为 LOF)，并将其分为三种①。

“不熟悉情况的风险”：对投资对象国家情况的不了解和经验的不足使得外来企业相对于本地企业处于劣势。这种信息的不对等可以对整个项目运作、从物资供应到产品或服务的商业化造成不利影响。

“歧视所导致的风险”：无论是在本国还是投资接受国，企业都有可能受到不平等对待。在异国经营中，经常会遭遇“双重标准”，即对外国企业实行比本国企业更高的标准。

“关系成本”：这类成本主要分为两个层面：公司内和公司间。首先，远距离的管理公司的难度和不确定性更大，并且母公司和子公司员工之间存在文化差异。此外，需和其他合作方建立互信关系，这种关系直接影响到双方的后期合作和相互信任。

与此同时，这三类风险与投资国与接受国之间制度上的差距相关。Eden 和 Miller 在研究中引用了 Kostova（1996）的理论，认为制度差距关系到三个层面，即投资方与接受方在管制、规范和认知上的距离。管制距离指投资国和接受国之间，正规角度上法律允许范围内的差异；规范距离是指两国社会规范和价值观的异同，指的是非正式规范。认知距离是指投资国和接受国在思维和心理上的区别，即人们解读信息的方式方法。

具体到“不熟悉情况的风险”，在梳理完这一系列信息之后，我们认为中方低估了很多在投资中可能会出现的问题，换句话说，他们高估了自己解决问题的能力。

例如，在中方企业与工会的关系这件事上，中方高管坚持认为，如果铁矿石价格下跌或者公司没有盈利，那就没有理由商讨大幅度改善工资的提议。但是在谈判中，他们面对的是立场强硬的工会，此外，政府也在这件事情上为工会撑腰。最终，中方企业在亏损的情况下，为员工调涨了平均工资。上述情况在辞退劳工的事情上也有所反映。按照中方的理解，很多解雇行为是合情合理的，但是迫于工会和政府的压力，他们不得不重新聘用被解雇的员工。

另外，一些有着自主权的职权部门的监管也会对项目的运营造成影响。这

① Eden Lorraine; Miller Stewart R. “La distancia importa: Liability of Foreigness, distancia institucional y estrategia de propiedad”, Texas A&M University, Bush School Working Paper 404, 01/2004. http://www.voxprof.com/eden/Publications/Eden - Miller - AIM - fnl - GBS - WP.

里可以举一个关于保护环境的例子。距离 Punta Colorada 港口（矿石从这里出口）十公里处有一个叫金色海滩的旅游景点。中冶在接受了多个部门的监管之后，被要求在 2011 年配备设施减少矿石装卸运输作业时产生的粉尘扩散，以保护海滩的生态环境。然而这个问题并没有得到完全解决。面临新的投诉，2012 年和 2013 年①，铁矿再次受到检查并被要求采取措施。隶属于政府的环保国务秘书处和矿业国务秘书处部受到监管，并被立法部门问责，同时，媒体将环境污染事件放上了头条。

以上谈到的问题与政府官员的能力及他们根据意愿改变现状的局限性也是有关的。这里值得一提的是在收集数据过程中，一位中方经理在采访中讲道："阿根廷官员支持我们，但是他们并没有能力帮助我们。在解决问题这件事上，中国政府比阿根廷政府更高效。"他的话是否真实不是本部分研究的重点，但是我们可以进行更深入的思考，即中方经理对这个事件的解读，已经证明了这个事实。

由此我们联想到 2016 年发生的一件事情。当时中冶集团已经计划停止采矿及生产活动了。希拉格兰德市市长协助中国企业向国家银行申请 3 000 万比索②的贷款，但是最终未能成功。原因可能是公司的业绩每况愈下和铁矿国际价格的持续走低。虽然市长协助企业贷款很明显地反映出政府的支持立场，但即使这样，贷款也未被银行批准。这证明了其权力受限和监管的存在。

这一认识有助于我们分析之前谈到的中国企业遇到的铁矿供水困难和省政府承诺水供应（根据中方表述）的问题。根据 Kostova（1996）的理论，我们是不是可以说因为中国官员比阿根廷官员有更多的权限，中方管理层高估了阿根廷政府官员解决问题的能力。

最后要谈到的是铁矿石的质量问题。如上所述，中方管理层意识到产品质量不佳，但是中国在经过测试和研究后发现，没有办法用低成本的方式来降低磷含量。可问题就在于，究竟中方是真的技术能力不足，还是在工程推迟、铁

① "Piden que funcionarios informen sobre voladura de hierro en Sierra Grande", en ADN Río Negro, 20/02/2013. https://www.adnrionegro.com.ar/2013/02/piden-que-funcionarios-informen-sobre-voladura-de-hierro-en-sierra-grande/.

② "Gestionan un crédito de 30 millones de pesos para la Minera Sierra Grande", ADN Río Negro, 26/04/2016. https://www.adnrionegro.com.ar/2016/04/gestionan-un-credito-de-30-millones-de-pesos-para-la-minera-de-sierra-grande/.

矿石价格下跌这一形势下，中冶不愿再做出新的投资。

关于“歧视性风险”，在分析了我们掌握的数据和资料之后，似乎没有证据表明中方受到了不平等对待。我们之前提到的障碍（汇率问题、进口限制等）同样影响到所有在阿根廷的企业。相反，当地政府对于中方企业给予了强有力的支持，特别是相关行政部门。这是合理的，因为政府希望当地企业运营顺利，就业稳定。虽然如前文所述，政府的支持不总是能落实到具体问题的解决上。

在企业的内部关系层面上，值得一提的是外派到海外的高层管理人员做出的努力。他们充分向总部传达了在阿根廷面临的种种困难，使总部更好地理解这些问题，如劳资纠纷和公司面临的来自不同政府部门的限制。尽管如此，中方管理层表示，他们和总部一直保持充分的沟通和足够的信任。

在企业间的关系层面上，我们看到了中冶在与其他合作方建立互信关系时遇到的障碍。正如之前提到的一名立法机构高官对中冶做出的评价，他认为，中方在基础设施问题上的不满和抗议只是掩饰自身经营问题的幌子罢了。当问起这位官员是否对中方企业给予信任时，他回忆起中冶曾承诺推动当地就业，可最终没有实现。同样的，事实究竟如何不是我们研究的重点。然而，一方和另一方的相互指责本身就是未能建立互信的反映。这种互相之间的不信任在矛盾出现时更加突出，可能导致了事态的最终结局。

三　结论

希拉格兰德铁矿在20世纪70至90年代期间在国家的保护下运营。之后在铁矿停产的十年里，一直没能获得其他企业坚定的投资意向，直到十年后中国资本进入希拉格兰德铁矿。

铁矿被位于美国的一家中资企业 A Grade Trading 收购。在招标中，只有两家公司参与了竞标，其中一家公司因为时间问题最终没能成功递交申请。A Grade Trading 投入的前期定金加上中标后缴纳的款项，总交易额为700万美元。

在21世纪的前十年，全球对铁矿石的需求，尤其是中国的需求推动了这种商品的价格增长。与此同时，中国政府支持中国资本立足海外，以充分利用中国不断增长的外汇储备并确保供应工业发展不可或缺的原材料。这样的背景下，A Grade Trading 在收购希拉格兰德铁矿两年后，将其 70% 的股份出售给一家中国国有企业——中冶集团。据媒体显示的数据，这项交易的总额为 1 亿美元。

交易涉及的金额是不对外公开的，我们获得的数据都来自新闻报刊，应谨慎看待其真实性。然而，假设这些信息都是真实的，公司的价值在两年内达到这样的增长速度实在惊人。这个增长可能与铁矿石价格上涨有关，但即便如此，实现从 700 万美元到 1 亿美元的跨越确实引人瞩目。

上述问题很关键，因为它们反映了该铁矿的真正价值和起点。然而，在分析了中冶在设备、人力资源、项目运营、基础设施等不同领域估算的预期成本和实际消耗存在差异这一情况之后，我们推测，项目价值可能被高估了。

中冶集团面对的是一个阻碍其运营并增加其运营成本的宏观经济组织。这些阻碍主要体现在进口替代政策、官方美元与市场美元价格差异、对租用货运船只的限制等方面。在人力资源上，愿意迁居到铁矿生产地的优质劳动力的短缺和劳动力成本的变化，都是项目运营面临的巨大困难。此外，开采的产品质量差，以及公司对提高产品质量的无能为力，限制了产品的销售价格和潜在的客户群体。最后，供水等基本供应的不足也是制约公司取得大规模经济效益的重要因素。

我们提到的这些问题中有多少应该由中方企业负责？换句话说，如果经营者都是本国企业家，也会遇到同样的问题吗？

那么首先应该问的是，希拉格兰德铁矿的运行到底可行吗？这个铁矿在国家的扶持下运营了很多年。关闭以后，没有任何私人企业愿意投资，因为与巴西的铁矿石竞争意味着极大的挑战。综上所述，可以说在那个时期，中国企业面临着大部分当地企业也同样面临的问题。然而，低估问题的严重性以及高估自身及有关方解决这些问题的能力，导致了运营中一些困难的加重。这里我们想到了与工会的关系、产品的质量、政府官员在处理困难时的心有余而力不足。

所有这一切都发生在全球市场矿石价格下跌的背景下，与此同时，中国政府对国有企业和钢铁行业进行了改革以实现优胜劣汰。在这一新的趋势的影响下，效益不佳的项目受到了影响，最后，希拉格兰德铁矿项目以停产而告终。

综上，我们可以总结出希拉格兰德铁矿经营失败的几个原因：①项目原因

（开采成本高，产品质量低）；②国家原因（没能创造利于投资和贸易的经济环境）；③公司自身原因（低估项目的潜在问题并高估解决问题的能力）。全球矿价下跌以及中国政府为使国有企业盈利而对其施以压力，最终迫使铁矿停产。

最后，我们希望提出一些着眼未来的思考：

从2015年12月起，阿根廷的经济体制发生了革新，新政府推翻了之前政府实施的诸多不利于投资和贸易的措施。这一新的商业框架有助于外国投资，也有利于外资预测前景。

但这并不意味着企业在做出投资行为之前不需要进行全面彻底的分析调查。对国家体制、机构、技术环境了解得越多，不可预期成本的估算就会越准确。

最后，企业需要立足于项目本身是否具有可行性。希拉格兰德案例失败的教训告诉我们，高估政治支持可能会导致致命的错误，因为这些支持通常都是不长久的，并且政府做出的承诺往往难以实现。

中国与阿根廷渔业合作的现状与前景①

阿根廷西与智利接壤，因而未能在南太平洋形成漫长海岸线，但东濒西南大西洋，海岸线长达 4 000 多千米，南北跨度近 20 个纬度（南纬 35°~55°），专属经济区面积达 116 万平方千米。阿根廷东南部海域处于巴塔哥尼亚大陆架，为南半球最大的陆架海域，也是鱼类种群适宜的栖息地。阿根廷北部海域渔业生产力尤其高，起源于赤道的高温高盐的巴西暖流及南赤道支流与起源于南极环流的低温低盐的福克兰寒流在此处交汇，虽然海岸线仅占总长度的 25% 左右，其捕捞量却占全国总量的 85% 和出口量的 75%。② 另外，拉美地区重要的拉普拉塔河、巴拉那河、巴拉圭河与乌拉圭河每年将含有大量丰富营养和有机质的河水排入阿根廷沿海，也为鱼类提供了绝佳的生存环境。③ 得益于天时地利，阿根廷渔业资源丰富。然而，由于阿根廷国内渔业政策与法律制度、渔业产业、渔业国际合作均处于发展及完善阶段，其渔业资源养护和环境保护力度不够，水产养殖和水产品加工业发展缺乏技术支撑，渔业发展面临诸

① 作者：邹磊磊，博士，上海海洋大学海洋政策与法律研究所教授；朱文钊，上海水产（集团）总公司国际发展部经理助理，国际商务师。

② 中国驻阿根廷使馆经商参处：《阿根廷渔业概况》，中国农业信息网，2012 年 12 月 26 日。http://www.agri.cn/v20/zx/sjny/201312/t20131226_3725230.htm. 检索时间：2016 年 1 月 25 日。

③ 中国驻阿根廷使馆经商参处：《阿根廷渔业概况一》，中国远洋渔业信息网，2006 年 11 月 20 日。http://www.cndwf.com/bencandy.php? fid = 136&id = 86. 检索时间：2016 年 1 月 25 日。陈超群：《阿根廷渔业》，载《福建水产》，1990 年第 8 期，第 82－85 页。

多困难。

国内针对阿根廷渔业以及中阿渔业合作的研究有限，未能对现有的中阿渔业合作领域进行全面梳理，也未充分发掘双方渔业合作的潜力。本部分将全面介绍阿根廷渔业发展历史与现状，回顾阿根廷渔业政策与法律制度、渔业产业和国际合作的发展历程，并探讨中国与阿根廷在远洋渔业、水产养殖业、水产品加工业、渔业管理和养护等领域开展互补共赢式渔业合作的可行性。

一　阿根廷渔业状况及其国际合作

阿根廷渔业资源丰富，品种多，品质高，能满足不同国际市场的需求，这是阿根廷渔业的最大优势。图 2. 2 为阿根廷 1997—2015 年的渔业捕捞产量情况。20 世纪 90 年代中后期，阿根廷的渔业捕捞量达到了历史最高峰，年产量达百万吨以上；21 世纪初，其捕捞产量有所下降，基本稳定在 90 万吨左右，近几年产量仍有所回落，大致维持在 80 万吨上下。阿根廷海洋渔业资源可利用的品种多达 300 种，其中阿根廷滑柔鱼、阿根廷无须鳕、牟氏红虾、南美尖尾无须鳕、巴塔哥尼亚扇贝等为主要捕捞品种。表 2. 11 为 2013 年阿根廷主要渔业捕捞品种及其产量。

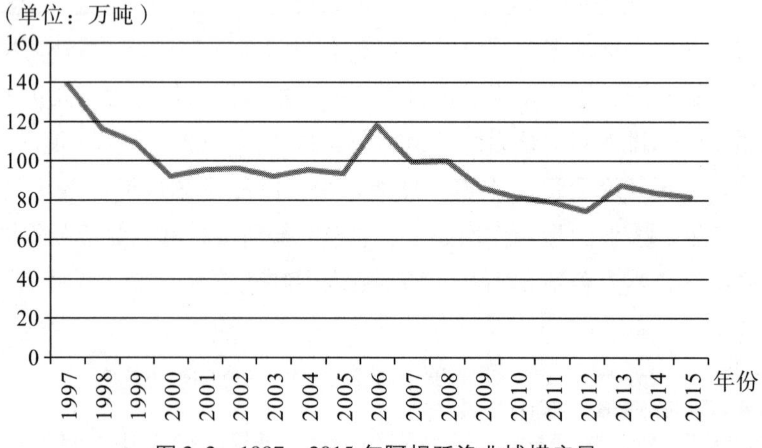

图 2. 2　1997—2015 年阿根廷渔业捕捞产量

资料来源：FAO，FAO Yearbook：Fishery and Aquaculture Statistics 2015，Roman：FAO Publishing，2017，p. 9；FAO，*FAO Yearbook*：*Fishery and Aquaculture Statistics2006* ，Roman：FAO Publishing，2008，p. 10.

表 2.11 2013 年阿根廷主要渔业捕捞品种及其产量

序号	捕捞品种	产量（吨）
1	阿根廷无须鳕（Argentina Hake）	274 982
2	阿根廷滑柔鱼（Argentina Squid）	191 722
3	牟氏红虾（Argentina Red Shrimp）	100 671
4	南美尖尾无须鳕（Patagonian Grenadier）	55 966
5	弗氏绒须石首鱼（Whitemouth Croaker）	45 976
6	巴塔哥尼亚扇贝（Patagonian Scallop）	42 202
7	日本鲭（Chub Macherel）	18 161
8	阿根廷鳀（Argentina Anchovy）	18 081
9	条纹犬牙石首鱼（Stripped Weakfish）	16 433
10	鳐目（魟）（Rays，Stringrays）	15 208
11	南美鲱鱼（Prochilods）	11 986

资料来源：FAO，*FAO Global Fishery and Aquaculture Statistics 2014* ，Roman：FAO Publishing，2016.

为了进一步了解阿根廷渔业全貌，以下介绍阿根廷的渔业政策、法律制度、渔业产业以及国际合作的发展历程。

（一）阿根廷渔业政策与法律制度

1998 年的《联邦渔业法》（第 24922 号法）① 在阿根廷渔业管理历史上具有里程碑作用，此前阿根廷国内缺乏渔业立法，仅有的渔业相关立法仅关注渔业产量的提高，即忽视了渔业资源养护、渔业环境保护等问题，不利于渔业的可持续发展。② 《联邦渔业法》重视渔业投入控制，同时引入产出控制管理。入渔许可制度、休渔制度、渔具渔法限制等都是传统的渔业投入控制手段，但随着捕捞技术的发展，渔业生产效率不断提高，渔获量上升，造成渔业资源衰退。《联邦渔业法》把个人可转让配额制度作为渔业产出控制的重要手段，在总可捕捞量确定的前提下，以渔民、渔船、渔业公司为捕捞单元，给予他们在确定的时期和区域内捕捞确定数量渔业资源的权利，从而避免了捕捞过程中的

---

① The Republic of Argentina，“Law 24922 - Fisheries Federal System”，1998. http://www.infoleg.gov.ar. 检索时间：2016 年 1 月 25 日。

② OECD，*OECD Review of Fisheries* 2000：*Policies and Summary Statistics*，Paris：OECD Publishing，2000，pp. 233 - 237.

无序竞争。配额制度的实施必须拥有渔业资源的动态数据和完备的渔业监督机制，由于相应措施的缺失，一直到2009年阿根廷才真正针对包括阿根廷无须鳕在内的四种鱼类种群实施个人可转让配额制度。得益于《联邦渔业法》，阿根廷政府对渔业的管理监控、资源养护、科学研究、环境保护等均步入制度化道路。随着该法律的制定与实施，阿根廷联邦渔业委员会也得以成立，全面负责国内渔业政策的制定与开展、协调渔业科学研究、制定渔业发展计划、确定每年的总可捕捞量和个人可转让配额。2009年，阿根廷政府成立农牧渔业和食品部，进一步加强了包括渔业在内的农业政策的制定和实施。至此，阿根廷的渔业管理基本步入正轨。

（二）阿根廷的渔业产业发展

阿根廷的渔业产业发展道路经历了颇多起伏。虽然渔业资源丰富，但阿根廷的渔业发展历史并不悠久。20世纪70年代之前，阿根廷的渔业发展滞后，海洋捕捞设备落后，水产品仅供给国内市场。70年代中期开始，世界传统渔场渔业资源呈现匮乏态势，然而国际市场对水产品的需求却持续上升，刺激了阿根廷渔业的发展，渔业产量有所上升，但由于当时欧洲及亚洲对水产品进口均启动严格壁垒，阿根廷渔业发展动力不足。70年代末80年代初，受专属经济区制度的限制，外国渔船不能再进入阿根廷海域开展捕捞作业，因而陆续出现了一些渔业合资企业，这在一定程度上带动了阿根廷渔业捕捞技术及设备的更新与改进。90年代，阿根廷的对外开放政策极大地促进了该国渔业的发展，在吸引大量外资的同时，也引进了先进的渔业技术及设备，阿根廷渔业进入全速发展期。其渔业产量在1996—1997年达到了历史最高峰，达140万吨，包括中国、日本、韩国在内的亚洲国家也陆续成为阿根廷水产品的重要出口国，巨大的国际水产品需求刺激着阿根廷渔业的快速发展。但是，阿根廷国内渔业政策与法律制度的不完善阻碍了该国渔业的进一步发展，且一切以提高产量为最终目的的无序捕捞竞争使渔业资源得不到合理的养护，阿根廷渔业逐渐显现衰退迹象。比如，1998年阿根廷无须鳕的捕捞量竟然超出可允许捕捞量的73%[①]，导致之后连续几年的无须鳕捕捞业一蹶不振。阿根廷渔业经过90年

---

① 刘连军、秦正军、陈捷：《阿根廷渔业及入渔政策》，载《中国渔业经济》，2002年第5期，第45－48页。

代连续多年的增产之后，于 1998 年后开始连续减产，这唤起了阿根廷政府的渔业资源养护意识，促成了 1998 年 2 月《联邦渔业法》的制定及实施。迄今，除了 2006 年渔业捕捞产量重新过百万吨，阿根廷的捕捞产量基本维持在 80 ~ 90 万吨，始终未能突破阿根廷捕捞历史上的巅峰时期。

阿根廷拥有良好的水产养殖条件，江河、湖泊及海域面积大且分布广泛，有利于开展不同类型的水产养殖；但是，现实中，阿根廷水产养殖业发展缓慢，与其优厚的自然环境不相匹配。与该国的渔业捕捞产量相比，其水产养殖产量几乎微不足道，一直以来维持在 3 000 吨上下，仅约为捕捞产量的 1/300 至 1/400，图 2. 3 为 1995—2013 年间阿根廷捕捞与养殖产量对比图。另外，阿根廷仅拥有 1 000 余个水产养殖场，且皆为小型或中型养殖场，养殖技术不高，海水养殖不发达，淡水养殖产品单一。其中，2011 年淡水养殖品种中约 42% 为鳟鱼，38% 为黑鳍巨脂鲤鱼。[①] 促进阿根廷水产养殖业发展的关键是提高养殖技术、开发养殖品种、改善养殖条件。在加大政府投资的同时，阿根廷政府也寄希望于通过国际合作全面发展水产养殖业。

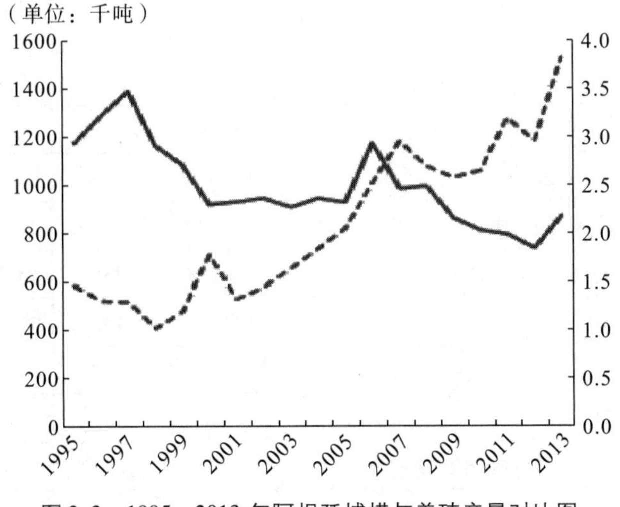

图 2. 3　1995—2013 年阿根廷捕捞与养殖产量对比图

注：图中实线为捕捞产量（左轴），虚线为养殖产量（右轴）。

资料来源：OECD，*OECD Review of Fisheries* 2015：*Policies and Summary Statistics*，Paris：OECD Publishing，2015，p. 50.

---

① OECD，*OECD Review of Fisheries* 2013：*Policies and Summary Statistics*，Paris：OECD Publishing，2013，p. 417.

在阿根廷，与渔业紧密相关的水产品加工业的发展也不尽如人意，加工业欠发达导致阿根廷出口的水产品基本是未加工或初级加工产品，该国仅能通过加大出口量来增加出口贸易额，却把实现产品附加值的机会拱手让给其水产品进口国。表 2. 12 是经合组织发布的 2006 年和 2008 年阿根廷水产品出口的详细情况，这两个年份是阿根廷进入 21 世纪后渔业产量最高的两年，其水产品出口情况具有一定的代表性。加工业是渔业产业链中重要的一环，不仅有利于提升水产品的附加值和出口创汇能力，也可以带动国内的水产品消费市场。此外，阿根廷水产品加工业与渔业的发展紧密相关，如 2009 年滑柔鱼的减产使部分加工厂由于缺乏原材料而倒闭①，这从一个侧面显示了该国水产品加工业的脆弱性。阿根廷的水产品加工业发展潜力巨大，但如何挖掘其潜力是阿根廷面临的一项艰巨任务。

表 2. 12　阿根廷水产品出口情况

水产品种类	2006 年		2008 年	
	出口量（吨）	出口额（万美元）	出口量（吨）	出口额（万美元）
鲜鱼及冷藏鱼（不包括鱼片）	13 035	1 342. 9	7 666	1 427
冰冻鱼（不包括鱼片）	156 619	16 513. 4	142 224	22 330. 6
鱼片及其他鱼肉	176 427	38 164	123 685	39 950. 2
供人食用的干制或腌制鱼肉、鱼粉、鱼丸	13 640	2 354. 9	12 355	2 687. 8
虾蟹等甲壳类水产品	39 488	37 358. 3	43 358	38 360. 3
贝类等软体类水产品	187 023	25 135. 2	183 444	20 014. 4
不适宜供人食用的、未归入其他分类的水产品	124	26. 3	1 554	135. 1
鱼或其他海洋哺乳动物的油脂	489	71	1 543	185. 8
鱼及其他海鲜的抽出物及液汁	77	23	76	30. 3
制作或保藏的鱼	2 591	883. 3	3 259	1 193. 9
制作或保藏的海鲜	314	281. 9	243	192. 8
不适宜供人食用的鱼粉、鱼粉饲料和鱼丸	37 821	2 717. 3	42 193	3 413. 9

① OECD，OECD Review of Fisheries 2011：Policies and Summary Statistics，Paris：OECD Publishing，2011，p524.

续表2.12

水产品种类	2006 年		2008 年	
	出口量（吨）	出口额（万美元）	出口量（吨）	出口额（万美元）
活鱼	0	0	1	6.1
总计	627 648	124 871.5	561 601	129 928.2

资料来源：OECD，*OECD Review of Fisheries* 2011：*Policies and Summary Statistics*，Paris：OECD Publishing，2011，p. 526；OECD，OECD Review of Fisheries 2009：Policies and Summary Statistics，Paris：OECD Publishing，2009，p. 385.

（三）阿根廷的国际渔业合作

总体而言，阿根廷还未对渔业资源进行合理的开发，渔业尚未成为阿根廷的支柱产业。鉴于阿根廷渔业捕捞技术和渔业产业基础设施均较为落后，国际渔业合作成为阿根廷渔业实现长足发展的重要手段。

阿根廷的国际渔业合作历史并不长。20 世纪 70 年代末 80 年代初，专属经济区制度的实施使阿根廷国内第一批渔业合资企业应运而生。根据当时的法规，除了国家合作协议中的极少数特例，仅允许悬挂阿根廷国旗的外国渔船入渔。外国渔船的加入和国际市场对阿根廷水产品需求的持续上升使阿根廷渔业得以发展。20 世纪 90 年代前期是阿根廷渔业的鼎盛时期，而 90 年代后期却遭遇了渔业资源的衰退，同时渔业成本上升、经济收益下降以及投入不够等问题也使渔业生产难以维持。但此时阿根廷迎来了国外资金投入的第二个高峰期，该国渔业得以维持和发展。1998 年的《联邦渔业法》进一步鼓励国外投资者的渔业合作热情，允许悬挂外国船旗的渔船入渔阿根廷海域，但一般仅限于捕捞未开发或低度开发的鱼类种群。目前，外国渔船一般以三种方式入渔阿根廷海域：一是被阿根廷渔业公司租赁，公司获得捕捞配额，外国渔船收取租赁费用或者以固定价格回收渔获物；二是通过与阿根廷渔业公司合资，外国渔船入籍阿根廷，公司向政府申请捕捞配额并开展捕捞作业，最终收益分成[①]；

① 刘连军、秦正军、陈捷：《阿根廷渔业及入渔政策》，载《中国渔业经济》，2002 年第 5 期，第 45－48 页；缪圣赐：《阿根廷制定新渔业法案谋求加强其国际渔业合作》，载《现代渔业信息》，1988 年第 7 期，第 17－18 页。

三是通过政府间的渔业协定，阿根廷政府向外国渔船出售有期限的捕捞许可证，允许其进入本国专属经济区开展捕捞作业，这些渔船大多来自日本、韩国等亚洲国家。[①] 国外资金踊跃进入阿根廷的另外一个原因是 1991 年开始的阿根廷国内经济改革（固定的外币兑换率、贸易自由化、国有企业私有化、放松市场管制等）吸引了各类外资。与秘鲁政府要求国家必须持有合资公司 50% 以上股份的政策不同，阿根廷对引入外资采取较为宽松的政策[②]，在安排不少于 75% 的阿根廷船员上船、渔船在阿根廷港口卸货、销售给当地加工厂的渔获物比重不少于 10% 的前提下，根据两国间的政府合作协议，外国渔船即可向阿根廷政府申请捕捞许可证，获得捕捞配额并合法入渔。

阿根廷是世界著名的水产品出口国，出口量一般稳定在渔业总产量的 90%[③]，渔业对国内经济的贡献主要体现在出口创汇。从阿根廷渔业发展历史看，国际上巨大的水产品需求是其渔业发展的最大动力。有数据显示，1985—1995 年期间，阿根廷的水产品出口增长了 478%[④]，这段时期也是阿根廷渔业发展从起步到鼎盛的时期。阿根廷国内水产品的消费需求不高，仅有 10% 左右的水产品用于供应本地市场，水产品进口量也有限。图 2.4 可以大致表明 1993—2013 年阿根廷水产品进出口额的变化：在渔业产量鼎盛时期的 20 世纪 90 年代，水产品出口额也随之攀升，此后随着渔业产量下降而跌落；从 2005 年起，出口额出现反弹并维持上升趋势，很大原因得益于渔业资源养护和国际市场水产品价格的上升。图 2.4 还表明，与出口额相比，阿根廷水产品进口额明显处于弱势，且起伏并不明显。[⑤] 因此，借助加工业生产符合国内外市场需求的水产品，既可以促进阿根廷水产品进出口比例合理化，也有利于提高水产品的附加值和出口额，从而提升渔业对国民经济发展的贡献。

---

① UNEP, *UNEP Country Projects - Round II - A Synthesis Report*, Nairobi: UNEP Publications, 2001, p. 9.

② 中国商务部公共商务信息服务：《阿根廷外商投资政策情况》，中国商品网，2007 年 10 月 19 日。http://ccn. mofcom. gov. cn/spbg/show. php? id =6452. 检索时间：2016 年 1 月 25 日。

③ OECD, *OECD Review of Fisheries 2009: Policies and Summary Statistics*, Paris: OECD Publishing, 2009, p. 379.

④ UNEP, *UNEP Country Projects - Round II - A Synthesis Report*, Nairobi: UNEP Publications, 2001, p. 9.

⑤ OECD, *OECD Review of Fisheries 2017: Policies and Summary Statistics*, Paris: OECD Publishing, 2017, p. 55.

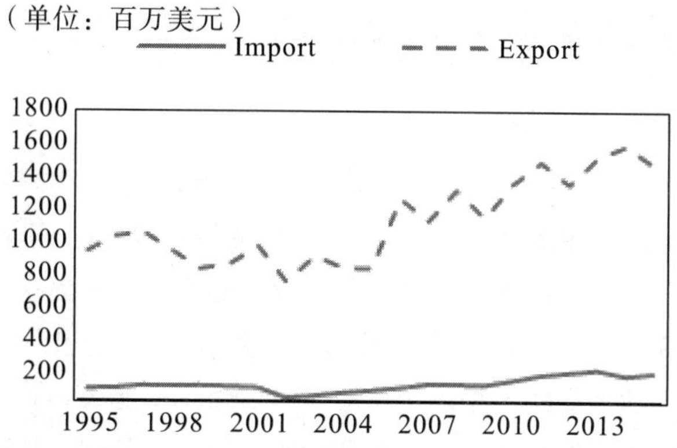

图 2.4　1993—2015 年阿根廷水产品进出口额对比图

资料来源：OECD，*OECD Review of Fisheries* 2017：*Policies and Summary Statistics*，Paris：OECD Publishing，2017，p. 55.

二　中国与阿根廷的渔业合作历史与前景

中国与阿根廷于 1972 年建立外交关系，2004 年双方进一步建立战略合作伙伴关系，近年数据统计显示，中国已经成为阿根廷的第二大贸易伙伴。除了贸易往来，中国企业在阿根廷的直接投资也不断增长，且行业涉及面广。① 在中阿两国紧密合作的大背景下，两国的渔业合作也不断得到拓展与深化。虽然阿根廷渔业资源丰富，但资源利用并不合理，渔业经济结构处于单纯的资源型而非更具活力的多元型，渔业还未能成为该国的经济支柱产业，这与其丰富的资源状况并不匹配。中国是传统的渔业大国，拥有丰富的渔业生产与管理经验，拥有充足的资金和成熟的渔业装备；国内水产品消费市场巨大，且对高品质海水产品的需求持续快速上升；中国水产加工企业的设备及技术支撑力强大，但加工原材料供应不足；中国政府对企业国际化的扶持力度不断加大，重视远洋渔业的发展。从中阿两国渔业的发展现状来看，两国在渔业产业结构、发展需求等方面具有互补性，合作前景广阔。

① 《中国成阿根廷第二大贸易伙伴》，中国商务新闻网，2014 年 7 月 23 日。http://travel.comnews.cn/gjsb/dj/zt/webinfo/2014/07/1407468013542140.htm. 检索时间：2016 年 1 月 26 日。

（一）中国与阿根廷的渔业合作历史

中国与阿根廷的渔业合作始于1986年，但当时仅限于与阿根廷渔业公司合作成立合资公司，直接购买阿根廷水产品，或通过出资为阿方造船以换取渔获物。[①] 1994年，上海水产（集团）总公司上海远洋渔业有限公司在阿根廷成立强华渔业公司，并成功获批阿根廷渔业局颁发的4张捕捞许可证。在合作过程中，强华渔业公司项目运作不断趋于成熟，2004年起，中国其他几艘在西南大西洋作业的大型鱿钓船以合作形式划归强华渔业公司管理，从而增加了入渔阿根廷海域的渔船数量。由于拥有加工厂的渔业公司比纯粹从事捕捞作业的公司获得的捕捞许可证期限长，强华渔业公司于2008年斥资收购了阿根廷当地的一家冷冻加工厂，使中阿渔业合作空间得到了进一步拓展，不仅使我国渔船渔获物实现了本地加工，且雇用了当地劳工，为当地就业市场贡献了力量。2014年，上海水产（集团）总公司旗下的金优远洋渔业公司斥资2 250万美元收购了阿根廷阿特玛渔业公司100%的股权，该公司不仅拥有4艘渔船，还有1家加工厂。[②] 金优远洋渔业公司整体收购该公司后，着力体现资金和项目输出的特色，中阿双方组成生产加工营销团队，成功设计了产品回国的最佳赢利模式。[③] 总体来看，中阿渔业通过几十年的合作，中国渔船入渔阿根廷海域的形式逐步实现多样化，从纯粹的租赁渔船发展为合资、独资公司等合作模式，合作领域也拓展到了水产品加工等方面。

远洋渔业是中国与阿根廷两国之间最重要的渔业合作内容，除此之外，双方也开展了富有成效的水产品贸易往来。鉴于中国庞大的消费市场以及阿根廷丰富并高质的水产品供应，就出口量而言，中国已经成为阿根廷水产品的第二大出口国。对应表2.12中2006年和2008年阿根廷的出口水产品情况，表2.13罗列了这两个年份里阿根廷水产品的重要出口国，从表中数据可以看出，阿根廷面向中国的水产品出口量及出口额均处于稳步上升状态。

---

① 张子实：《阿根廷渔业》，载《海洋渔业》，1989年第2期，第92－93页。

② 上海水产（集团）总公司：《上海水产集团成功收购阿根廷阿特玛渔业公司》，中国水产频道网，2014年6月2日。http://www.fishfirst.cn/article－35745－1.html. 检索时间：2016年1月26日。

③ 资料提供者：上海水产（集团）总公司。

表 2.13　阿根廷水产品的重要出口国

国家	2006 年		2008 年	
	出口量（吨）	出口额（百万美元）	出口量（吨）	出口额（百万美元）
西班牙	166 762	457.835	127 039	420.299
中国	73 901	55.28	102 070	80.896
巴西	49 147	90.809	42 278	113.038
意大利	36 848	124.958	31 208	135.22
美国	30 394	76.437	24 290	80.554
日本	29 922	71.428	21 156	62.909
法国	16 490	84.333	16 438	65.066
总计	403 464	961.08	364 480	957.982
出口占比（%）	64	77	65	74

资料来源：OECD，*OECD Review of Fisheries* 2011：*Policies and Summary Statistics*，Paris：OECD Publishing，2011，p. 526；OECD，OECD Review of Fisheries 2009：Policies and Summary Statistics，Paris：OECD Publishing，2009，p. 386.

中阿两国政府非常重视彼此之间的渔业合作，遵循“平等互利、优势互补、合作共赢”的原则，于 2010 年签署了《中华人民共和国农业部与阿根廷农牧渔业部关于渔业合作的协议》。这个协议不仅进一步加强了双方在远洋渔业的合作，并将合作拓展到捕捞技术、水产养殖、水产品加工、渔业资源养护与管理等领域，以期实现全方位的渔业合作。此外，中阿渔业分委会也随之成立，主要协调两国的渔业合作事宜，截至 2016 年 5 月，已成功举办了 8 次研讨会，双方进一步推进对话机制并深化彼此的渔业合作，成效显著。阿根廷明确表示，将加大并加快对“光船租赁”及合资入籍的中国渔船捕捞许可证的发放，降低中国渔船入渔的条件，取消部分限制条件，简化入渔审批程序；阿根廷也欢迎中国企业投资其水产养殖业，呼吁双方渔业贸易渠道的畅通；中国已经为阿根廷的养殖技术人员和科研人员提供两次培训课程，传授养殖经验。① 可见，双方的渔业合作意愿强烈，合作领域正在不断拓展。

（二）中国与阿根廷的渔业合作前景

未来中国与阿根廷的渔业合作应在平等互利、优势互补的前提下开展，在最大限度上实现合作共赢。中国是世界渔业大国，渔业历史悠久，累积了大量的渔业经验与技术。多年来，中国渔业总产量、养殖产量、远洋渔业产量等多项统计数据均为世界第一；另外，水产品出口额和国际贸易总额、渔船拥有量、渔民总数、渔业从业人员数量也均为世界第一。②

中国的远洋渔业从1985年起步，经过30多年的发展，船队规模和远洋渔业产量居世界前列。发展远洋渔业是中国渔业政策的重要组成部分，建设布局合理、装备精良、配套完善的现代远洋渔业产业体系是中国从远洋渔业大国向远洋渔业强国转变的关键。对中方而言，与阿根廷的渔业合作有助于进一步促进中国远洋渔业事业的发展；对阿方而言，资本投入、渔船渔具更新改进、捕捞技术引进等方式有利于提升阿根廷海洋捕捞业的发展潜力。

中国具有丰富的水产养殖经验，而阿根廷水产养殖空间广阔、潜力巨大，加强双方技术交流将有助于实现阿根廷水产养殖业的内涵建设。阿根廷从北到南纬度跨越大的地理特点有助于开展淡水和海水养殖、山区和沿海养殖、热带和亚热带养殖等多样化特色养殖实践。在工厂化养殖、综合养殖、绿色养殖等方面，中国均具有丰富的实践经验，可以帮助阿根廷改善国内养殖品种单一、技术含量低的现状，实现阿根廷渔业产业结构的战略性调整。

水产品加工也是中阿渔业合作的重要领域之一。阿根廷国内水产品消费量不高，一般国内市场出售的均为鲜鱼，价格比较低廉，然而，阿根廷进口水产品中60%以上均为深加工产品，价格高昂，水产品进口市场的开放给其国内加工业造成了生存危机。中国作为水产品加工大国，具有丰富的加工经验，通

---

① 中国农业部渔业渔政管理局：《中国阿根廷渔业分委会第七次会议在青岛召开》，中国渔业政务网，2015年11月10日。http://www.cnfm.gov.cn/yyywyzj/201511/t20151110_4895442.htm. 检索时间"2016年1月26日；中国水产科学研究院：《阿根廷水产养殖技术培训班开班》，2015年6月2日。http://www.cafs.ac.cn/show.asp? ResName = picgnxw * order = 1389. 检索时间：2016年1月26日。

② 《中国渔业的多项统计数据居世界第一》，新华网，2014年6月30日。http://news.xinhuanet.com/fortune/2014-06/30/c_1111384848.htm. 检索时间：2016年1月26日。农业部渔业局：《中国渔业统计年鉴2014》，北京：中国农业出版社，2015年，第1-2页。

过市场调查等手段了解阿根廷国内市场对加工水产品的需求，可以有针对性地在阿根廷本土开展水产品加工，减少原料出口、加工品进口流程所产生的价格差及物流等成本。此外，阿根廷出口的水产品一般未进行深加工，不能实现高附加值。鉴于上述状况，阿根廷的水产品加工业潜力颇大。中阿两国通过水产品加工业的合作，探索水产品加工的综合利用水平，根据国际及国内市场需求开拓水产品加工新领域，并以水产品精加工、深加工和综合利用为重点，探索开拓海洋药物、海洋化工和海洋功能食品等新兴加工业。

在渔业发展过程中，中国和阿根廷都经历过渔业资源的衰退。鉴于此，双方应共同探讨渔业养护与管理的理论与实践，就投入与产出控制、技术管理措施、经济控制等渔业管理措施对资源养护的效果进行交流。为了实现与国际接轨，双方还可以就捕捞配额制度、水产品的可追溯体系、全球海洋管理委员会（Marine Stewardship Council）可持续渔业标准认证等开展合作研究与实践，以促进渔业可持续发展及水产品产销监管链的形成。

随着中国经济的日益增长，中国对外投资也呈现快速发展的势头，而且对外投资一般都伴随着对外贸易的开展。因此，中阿双方日益频繁的渔业贸易往来必将极大地鼓舞中国投资阿根廷渔业的热情，满足阿根廷市场对资金和技术的需求。双方可以围绕渔业开展多元化的合作，除了通过境外股权并购投资海洋捕捞和水产养殖业，还可以在港口建设、水产品加工、冷藏设施建设、渔船建造和维修、渔具设备生产、鱼粉工厂建设等领域开展合作。

中阿两国渔业合作具有明显的优势互补性，合作前景广阔。双方具有良好的合作历史，未来两国渔业合作有政府间的全面战略合作伙伴关系为保障。对于阿根廷而言，与中国的渔业合作有助于改变自己单一生产型的渔业国家形象，从而实现向渔业生产、产品加工、国际贸易和综合经营的转变。对中国而言，与阿根廷的渔业合作将有助于促进本国远洋渔业的进一步发展，满足人们日益上升的高档水产品消费需求，并稳固中国作为拉美国家主要贸易伙伴的地位。

三　中国与阿根廷渔业合作的政策建议

虽然中阿渔业合作前景广阔，但在开展实质性合作之前必须做到知己知彼，以应对未来合作中可能出现的问题。

拉美国家的政治局势变化会对其渔业生产环境产生巨大的影响，了解对方的政治大环境将有助于我们做出明智的合作判断。中国驻当地的使馆商务处可以提供一些必要信息，帮助中国企业了解阿根廷的相关法制法规、政治经济文化、投资政策及渔业产业发展动向，以此选择合适的合作伙伴，推动双方合作的实质性开展。此外，在阿根廷设立相应的商务机构，不仅可以帮助中国企业获取渔业合作机会的信息，而且还可以成为中阿洽谈对接和信息交流的平台，发生纠纷时可以适当协调，维护中国企业在国外的权益。当然，由于大部分的中阿渔业合作由相关渔业企业承担，就中国政府而言，需对其加强管理和调控，特别是加强渔业企业资格认定和项目确认，加强海外合作项目的评估论证和监督，循序渐进地推进中阿渔业合作。

为了进一步拓展中阿之间的渔业合作，中方也应督促阿方进一步优化合作环境。为了吸引外资，阿根廷政府已推出了针对国外投资的多项优惠政策，但阿根廷与拉美国家一样存在税率高、税种繁杂的状况①，一定程度上影响了外资进入的热情。比如，外国渔船入渔阿根廷海域的申请手续较为繁杂，为保护本国渔业企业，阿根廷政府对外国渔船入渔要求严格，且对捕捞许可证及捕捞配额的申请与发放、阿籍船员人数比例、渔获品内销比例等均有严格规定。中阿渔业合作的开展需得到两国政府政策层面的支持和保障。

另外，西方媒体刻意渲染的“中国威胁论”及“新殖民主义”等论调使中国在与阿根廷开展渔业合作时面临国际舆论压力，无形中为中阿渔业合作设置了障碍。因此，鼓励中国的民营企业开展中阿渔业合作是一种有效的合作途径，但政府也应为其提供必要的行政和外交支持。

联合国环境总署的一份报告指出，20 世纪 90 年代开始的阿根廷渔业资源衰退和外国资金进入阿根廷渔业产业之间有紧密相关性。② 注重渔业资源养护和生态环境保护是中国开展渔业合作时必须遵循的前提条件。在必要的情况下，中国应积极配合并参与阿根廷渔业资源调查活动，通过提交渔业数据协助阿根廷政府制定每年的总可捕捞量，这符合渔业可持续发展的理念，也是中阿双方实现平等互利、优势互补、合作共赢的渔业合作的前提。

---

① 卢俊坤：《中国对巴西贸易与直接投资关系研究》，山西财经大学硕士学位论文，2012 年，第 31 页。

② UNEP, *UNEP Country Projects - Round II - A Synthesis Report*, Nairobi: UNEP Publications, 1999, p. 9.

中国与阿根廷农业合作的现状与潜力[①]

自从人类开始交易以来，农产品贸易一直是最具流通性的交易之一。其主要特点是以粮食安全为着眼点，“即获得足够安全和营养的食物，引导健康和积极的生活”[②]。

这一特点在2016年中华人民共和国对拉丁美洲政策《白皮书》[③] 中的第四部分经济和贸易部分中被特别指出。在涵盖广泛的主题中，该文件由13个经贸合作领域组成：（1）贸易；（2）产业投资和产能合作；（3）金融合作；（4）能源资源合作；（5）基础设施合作；（6）制造业合作；（7）农业合作；（8）科技创新；（9）航天合作；（10）海洋合作；（11）海关、质检合作；（12）贸易投资促进机构和商协会合作，（13）经济技术援助。[④]

在农业合作方面，中国重申了推动农业技术交流和畜牧业、林业、渔业、水产养殖等各个领域人才培养的愿望。促进粮食安全是反复强调的主题。与其

---

① 作者：克罗利娅·巴埃斯（Gloria Báez），农业问题专家，阿根廷国际关系理事会中国工作组成员。

② FAO. Cumbre Mundial de Alimentación. 1995.

③ 在习近平主席2016年11月对秘鲁、智利和厄瓜多尔进行访问后，中国政府发布了一份新的拉丁美洲和加勒比关系框架文件。这是继2008年之后针对该地区的第二份政策“白皮书”。

④ El Nuevo Libro Blanco de China. Camara de Exportadores de la Republica Argentina（CERA）. Instituto de Estrategia Internacional. Alonso，F，Mantilla，S. Pag. 4. 2017.

他领域一样，中国表示有意全面启用中国与拉美地区现有农业合作的专项资金。①

基于这些前提，本文试图分析中国和阿根廷在某些重要领域的经济和贸易关系，即农产品生产和服务。

中国和阿根廷的经贸关系始于1953年，涉及政治和贸易各个领域。此外，两国还参加了各领域的多边谈判，如G20、WTO、气候变化、粮农组织等。

在贸易领域参与度的增加主要是因中国进行了再平衡，并带来了消费重组。一方面，由于中国城市化进程及中产阶级的巩固和增长前景，中国的食品消费习惯发生了变化。如果按照人均日收入在10至50美元之间的标准计划，预计中国的中产阶级将从2005年的5 000多万增长到2030年的约10亿。另一方面，阿根廷辽阔的领土、适宜的气候和安全性，为农产食品高产及品种的多样性提供了可能。此外，先进技术的应用也有助于向消费日益增长的中国提供食品供应以及服务。

应该肯定的是，阿根廷已经进入农业化，这是指“跨部门为特点的现象，在19世纪末期与牲畜有关的农业生产不断增加，随后是谷物的引进，以及20世纪最后几十年大豆和生物技术的引进”②，以及技术引进。

中国人口占世界人口的19%，但这个国家只有7%的耕地和6%的水资源储备，这使得中国的食物生产不能自给自足，这为阿根廷创造了机遇。

未来十年，中国的糖、禽、羊肉等产品的人均消费量将增加20%左右，而鱼、植物油、蔬果、牛奶、牛肉会增加10%到20%。毫无疑问，阿根廷可以满足这个需求。③

下文将对两国农业部门进行分析，总结商贸往来的状况，最后提出一些促进贸易发展的建议。

---

① El Nuevo Libro Blanco de China. Camara de Exportadores de la Republica Argentina（CERA）. Instituto de Estrategia Internacional. Alonso，F，Mantilla，S. 2017. Pág. 5.

② Agroindustria，Innovación y Crecimiento Económico de la Argentina" Massot，Baez，Prieto yotros. 2015. Pág. 74.

③ 同上。

一 中国的农业概况

从2016年的“白皮书”中可以明显看出，粮食安全具有至关重要的作用。因此，中国力求缩小城乡部门之间的差距并促进城乡一体化。

中国也是世界农产品贸易的重要参与者，进口量占全球的8.9%。自2013年以来在出口国家中排名第六（4.0%），但这一比重近年来有所下降。

根据拉美经委会（CEPAL）的报告，“中国只有7%的耕地和6%的世界水资源，人口占世界人口的19%。2004年，中国成为食品净进口国，从那以后，中国在农业部门的贸易逆差有所增加。中国经历了城市化和中产阶级扩张的过程。2014年，城市人口达到7.58亿人（占总人口的54%），到2050年将增长39%，达到10.5亿人（占总人口的76%）。另一方面，2012年中产阶级（日均支出为10美元至100美元的人）达到2.47亿人（占总人口的18%），预计2020年将达到6.07亿人（占总人口的44%）”①。

上述报告指出，农业和农业产业是面向中国出口多元化前景最为广阔的行业。中国正在进行的转变已经转化为其食品消费模式的变化。事实上，城市收入的增加通常与饮食的变化有关，为蛋白质、加工食品，以及高质量、更安全或具有特殊性质的食品提供更多空间。这为拉美和加勒比地区带来了相当大的机会，其中一些国家是竞争激烈的食品出口国。拉美和加勒比地区拥有丰富的自然资源和水资源，气候多变，物种多样，这些比较优势使其成为中国营养、安全和优质食品的主要供应国（如图2.5所示）。

① CEPAL. “Relaciones económicas entre América Latina y el Caribe y China：oportunidades y desafíos” b）. El comercio Agrícola. Pág. 33. nov. 2016.

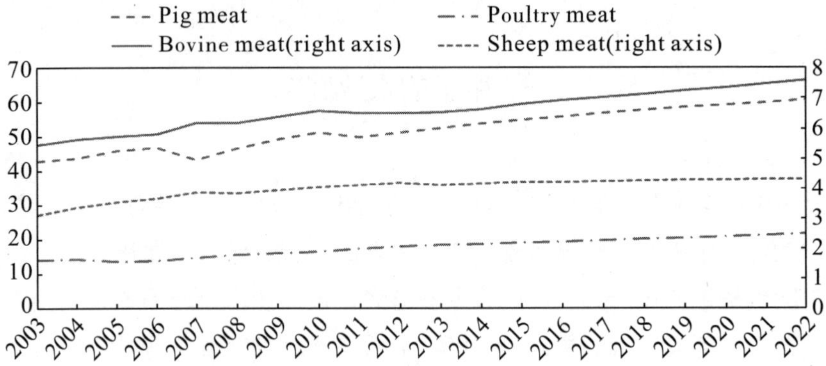

图 2.5　中国的肉类产量

资料来源：经合组织和粮农组织秘书处。

种植业对2013年农业产值的贡献略有增加，从2013年的55.1%增加到2015年的55.8%，畜牧业由2013年的30.4%增加到2015年的38.8%，而渔业由2013年的10.3%下降至2015年的9.4%。这似乎符合中国的政策要求，因为五年计划中预计谷物产量会增加，以便实现粮食安全和库存建设，从而确保价格稳定。

中国生产的主要农产品为玉米、大米、小麦、甘蔗、油籽和棉花。为提高生产率需要大面积作业和机械化，因此，2015年中国农业政策的主要目标是通过创新和现代化进程推进农业改革（如图2.6所示）。

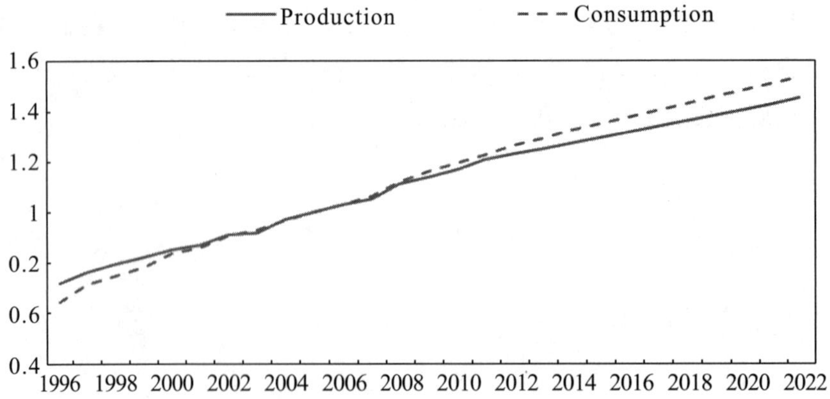

图 2.6　中国的谷物消费量和产量

资料来源：经合组织和粮农组织秘书处。

与其他国家相比，中国农产品关税相对较低（15.6%），但是高于进口平均税率（9.0%）。还应提到的是，中国采用的关税与所有产品的关税有类似的特点，与美国和欧盟相比，特定关税或复合关税仅占总量的很小一部分。

在数量限制方面，对5%的税目，小麦、大米、糖、烟草、玉米、羊毛、棉花均实行了关税配额。

就谷物而言，进口量仍低于配额。一般来说，对这些产品实行低关税，但没有达到65%的最高关税。相比之下，棉花等其他产品的外部采购量往往超过配额量，对此，超过部分的关税高达40%。对于这些产品而言，关税配额受制于非自动进口许可证，而其他产品，如植物油、烟草和家禽，则有自动许可证。

中国的关税配额制度规定，配额的一部分分配给国有贸易公司，其余部分分配给私营部门。分配给国有企业的部分很高，棉花占1/3，烟草为100%。[①]

为了实现粮食安全的目标，过去15年来，中国的农业政策发生了巨大的变化，从单纯的税收方案转变为组合支持的方式，包括税收优惠、直接补贴、价格支持、优惠融资条件等。

新政策的主要目标是增加粮食生产能力，达到95%的自给水平。同样，也是为了增加农村生产者收入，提高竞争力和基础设施质量，加强环境保护等。第十三个五年计划[②]寻求每年至少达到6.5%的经济增长，到2020年国内生产总值和人均收入在2010年的基础上翻一番。

作为其对世贸组织承诺的一部分，中国在加入该机构时已取消出口补贴。有些产品可以从退税中受益，但其中许多退税在过去几年中没有落实。

产量提高的另一个重要因素是农业资本货的实际净投资有所提高，即每年以超过9%的速度增长，这是因为政府非常重视改进和引进生物技术等各种技术，用于实现农业生产系统的现代化。在过去的30年中，农业机械化水平提高了7倍以上。小麦、稻米和玉米的播种和收割机械化水平已超过55%。[③]

---

① Massot, Juan M., Baez, Gloria y otros "Agroindustria, innovación y crecimiento económico en la Argentina"（Edit. EDICON）. Edición 2015. Pág. 54 y 532.

② 习近平任国家主席后制订的第一个五年计划。

③ Informe de China 2016. Informe al Comité de Comercio de la OMC（TPR）.

二　阿根廷的农业概况

阿根廷的大陆面积约为 280 万平方千米，拥有约 3 400 万公顷的农作物，主要农作物有大豆、小麦、玉米、向日葵、高粱和大米，也盛产牛、羊、猪和禽类等肉类。

蔬菜和菜豆的产量仅占总量的 1.5%，约有 50 万公顷，产量为 800 万到 1 000万吨。尽管远低于产量约为 1 亿吨的谷物和大豆（2015—2016 年度为 9 750万吨)，但蔬菜和菜豆单位重量的经济价值高，单位耕地面积的产量高。

国家在农业收入中的占比为 71.1%，包括大豆 73.1%、玉米 60.3%、向日葵 52.2%、肉类 27.7%。农业活动分别在温带、亚热带和干旱地区三个区域展开，全国不同的土壤和气候有利于农业生产的多样化。阿根廷与巴西和美国一样，是最大的大豆生产国和出口国之一。在阿根廷，大豆产品的对外销售额占油料作物总产量的 84%，而在巴西为 69%，美国为 59%。

阿根廷 84% 的大豆作物以原豆、豆粉、豆油和生物柴油的形式出口。2014—2015 年度大豆及其衍生产品出口量达到5 060万吨，其中大豆为1 150万吨，另有 3 190万吨豆粉，620 万吨豆油，约 100 万吨生物柴油。因此，出口量（5 060万吨）占全国大豆产量（6 010万吨）的 84%。

根据 2014—2015 年度的数据，阿根廷是世界第一大豆粉出口国、世界第一大豆油出口国、世界第一大以豆油为基础的生物柴油生产国，世界第三大大豆生产国和出口国，世界第四大豆粉生产国，世界第四大豆油生产国，世界第五大生物柴油生产国（以棕榈油、大豆油、葵花籽油、菜籽油等为原材料)。

就日榨油产能而言，阿根廷拥有全球第二大油料作物加工联合体。中国虽然超过了它，但大部分加工厂产能闲置。因此，如果只计算目前正在运行的工厂的理论加工能力，阿根廷占据首位。

在3 450万吨豆粉、原豆和大豆榨取物中，大约3 190万吨用于出口，260 万吨用于国内消费，且主要用作动物饲料。

阿根廷豆油产量在 2014—2015 年约为 880 万吨，其中 40 万吨供国内市场消费，用于食用。

2014—2015 年阿根廷豆油出口量约为 620 万吨。220 万吨豆油作为原料用于生物柴油加工。生物柴油 100 万吨用于出口，120 万吨供应国内市场，主要与柴油混合为阿根廷汽车提供燃料。

关于动物衍生产品，牛肉生产是阿根廷畜牧业最重要的产业之一，这主要体现在牛肉生产企业的数量，牲畜存量及每个生产环节所创造的就业机会。虽然阿根廷的某些地区集中生产肉牛（如潘帕斯地区），但该国所有地区都有可以用于生产加工的牛肉。

牛奶和奶制品生产是国家畜牧业中的另一个重要部门。尽管奶牛数量远远少于肉牛，但该行业是中部省份和几个区域（河谷地带）的主要生产活动之一。

三　中阿双边贸易关系及农业合作

阿根廷 1953 年首次与中国进行贸易联系时，新中国获得国际承认的愿望以及克服粮食和谷物供应短缺的需要，促成了双方的“非官方”接触。但只有在 1972 年 2 月 19 日两国正式建立外交关系之后，公有和私有企业才开始了迅速发展的经贸往来。从那时到现在，双边关系有两国领导人互访、企业代表团互访、多边协定的谈判、发展中国家间合作框架下的利益共享等特点。因此，20 世纪 80 年代以来，两国在政治、经济、科技、文化、教育等领域的交流与合作不断扩大。90 年代，两国在政治和经济领域有了新的合作，双边贸易量的增长是一个重要表现。随着中国在世界政治和经济体系中的重要性不断增强，而阿根廷需要巩固农产品生产大国的地位，以满足中国长期的需要，因此，对各领域（农业、科技、文化、商业、移民、旅游、司法、南极合作甚至航空航天）双边关系进行规范的法律和技术手段不断完善，为深化合作提供了一个适用框架。①

近年来，两国政府高层互访日益频繁，拉近了两国之间的关系。2014 年，中国国家主席习近平对阿根廷进行国事访问时，两国建立了全面战略伙伴关系，振兴了双边关系，并将其提升到了一个新的水平。这意味着，从那时起，

① Gloria Baez y otros，“REPUBLICA POPULAR CHINA. Un desafío y una oportunidad para el sector agroalimentario de la República argentina”，Hereamientas para exportar. ED. CARI. CEPAL. 2004. Pág. 139.

双边关系将延伸到各个方面，并将涵盖双边和多边高层合作的所有可能领域。

2017 年，阿根廷总统毛里西奥·马克里访问了中国，参加了 2017 年 5 月 14 日和 15 日在北京举行的“一带一路”国际合作高峰论坛。这是马克里与习近平主席的第三次双边会晤，双方签署了一系列加强双边关系的协议。在经济层面，中国已成为阿根廷的第二大贸易伙伴，这有助于加强双方的经贸合作和投资。

2001 年 11 月 10 日在卡塔尔多哈举行的世贸组织部长级会议上，世贸组织成员国就中国的加入条款达成协议。一天后，中国签署了该协议。就这样，中国于 2001 年 12 月 11 日成为该组织的第 143 个成员，并制定了加入议定书、工作组报告和商品及服务清单。

与阿根廷的双边谈判于 2001 年 3 月 10 日结束。通过这次谈判，中国对 60 种产品削减关税，其中 36 种与农业部门有关。主要产品包括牛肉（新鲜和冷藏）、牛肉加工产品、渔业产品（新鲜及冷冻的鱼类和甲壳类）、水果（苹果，梨和柑橘）、马黛茶、食用油和豆粉。[①]

中国中央政府负责制定农业总体政策框架及其应用规则。农业部和其他机构，包括国家发展和改革委员会、财政部和商务部等负责实施农业政策。一般来说，农产品出口无须缴纳出口税。

无论是进口还是出口，中国目前是仅次于巴西的阿根廷第二大贸易伙伴。阿根廷对中国的出口在 2001—2011 年之间增长迅速，但此后开始下降。2016 年，阿根廷对华出口 46.61 亿美元。对中国的出口占阿根廷出口总额的 8%。2001—2011 年，阿根廷从中国的进口增加了 10 倍，但之后保持相对稳定。2016 年达到 105 亿美元，占进口总额的 19%。阿根廷自 2008 年以来保持对华的贸易差额，2016 年达到了 58 亿美元（见图 2.7）。

---

① Massot, Juan M., Baez, Gloria y otros "Agroindustria, innovación y crecimiento económico en la Argentina" (Edit. EDICON). Edición 2015. Pág. 54 y 532.

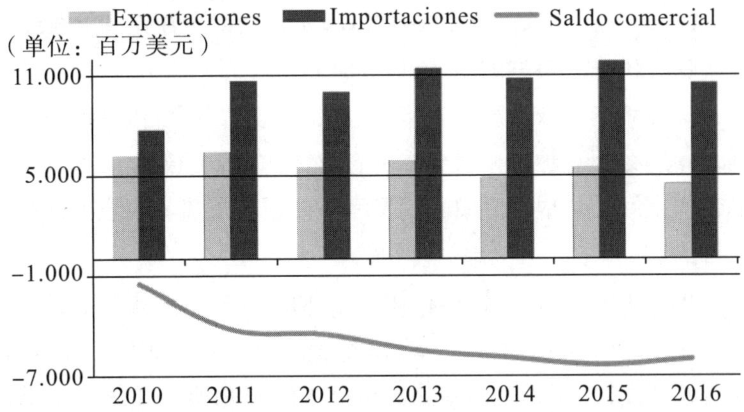

图 2.7　2010—2016 年阿根廷中国双边贸易额

资料来源：阿根廷国家统计和调查局（INDEC）数据。

阿根廷在 2016 年对华出口的主要产品是食品，其中占比最高的是大豆，占出口额的63%。远居其后的是原油（8.5%）、无骨肉和冷冻牛肉（5.2%）、整虾和冻虾（3.6%）、冷冻鸡块或鸡肉片（2.1%）、生葵花籽油（1.9%）、去梗干叶香烟（1.4%）、生花生油（1.2%）、未经加工的羊毛（1.1%）等。

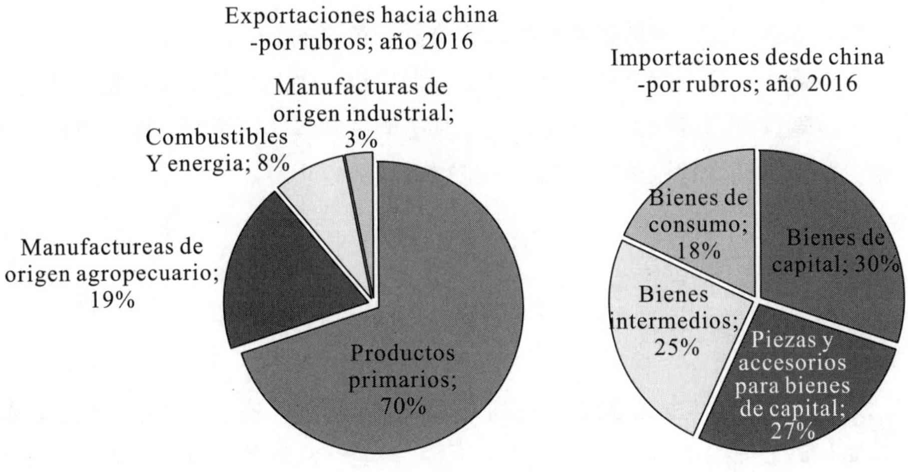

图 2.8　中阿双边贸易构成

资料来源：la Camara Argentina de Comercio y Servicios（CAC）. www. cac. com. ar.

而来自中国的进口则呈现出多元化特征。用于电话或电报的组装电子或电子元件的电路板（5.3%），电子设备或电报设备的部件（4%），无线电话接收器、无线电话、收音机、电视机、视频监视器和投影仪的零件（3.6%），草甘膦及其制品（1.7%）、手机基站（1.2%）、用于语音、图像或其他数据的接收、转换、传输或再生的装置（1.2%）。

鉴于上文提到的阿根廷产品多样化，我们认为，不仅大豆制品行业是中国和阿根廷之间的经贸兴趣点，在一系列农业合作协议框架之下的其他行业也存在广泛的合作空间。阿根廷为中国消费者提供了高质量和安全的产品，由此达到双赢的目的。

迄今为止，中阿签署的最为重要的农业协议包括：中国农业部和阿根廷农业、牧业、渔业部于2012年6月25日签署的《2012—2017深化全面农业合作的共同行动计划》、阿根廷向中国出口玉米的植物检疫要求议定书，阿根廷就农业、畜牧、渔业和食品与中华人民共和国质量监督检验检疫总局签订的《出口新鲜柑橘类水果的植物检疫要求议定书》。

毫无疑问，具有巨大经济影响的是2017年1月宣布的即将签署的《出口带骨肉和冷冻肉的肉类协议》（仍在谈判中）。此外，蓝莓、干梨、柠檬的相关协议也在谈判中。

阿根廷开放市场的谈判由农业产业部下属的全国农产食品卫生服务局负责，该部门负责制订从阿根廷出口和进口的农产品的加工要求以及灌溉分析。在中国，这些是由国家质量监督检验检疫总局负责的。

这些卫生和植物检疫框架协议是根据世贸组织的卫生和植物检疫措施制订的，中阿两国都是缔约方，从而保证了其透明度和等效性原则，以及过程中的风险分析有其科学理论依据，确保了出口食品的安全性。

四　结论

近年来，中国与阿根廷之间的商业往来日益增加，投资兴趣不断增长，并以具体行动加强双边关系，如总统访问和签署各个领域的协议。在双边贸易大幅度增加的情况下，如果需要改变模式，则主要针对产品和服务，因此，有必要建立更为复杂的经济关系，以之作为广泛战略的一部分。

通过对两国经贸往来的分析，我们看到双方都有其优势和劣势。在相互理解的框架内，可以通过交流对话与合作巩固两国关系。有关数据显示，阿根廷有能力向中国提供农产品，这些产品能够满足中国消费者日益增长的对健康和优质产品的需求。另外，阿根廷不仅能够提供大豆，也能提供多样化的产品。阿根廷表明了进入中国市场的意愿和兴趣，中国政府将推动签署多项非传统农产品协议，以扩大双边贸易。

同时，现有的双边协定框架有可能为达成南方共同市场－中国贸易协定提供基础，因为其成员国在食品生产领域潜力巨大。

另外，农业中不仅种植业十分重要，其他行业以及科学技术融入农业也十分重要。阿根廷在生物技术和直接播种方面有优势，这两项技术革新增加了阿根廷的农产量和与中国的贸易额，并已被引进其他国家并取得了巨大成功。

希望本文能够为助力中阿关系尽微薄之力，也希望阿根廷成为保证中国“粮食安全”的好伙伴。

Tercera Parte

Iniciativa de “la Franja y la Ruta”

第三单元

03 “一带一路”

2017年5月，阿根廷总统马克里来华参加了“一带一路”国际合作高峰论坛。习近平主席在会见马克里总统时，强调拉美是21世纪海上丝绸之路的自然延伸，表示愿同拉美加强合作，在“一带一路”建设框架内实现中拉发展战略对接，促进共同发展，打造中拉命运共同体。“一带一路”倡议对于中阿经贸关系而言，既可以作为一个全新的合作平台，又可以作为对现有合作模式和机制的补充。因此，阿根廷对于参与“一带一路”倡议表现出较强的意愿和兴趣。但是，如何将“一带一路”倡议与包括阿根廷在内的拉美国家的发展战略、与南美洲地区现有的一体化倡议、与中阿已经达成的合作项目进行对接，还需要进行深入的研究和思考。

尽管“一带一路”倡议的提出已有5年时间，但对于阿根廷学界而言，这一倡议是中阿关系研究的新课题。阿根廷学者为本单元贡献了他们的初步成果。虽然研究视角不尽相同，但阿根廷参与“一带一路”倡议的必要性和重要性已得到普遍的认同。对于阿根廷而言，“一带一路”倡议的重要意义不仅体现在基础设施建设方面，也体现在贸易伙伴的多元化方面。一方面，“一带一路”倡议将加强阿根廷国内及其与拉美其他地区的互联互通，也将有助于完善阿根廷本国的发展战略。另一方面，阿根廷商品将通过“一带一路”倡议的陆路和海上走廊参与中国和周边国家的国际贸易，帮助“一带一路”沿线国家实现粮食安全，从而进一步推动阿根廷与亚太地区的联系。

阿根廷在“一带一路”倡议中的角色[①]

2013 年 9 月至 10 月间，中华人民共和国国家主席习近平提出了建设“一带一路”（“丝绸之路经济带”和“21 世纪海上丝绸之路”，英文缩写为 OBOR）的倡议。这一倡议旨在促进世界互联互通和国际合作，目前已有约 65 个国家加入。尽管这一倡议最初针对的是丝绸之路沿线的亚欧国家，但非洲、中东地区的一些国家先后加入，部分拉丁美洲国家也于 2017 年加入了该倡议。

自提出以来，“一带一路”倡议已逐渐成为中国外交的重要举措之一。2017 年 10 月在北京举行的中国共产党第十九次全国代表大会上，该倡议已被写入党章。

目前，“一带一路”倡议已形成了独立的融资机制，包括 2015 年开始运营的丝路基金和 2016 年 1 月成立于北京的亚洲基础设施投资银行（以下简称“亚投行”）。

一　阿根廷参与“一带一路”倡议的主要背景

2015 年 12 月以来，阿根廷共和国正在重新平衡和调整其国际关系战略，

① 作者：艾莉卡·因莫夫（Erika Imhof），阿根廷外交部亚洲和大洋洲司官员，阿根廷国际关系理事会中国工作组成员。

更加坚定地实施“有智慧地融入世界”的多边主义方针。这一战略的目标是在保持与拉美和欧洲国家传统合作伙伴关系的同时，继续加强与亚洲国家的联系。

亚太地区是目前世界上人口最为稠密、经济最具活力的地区：该地区占世界总人口的60%，是世界经济增长的主要引擎。这一地区有中国、日本和印度等经济强国，澳大利亚和韩国在发展上紧随其后，还有印度尼西亚、马来西亚和泰国等新兴国家。东南亚国家联盟（东盟 ASEAN，由东南亚的 10 个国家组成，拥有超过 6 亿人口和全球第四大的区域出口规模）的重要性日益提升，已被证明是区域一体化与合作的成功典范。

通过双边和多边贸易协定，亚太各国相互之间以及与世界其他地区之间实现了高度融合。亚太地区对阿根廷的经济发展和对外交往有着重要的影响。

阿根廷现行的外交政策充分考虑到了这一现实，已着手加强其与亚太地区国家间的联系。自 2015 年 12 月以来，阿根廷政府已在这方面逐步采取了一系列行动以加强与亚太地区的联系。

因此，阿根廷与亚太地区国家的来往日益密切，高层访问也更加频繁。例如，阿根廷总统毛里西奥·马克里（Mauricio Macri）迄今已与中国、日本、澳大利亚、新西兰、印度和印度尼西亚的国家元首举行了会晤。他还于 2016 年 9 月前往中国参加了 G20 峰会，[①] 并于 2017 年 5 月对中国和日本进行了国事访问。[②] 副总统加夫列拉·米切蒂（Gabriela Michetti）于 2016 年对韩国[③]和

---

① Ministerio de Relaciones Exteriores y Culto de la República Argentina, Información para la Prensa N° 288/16, septiembre de 2016. https://www.mrecic.gov.ar/11deg-cumbre-de-lideres-del-g20-en-hangzhou-china-4-5-sept.

② Ministerio de Relaciones Exteriores y Culto de la República Argentina, Boletín informativo, junio de 2017. https://www.mrecic.gov.ar/macri-y-su-paso-por-china-y-japon.

③ Ministerio de Relaciones Exteriores y Culto de la República Argentina, Visita de la Vicepresidente Gabriela Michetti a Corea, Información para la Prensa N° 134/16, mayo de 2016. https://www.mrecic.gov.ar/visita-de-la-vicepresidente-gabriela-michetti-la-republica-de-corea.

日本[①]，于2017年对澳大利亚进行了正式访问。[②]

最近，阿根廷与所罗门群岛[③]和瑙鲁[④]建立了外交关系，并正在与图瓦卢和汤加谈判商讨建交事宜。

此外，阿根廷还参加了亚太地区的两个重要论坛。一是东南亚国家联盟（ASEAN）。2016年11月30日，阿根廷启动了加入《东南亚友好合作条约》（TAC）的进程。此举是为了进一步深化阿根廷与这一地区性合作组织的联系，使阿根廷可以与东盟及其10个成员国开展更广泛的合作和更流畅的对话。2017年8月7日，东盟外长会议在菲律宾批准阿根廷加入《东南亚友好合作条约》。接下来，阿根廷与东盟的关系将在阿根廷正式签署该条约之后得到进一步落实。

二是东亚－拉美合作论坛（FOCALAE 或 FEALAC）。这是一个由36个国家（东亚16国，拉美20国）组成的区域间合作组织[⑤]，其目标是增进两地区间的对话、合作和相互了解。阿根廷努力推动东亚－拉美合作论坛的发展和壮大，并因此致力于提高这一论坛的活力和促进论坛制度的完善。同时，阿根廷鼓励双方的公共和私有部门达成一致，就如何提出两个地区共同关心的议题以及如何促进两地区之间的发展进行交流，为区域间对话提供广泛和具有包容性的观点。

---

① Ministerio de Relaciones Exteriores y Culto de la República Argentina, Visita de la Vicepresidente Gabriela Michetti a Japón, Información para la Prensa N° 142/16, mayo de 2016. https://www. mrecic. gov. ar/visita－de－la－vicepresidente－gabriela－michetti－japon.

② Ministerio de Relaciones Exteriores y Culto de la República Argentina, Embajada en Australia, Visita de la Sra. Vicepresidente de Argentina Gabriela Michetti y Secretarios de Estado a Australia. http://eaust. mrecic. gov. ar/es/content/visita－de－la－sra－vice－presidenta－de－argentina－gabriela－michetti－y－secretarios－de－estado－aust.

③ Ministerio de Relaciones Exteriores y Culto de la República Argentina, Información para la Prensa N° 252/16, agosto de 2016. https://www. mrecic. gov. ar/establecimiento－de－relaciones－diplomaticas－entre－la－argentina－y－las－islas－salomon.

④ Ministerio de Relaciones Exteriores y Culto de la República Argentina, Información para la Prensa N° 382/16, noviembre de 2016. https://mrecic. gov. ar/establecimiento－de－relaciones－diplomaticas－con－la－republica－de－nauru.

⑤ 严格意义上讲，东亚－拉美合作论坛并非一个国际组织，它没有常设机构，只有若干个委员会和工作组，定期召开会议。原文如此。——译者注

2016年11月2日，阿根廷外交部重新组建了全国亚太委员会（CONAPAC）。① 这一机构的重建是在当时的外交部部长苏珊娜·马尔科拉（Susana Malcorra）、阿根廷国际关系理事会（CARI）主席阿达尔贝托·贾瓦里尼（Adalberto Rodríguez Giavarini）、CARI亚洲委员会主席和阿根廷外交部亚洲、大洋洲司司长主持下进行的。CONAPAC是根据第1378/1992号法令②设立的一个反思空间。该机构由阿根廷外交部部长直接负责，是在阿根廷与亚太事务有关的政府部门、学术界和商界代表三方共同参与的基础上建立的。为了能够重新启动运行，CONAPAC采用了阿根廷国际关系理事会（CARI）的亚洲事务委员会编写的框架和文件，其最初的工作议题是阿根廷和亚太地区之间在旅游、体育、教育和战略决策上的合作。

亚太地区也是南方共同市场重点关注的地区，目前南共市与日本、韩国、澳大利亚和新西兰（以《进一步密切经济关系协定》为框架）和中国建立了对话机制。

总而言之，亚洲和太平洋地区持续保持着巨大的增长活力，将为阿根廷带来机遇和挑战。这要求阿根廷不断关注和评估本国与亚太国家的关系，以制定适当的外交政策。正是基于这个原因，2016年，阿根廷认为加入“一带一路”倡议是合适且及时的战略选择。

二　阿根廷参与“一带一路”倡议的决策过程

尽管“一带一路”倡议最初是针对欧亚国家，但阿根廷一直非常关注相关事务的进展。

2017年，阿根廷共和国总统马克里应中国邀请参加2017年5月14日和15日在北京举行的“一带一路”国际合作高峰论坛。阿根廷和智利是仅有的两个参加这次论坛且总统受邀出席的拉美国家。

---

① Ministerio de Relaciones Exteriores y Culto de la República Argentina, Boletín Informativo, noviembre de 2016. http://www.cancilleria.gob.ar/relanzamos-el-vinculo-politico-economico-y-comercial-con-el-asia-y-el-pacifico.

② Ministerio de Justicia y Derechos Humanos de la República Argentina, Información Legislativa y Documental. http://servicios.infoleg.gob.ar/infolegInternet/anexos/5000-9999/9782/norma.htm.

马克里总统在“一带一路”国际合作高峰论坛上阐述了阿根廷对“一带一路”倡议的态度。在决策过程中，阿根廷政府充分考虑了阿根廷外交部（通过内部会议，参考了阿根廷驻外人员代表的意见和建议）以及 CONAPAC 下属的战略分析局提供的民意调查结果。

三　阿根廷参加“一带一路”国际合作高峰论坛的情况

2017 年 5 月 14 日和 15 日，“一带一路”国际合作高峰论坛在北京举行。阿根廷和智利两国总统是拉美地区仅有的与会国家元首。此外，还有来自世界其他国家和地区（白俄罗斯、柬埔寨、捷克共和国、越南、乌兹别克斯坦、土耳其、瑞士、斯里兰卡、西班牙、塞尔维亚、俄罗斯、波兰、菲律宾、巴基斯坦、缅甸、蒙古、马来西亚、印度尼西亚、老挝、肯尼亚、埃塞俄比亚、斐济、希腊、哈萨克斯坦、意大利和匈牙利）的 27 位领导人与会。其余国家则只是派出了较低级别的代表团。

5 月 14 日举行了“高层政治对话”，阿根廷代表团出席了部长级（财政部部长）会议。阿根廷外交部国际经济关系国务秘书、阿根廷国会众议院中国友好团主席、阿根廷国际投资和贸易局的正副局长、阿根廷外交部的亚洲和大洋洲司司长以及阿根廷外交部的其他外交官员参加了会议。

在开幕式上，中国国家主席习近平强调，虽然“一带一路”倡议重点关注亚洲、欧洲和非洲国家，但它也对包括阿根廷在内的世界其他地区开放。[①]

阿根廷代表团参加了“一带一路”国际合作高峰论坛“政策沟通”“加快设施联通”“推进贸易畅通”“促进资金融通”“增进民心相通”和“智库交流”全部六场平行主题会议。

阿根廷方面，马克里总统在时任外交部部长苏珊娜·马尔科拉（Susana Malcorra）女士、财政部部长路易斯·卡普托（Luis Caputo）和能源与矿业部长胡安·何塞·阿兰古伦（Juan José Aranguren）的陪同下参加了 5 月 15 日举行的“一带一路论坛领导人圆桌峰会”。

---

① Agencia de Noticias Xinhua, “Full text of President Xi’s speech at opening of Belt and Road forum”, mayo de 2017. http://news.xinhuanet.com/english/2017-05/14/c_136282982.htm.

在第一场讨论“政策沟通和发展战略对接——创新机制、共谋发展”的会议上以及工作午餐上的发言中，马克里总统介绍了阿根廷的立场，并强调了阿根廷在“一带一路”倡议中可能做出的贡献。①

阿根廷签署了“一带一路”国际合作高峰论坛领导人联合公报（由马克里总统签署）和融资指导方针（由财政部部长路易斯·卡普托签署）。

四　阿根廷的立场

（一）南美洲的加入使“一带一路”倡议具有全球性

尽管“一带一路”倡议最初是希望通过促进亚欧国家之间的互联互通来推动发展，但其覆盖范围逐步扩展到了世界其他地区：欧亚大陆（2013）、非洲（2015）、拉丁美洲（2017）和北极（2018）。美国并没有加入该倡议。

第一届“一带一路”国际合作高峰论坛的领导人联合公报对非洲和南美等欧亚大陆以外的地区加入“一带一路”倡议表示欢迎和支持。② 此外，公报还确立了促进欧洲、亚洲、南美、非洲和其他地区之间伙伴关系的宗旨。③ 阿根廷和智利总统签署了这份联合公报，而两国的财政部部长则签署了“融资指导方针”文件。这两份文件都体现了“一带一路”倡议的基本原则。

此外，2017 年 6 月，阿根廷被接纳为亚投行的“未来成员”（意向成员）。目前，阿根廷还需要满足亚投行的内部要求和支付资本金两步来完成正式加入亚投行的进程。

---

① Casa Rosada, “El Presidente expuso en el foro “Una Franja y una Ruta para la Cooperación Internacional”, mayo de 2017. https://www.casarosada.gob.ar/slider-principal/39552-el-presidente-expuso-en-el-foro-una-franja-y-una-ruta-para-la-cooperacion-internacional.

Casa Rosada, El presidente Macri: “Apostemos a enriquecernos en la diversidad”, mayo de 2017. https://www.casarosada.gob.ar/informacion/eventos-destacados-presi/39548-el-presidente-macri-apostemos-a-enriquecernos-en-la-diversidad.

② Ministerio de Relaciones Exteriores de la República Popular China, “Joint Communique of the Leaders Roundtable of the Belt and Road Forum for International Cooperation”, 16 de mayo de 2017. http://www.fmprc.gov.cn/mfa_eng/zxxx_662805/t1462012.shtml.

③ Ministerio de Relaciones Exteriores de la República Popular China, “Joint Communique of the Leaders Roundtable of the Belt and Road Forum for International Cooperation”, 16 de mayo de 2017. http://www.fmprc.gov.cn/mfa_eng/zxxx_662805/t1462012.shtml.

以上这些行动扩大了"一带一路"倡议所覆盖的范围。目前，"一带一路"是一项全球性倡议，面向所有希望参与其中的国家开放。在这方面，中华人民共和国外交部部长王毅最近表示："'一带一路'已成为当今世界规模最大的国际合作平台和最受欢迎的国际公共产品。"①

（二）阿根廷意识到，"一带一路"倡议可以成功地与南美洲地区基础设施一体化倡议（IIRSA）和南美洲基础设施和规划委员会（COSIPLAN）的协调委员会相衔接

从2000年开始，南美各国政府一直坚定地采取行动，以实现该地区更加深入、更加可持续的硬件一体化进程。因此，南美地区基础设施一体化倡议（IIRSA）得以启动。

2008年，南美各国总统建立了南美洲国家联盟（UNASUR）和南美基础设施和规划委员会（COSIPLAN），并将南美区域基础设施一体化倡议（IIRSA）纳入其中。在这个基础设施规划中，阿根廷与智利、玻利维亚、巴拉圭、巴西和乌拉圭有一系列基础设施和一体化项目。2012—2022年期间的"战略行动计划"（PAE）确定了593个项目的投资，预计总投资额为1 820亿美元，主要涉及航空、铁路、港口和河道、电讯等一体化项目。

2017年，在南美基础设施和规划委员会的协调下，各国相关部委已被要求更新项目组合，并确定其中最重要且迫切需要完成的项目。在未来十年，以下的这些项目将具有特别的重要性：巴拉那河－巴拉圭河航道、阿根廷－智利互联互通（克里斯托·雷登托尔隧道、阿瓜内格拉隧道）、南部走廊（连接大陆和南部岛屿）、北方铁路重建、电讯和可再生能源。

阿根廷地处交通要道，在各个方向上都与其他国家相连。例如，巴拉那河－巴拉圭河航道连通了大西洋，使阿根廷、巴西、巴拉圭和乌拉圭可以通过大西洋高效地运输产品。同样，两洋通道也使阿根廷和智利分别能够连接太平洋和大西洋。阿根廷通过拉丁美洲两大经济集团——南方共同市场（MERCOSUR）和太平洋联盟（Alianza del Pacífico）——之间的系统对话和一

① Ministerio de Relaciones Exteriores de la R. P. China, "Remarks by H. E. Wang Yi Minister of Foreign Affairs of the People's Republic of China At the 2018 New Year Reception", 30 de enero de 2018. http://www.fmprc.gov.cn/mfa_eng/wjdt_665385/zyjh_665391/t1530525.shtml.

致议程来促进拉美太平洋和大西洋沿岸国家之间的联系。在这一点上，2017年7月21日，在阿根廷门多萨市举行的南方共同市场例行会议上，南共市各正式成员国和联系国的总统批准了一项声明，重申了两洋铁路通道和水上航道的重要性。在这方面，他们强调指出："两洋铁路通道项目由于其衔接巴拉那河－巴拉圭河航道及其潜在的发展可能，是有利于南方共同市场的一项举措。两洋铁路通道项目对地区的连接和社会经济发展十分重要。通过这条铁路，太平洋沿岸与大西洋沿岸地区将相互连接，这将加强南方共同市场正式成员国和联系国与其潜在的区域外合作伙伴之间的物流联系。最后，还需要感谢玻利维亚的邀请让所有技术部门都能加入这一倡议。"①

（三）作为重要的粮食生产国，阿根廷有能力大幅提高产量，可以帮助"一带一路"沿线国家实现粮食安全

阿根廷拥有对"一带一路"倡议的发展极为有利的优势。

当今的阿根廷是重要的食品生产国，肥沃的土地、充足的水资源、适宜的气候和生产技术等方面的优势使阿根廷有能力大幅增加粮食产量。这有助于保障"一带一路"沿线国家的粮食安全。

阿根廷食用油生产者商会（CIARA）的数据显示，每年阿根廷生产的食用油在满足其国内需求后出口到全世界，可供超过2.1亿人食用。2015年，阿根廷油料作物联合体共出口豆粉2 720万吨，食用油640万吨，大豆1 190万吨。②

阿根廷是世界上十个出口量超过消费量的国家之一。

根据联合国粮食与农业组织（FAO）和世界卫生组织（WHO）等机构的数据，阿根廷平均每年人均消费的热量已达84.8万千卡。

阿根廷油料作物联合体是世界最大、最高效的工业部门。每年消耗的原料达6 200万吨，供55家工厂加工，其中77%位于巴拉那河航道附近。

---

① Cancillería Argentina, Información para la prensa N° 294/17, Declaraciones firmadas en el marco de la Cumbre de Presidentes del Mercosur y Estados Asociados, 21 de julio de 2017. https://www.mrecic.gov.ar/declaraciones-firmadas-cumbre-de-presidentes-del-mercosur-y-estados-asociados.

② Diario Comercio Marítimo, "El complejo oleaginoso argentino alimentó 212 millones de personas en el mundo en 2015". http://www.comerciomaritimo.com.ar/index.php/proveedores/2330-en-2015-el-complejo-oleaginoso-argentino-alimento-a-mas-de-212-millones-de-personas.

阿根廷油业部门如此高效有赖于以下三个因素：①它位于气候湿润的潘帕斯草原上最肥沃的田野附近；②对港口和谷物加工厂的资金投入；③因为内河运输的成本是铁路的一半和公路运输成本的1/4。

阿根廷的豆粉和豆粕主要出口到“一带一路”沿线国家和地区，如东盟、欧盟和中国等。大豆制品和粮食产品的出口经拉普拉塔河河口进入大西洋，其纬度基本与南非的好望角一致，因此，通往东非和南亚的海上道路十分便捷。

航道基础设施的改善将有助于实现更多的区域内和区域外的互联互通。通过这种方式，阿根廷也可以从大西洋的航线融入“一带一路”，使其粮食和其他产品的出口更加便捷。

（四）阿根廷的公司和人员在参与“一带一路”沿线项目的过程中，可以贡献其建设基础设施和互联互通方面的经验

1. 人力资源

阿根廷不仅拥有丰富的自然资源，还有大量的优秀人才储备。一个很好的证明是从1901年诺贝尔奖首次颁发以来，已有5位阿根廷人获奖。其中，2人获医学奖，1人获化学奖，2人获和平奖。

伯纳多·阿尔贝托·侯塞（Bernardo Alberto Houssay）出生于1887年，1971年9月21日去世。因发现了垂体激素在调节血糖方面所发挥的作用，他获得了1947年的诺贝尔生理学或医学奖。他是第一位在科学领域获奖的阿根廷人和拉美人。他的工作推动了生理学研究在阿根廷的发展。

路易斯·费德里科·勒洛伊尔（Luis Federico Leloir）出生于1906年，1987年12月17日去世。他于1970年获得诺贝尔化学奖，主要研究糖核苷酸及其在碳水化合物产生过程中的作用。他的贡献有助于深入理解先天性半乳糖血症。

英籍阿根廷生物学家塞萨尔·米尔斯坦（César Milstein）于1984年因抗体研究获得诺贝尔奖。米尔斯坦研究了免疫球蛋白并完善了其对血液产生抗体的过程的理解。

阿道弗·佩雷斯·埃斯基维尔（Adolfo Pérez Esquivel）因致力于在拉丁美洲维护人权，于1980年获得诺贝尔和平奖。他在20世纪60年代开始与拉丁美洲基督教和平主义团体合作。1976年政变后，他资助独裁受害者的家属，

促成了与人权组织之间联系的建立，并为人权组织的资金筹措做出了贡献。1975 年，他被巴西军警逮捕，并于 1976 年被短期关押在厄瓜多尔。1977 年，他在布宜诺斯艾利斯被捕，遭受了 14 个月的折磨。监禁期间，他收到了教皇若望二十三世的和平文告。

卡洛斯·萨维德拉·拉马斯（Carlos Saavedra Lamas），阿根廷政治家、外交家和法学家，于 1936 年获得诺贝尔和平奖。他是阿根廷独立之前临时政府第一任主席科尔内利奥·萨维德拉（Cornelio Saavedra）的曾孙，曾在阿古斯丁·胡斯托（Agustín Justo）总统在职期间任国会议员、司法和公共教育部部长（1915 年）、外交部部长（1932 年至 1938 年）。萨维德拉·拉马斯因其对国际和平的贡献，特别是鼓舞人心的《萨维德拉反战条约》，获得了诺贝尔和平奖。这一条约由 21 个国家签署，成为一项国际法律文书。萨维德拉·拉马斯不但作为调解人结束了巴拉圭和玻利维亚之间的查科战争，他还组织了布宜诺斯艾利斯和平会议以结束冲突。他于 1959 年 5 月 5 日去世，享年 80 岁。①

2. 核能的和平利用

阿根廷是和平利用核能方面处于领先地位的国家之一。例如，阿根廷在 20 世纪 70 年代创建了阿根廷国营应用研究公司（INVAP）。该公司是“一家致力于复杂技术系统设计和建造的公司，在阿根廷国内市场有近 40 年的历史，在国际舞台上有 30 年的历史”，其使命是在工业、科学和应用研究等不同领域开发先进技术，创造高附加值的“技术包装”，既满足国家需求，又通过出口进入国外市场。例如，2018 年 1 月 24 日星期三，在瑞士达沃斯，阿根廷总统毛里西奥·马克里在与荷兰首相鲁特（Mark Rutte）会面后宣布，INVAP 已与荷兰的 Pallas 基金会签约，将在中标后于荷兰佩滕（Petten）设计和建造一个用于研究和生产医用放射性同位素的反应堆。这种高附加值的技术出口证明了阿根廷在和平利用核能领域是一个值得信赖的国家，特别是肯定了阿根廷在开发先进反应堆方面的高科技能力。

---

① Sitio web de "Todo Noticias", Publicada: 08/10/2010, 06: 55 hs., Última actualización: 21/10/2015, 13: 36 hs. https://tn.com.ar/internacional/conoce-a-los-cinco-argentinos-que-ganaron-premios-nobel_043724.

3. 电信业

阿根廷科学家的科研水平及其开发出的尖端通信技术十分引人注目。例如，阿根廷迄今为止已经设计和建造了三颗地球静止轨道卫星：ARSAT－1，ARSAT－2和ARSAT－3。这三颗卫星均已投入运行，构成了阿根廷地球静止卫星通信系统（SSGAT）。这一系统中的卫星都由阿根廷自己设计、制造、发射进入预定轨道并投入运营。此系统旨在提高阿根廷的通信能力，保证阿根廷全国所有地区都能收到同等质量的通信信号。为此，阿根廷政府将此前占用西经72°地球静止卫星位置的纳乌埃尔卫星公司（NAHUEL）的NAHUEL－1卫星转让给阿根廷卫星公司（ARSAT）。直到2010年初完成其使用寿命前，这个位置一直由NAHUEL－1卫星占用。阿根廷生产的ARSAT－1、ARSAT－2和ARSAT－3卫星将占据由联合国下属的国际电信联盟（ITU）分配给阿根廷的西经81°和西经72°位置。

作为ARSAT的主承包商，INVAP负责管理这些项目，完成工程设计的各个阶段的开发、设计、制造、组装以及功能和环境测试。ARSAT－1卫星的制造耗费了130多万个工时，将承担输送Ku波段通信信号、直接将电视服务送入用户家中的任务，同时还能通过VAST天线提供互联网连接，并向整个阿根廷和阿根廷的邻国提供数据传输和IP电话服务。ARSAT－1卫星于2014年10月16日从法属圭亚那的库鲁（Kourou）由阿丽亚娜空间公司（Arianespace）的阿丽亚娜5型（Ariane 5）运载火箭成功发射进入轨道。ARSAT－2卫星能传送Ku波段和C波段的无线电信号，将作为ARSAT－1卫星的补充，将信号覆盖范围扩大到美洲其他地区。这颗卫星将占据国际电联分配给阿根廷的西经81°、位于赤道上空35.768千米处的地球同步轨道位置。ARSAT－2于2015年9月30日通过阿丽亚娜空间公司的阿丽亚娜5型运载火箭从法属圭亚那的库鲁发射。

目前，阿根廷还有另一个远大的目标：在2018年和2019年先后发射两颗微波观测卫星（SAOCOM）。“这些重达三吨的微波卫星在体型上决不微小，而且他们将承担预防洪水和山体滑坡等自然灾害的重要任务。它们将成为阿根廷－意大利应急管理卫星系统（SIAGE）的一部分，将在农业生产领域发挥重要作用。”①

（五）阿根廷可以在体育（特别是足球）、文化和教育（如西班牙语教学）等方面分享其成功经验，以促进“一带一路”沿线国家在提升软实力方面的沟通和交流

1. 文化和教育

马克里总统认为：“互联互通只有真正地把不同国家的人民、不同国家的文化相互联系起来才有意义。”② 他表示：“阿根廷从诞生之初就受到了几种不同传统和思想的影响，这些不同文化的交融让阿根廷文化变得丰富多彩。”“比如说，作为阿根廷发展的支柱之一的、阿根廷引以为傲的教育体制，就是现代阿根廷的建国者们深谋远虑的产物。今天，这个覆盖面广、内容多样的教育体系面向世界上所有希望接受大学教育——无论是公立还是私立——的年轻人开放，在阿根廷的大学校园里听到来自世界各地的语言已经是很普遍的事。来阿根廷游学——特别是以学习西班牙语为目的的游学——是阿根廷目前发展最快的活动之一。”③

此外，“阿根廷还在国外推广西班牙语的教学，通过南方计划等翻译资助计划或者通过参加主要的国际书展和国际文化活动，在各种不同的学科中采取不同的行动，推动阿根廷文学和思想在国外的传播”④。

CELU 证书（Certificado de Español：Lengua y Uso，西班牙语语言和应用水平证书）是阿根廷授予的一个被国际承认的西班牙语语言水平证书。所有母语非西班牙语的使用者都可以参加 CELU 考试，以测试其在工作和学习中将西班牙语作为外语的语言应用水平。CELU 是唯一获得阿根廷教育部和外交部正式认可的西班牙语水平考试。CELU 证书由阿根廷西班牙语外语教学大学联盟

---

① Diario Clarín，Satélites “made in Argentina”，un sello internacional，septiembre de 2017. https://www.clarin.com/suplementos/zona/satelites-made-in-argentina-sello-internacional_0_H1LjZQwKW.html.

② Casa Rosada，El presidente Macri：“Apostemos a enriquecernos en la diversidad”，mayo de 2017. https://www.casarosada.gob.ar/informacion/eventos-destacados-presi/39548-el-presidente-macri-apostemos-a-enriquecernos-en-la-diversidad.

③ Discurso del Sr. Presidente Macri en el almuerzo del “Foro Una Franja，Una Ruta para la cooperación internacional”.

④ 同上。

(Consorcio Interuniversitario ELSE)颁发，该联盟包括了阿根廷2/3的公立大学。国际上，巴西、中国和意大利均承认这一证书。CELU证书可以作为上交学术机构、公立机构或私营公司的西班牙语能力证明。考试主要评估测试者能否正确地使用西班牙语，但不能证明测试者作为西班牙语教师的能力。CELU证书包括候选人的姓名、国籍等个人信息，以及考试日期，达到的水平（中级或高级）和对应级别的评分（分为良好、优秀和优异三个等级）。

在CELU证书中，还有对两个等级西班牙语应用水平的描述及其与其他国家认可的证书级别的对应关系。中级水平，可以达到工作或学术领域的中等语言要求，相当于可以在家庭、社交和工作环境中较为流利且自然地使用西班牙语进行口头和书面表达，但在需要精确表达或特殊情况下会有困难。与欧洲语言共同参考框架（CEFRL）的B2级和美国外语教学委员会（ACTFL）的高级低阶相当。高级水平，可以实现在各种家庭和社交场合十分自然地用西班牙语进行口头和书面表达，能够在工作场所和学术领域正确、得体地表达。与欧洲语言共同参考框架（CEFRL）的C1级和美国外语教学委员会（ACTFL）的高级水平相当。该证书长期有效。①

2. 旅游业

马克里总统在“一带一路”国际合作高峰论坛上说道：“阿根廷拥有得天独厚的地理条件和自然资源，愿向所有游客敞开她的怀抱：从干燥的西北部保存了前哥伦布时代的传统和艺术的风光，到蕴藏着优质水源、扼守着通向南极大门的广袤无垠的巴塔哥尼亚；从位列世界七大自然奇观的伊瓜苏瀑布，到出产世界闻名的优质红酒的库亚纳山脉。迎接来自世界各地的游客和推动旅游服务的发展是阿根廷现任政府的重要工作，因为旅游业能促进社区发展，是中小企业切实的收入来源。”②布宜诺斯艾利斯将举办世界旅游业理事会全球峰会③

① Certificado de Español Lengua y Uso，http://www.celu.edu.ar/es/content/validez.

② Discurso del Sr. Presidente Macri en el almuerzo del “Foro Una Franja，Una Ruta para la cooperación internacional”.

③ World Travel and Tourism Council，“2018 WTTC Global Summit host announced：BUENOS AIRES”，https://www.wttc.org/media-centre/press-releases/press-releases/2017/2018-wttc-global-summit-host-announced-buenos-aires/.

和2023年世界博览会①。

阿根廷旅游部制订了名为"2016—2019年综合管理计划"的旅游业发展战略计划，其目标是：①到2020年，在旅游业部门创造30万个就业机会；②到2020年，全年接待外国游客900万人次，实现80亿美元的国际旅游收入；③接待国内游客7 000万人次，并实现170亿美元的国内旅游收入。

根据阿根廷驻中国大使馆的资料，"世贸组织（WTO）的数据显示，旅游业已成为世界的主要经济活动之一，并且是在吸收外汇、推动基础设施投资和创造就业机会方面都表现出持续增长的经济部门。对阿根廷来说，来自国际旅游业的收入使旅游业成为阿根廷五大商品和服务出口部门之一。因此，为了优化阿根廷旅游业在国外市场的推广，阿根廷外交部和旅游部之间已建立了相应的合作机制。这种合作机制是通过阿根廷国家旅游促进局（InProTur）、旅游支持和投资促进局以及阿根廷在海外的外交和领事代表处等机构之间的协作来完成的"②。

阿根廷和中国的旅游业有巨大的增长潜力。2015年，在1.2亿人次的中国海外游客中，阿根廷只接待了3.5万人次。阿根廷的目标是在2020年将这一数字提升到13.5万人次，同时也希望增加中国接待的阿根廷游客的人数。

为实现这一目标，阿根廷将采取以下措施：

（1）简化中国公民办理阿根廷旅游签证的手续：实施AVE系统（目前，在这种签证模式下，平均每天能发放42人次的签证）。该系统将签证处理时间从2个月缩短到4天。

（2）举办阿根廷－中国旅游年活动：相关活动将在不远的将来推出。

（3）在中国推广阿根廷旅游：2017年2月，中央电视台播放了关于布宜诺斯艾利斯、图库曼和萨尔塔等地的旅游节目。

（4）培训接待中国游客的旅游接待人员：发放导游证书（正在谈判中）和阿根廷旅游部的培训课程。

同时，阿根廷旅游部一直在通过不同的融资手段制定公共投资政策，以促

---

① Bureau International des Expositions, "Argentina elected host country of Specialised Expo 2023", http://www.bie－paris.org/site/en/news/87－news－announcements/bie－activity/1446－argentina－elected－host－country－of－specialised－expo－2023.

② 阿根廷驻中国大使馆官方网站，http://echin.cancilleria.gov.ar/es/content/promoci%C3%B3n－tur%C3%ADstica.

进私人资本的进入，创造新的投资机会，开发新的旅游项目，以及从政府角度创造真正的就业机会。为此，阿根廷政府计划开展以下融资活动：国民政府协调投资、旅游部自有资金投资、为旅游业筹集专门的国际资金、所有省份和私营部门的投资。

预计“一带一路”倡议可以促进对旅游业的投资，以便加强参加该倡议的各国之间的联系。

3. 体育

阿根廷在体育运动方面最知名的是男子足球。“阿根廷最早的体育偶像是豪尔赫·纽贝里（Jorge Newbery，1875—1914），他是一名击剑运动员、拳击手和飞行员。阿根廷的体育运动在20世纪30年代得到大规模的推广，其中最重要的是足球、拳击和赛车三项运动。除此之外，阿根廷在以下运动项目中都达到了世界一流水平：篮球、橄榄球、网球、排球、曲棍球、冰球、水球、自行车、高尔夫球、板球、轮椅篮球、框球（Cestoball）①、盲人足球、桨球（巴斯克球的变体）、赛艇和帆船等。阿根廷是成立于1894年的国际奥林匹克委员会（IOC）的十二个创始成员国之一，也是其中唯一的伊比利亚美洲国家。阿根廷自1924年开始正式参加奥运会、自1960年开始参加残奥会，是唯一参加了最早两届奥运会的拉丁美洲国家和西班牙语国家。

“其他有相当发展的运动是登山、举重、手球、游泳、滑冰、跆拳道、柔道和冲浪。在阿根廷南部的安第斯山地区，则广泛开展各项冬季运动，特别是滑雪和单板滑雪。阿根廷最有代表性的国民体育是鸭球。”②

“阿根廷先后承办了1951年和1995年的泛美运动会，1982年和2006年的南美运动会，1978年的世界杯足球赛，1950年和1990年的世界篮球锦标赛，1978年（男子）、1981年和2010年（女子）曲棍球世界杯，1987年和2011年世界马球锦标赛，1982年和2002年的世界男子排球锦标赛，2002年的男子盲人足球世界杯，1970年、1978年、1989年、2001年（男子）和1998年（女子）冰球世锦赛以及1966年、1969年、1975年、1978年、1983

① 阿根廷的一种球类运动，类似于篮球，但球本身无弹性，主要靠运动员传递投篮得分，篮筐悬挂在立柱子，没有篮板。——译者注

② 一种马上篮球，比赛时，双方各有4名骑士上场，以进球多少论胜负。——译者注

年和 2014 年的世界直排轮滑速滑锦标赛。”[①]2018 年 10 月 6 日至 18 日，布宜诺斯艾利斯将主办第三届青年奥运会。[②]

在阿根廷，每年还会举办如男子职业网球阿根廷公开赛、阿根廷马球公开赛、环圣路易斯自行车赛、一级方程式阿根廷大奖赛、世界摩托车大奖赛阿根廷站、阿根廷拉力赛和达喀尔拉力赛等国际比赛。

中国和阿根廷在 2006 年签署了目前仍在生效的《体育合作谅解备忘录》。体育领域的合作是两国联合行动计划的一部分。2017 年，马克里总统对中国进行国事访问时，两国签署了两项足球合作协议。中阿在两国间常设的委员会下成立了体育工作小组，首次会议在布宜诺斯艾利斯举行。2018 年 1 月，第一批工作人员前往中国。

马克里总统表示：“近年来，中国和其他一些国家纷纷启动了推动足球发展的国家政策。足球是全世界最流行的运动，而阿根廷在这方面有很大优势。阿根廷不仅寻求足球人才的输出——这是阿根廷已经在做的，而且还希望提供越来越多的、与足球有关的国际服务。”[③] 因此，体育领域的合作是阿根廷与“一带一路”沿线国家实现互联互通的重要领域。

五　结论

尽管自 2013 年中国提出“一带一路”倡议以来，该倡议仍在不断演变，但阿根廷关于如何参与“一带一路”以及如何为“一带一路”倡议贡献力量的想法已在 2017 年 5 月在北京举行的首届“一带一路”国际合作高峰论坛上得到了体现。

以最高规格参加“一带一路”国际合作高峰论坛，展示了阿根廷对该倡议的关注和支持。为重申其承诺并能实施这些想法，阿根廷于 2017 年 6 月 16 日加入亚投行（作为“意向成员”，直到满足亚投行内部要求并缴纳资本金）。

---

① Wikipedia，“Deporte en Argentina”. https://es.wikipedia.org/wiki/Deporte_en_Argentina.

② Sitio web de los Juegos Olímpicos de la Juventud 2018，Buenos Aires. https://www.buenosaires2018.com/es.

③ Discurso del Sr. Presidente Macri en el almuerzo del “Foro Una Franja，Una Ruta para la cooperación internacional”.

预计作为亚投行的成员国，阿根廷将扩大对本国的基础设施和互联互通项目的贸易和投资。

阿根廷参与“一带一路”倡议的目标与当前日益严峻的国际局势以及阿根廷“有智慧地融入世界”的外交政策步调一致。它是一个极好的机会，有助于推动阿根廷生产和服务行业的发展，加强与亚太地区的联系，并深化阿根廷与亚太地区的互联互通。

“一带一路”倡议下的中阿铁路基础设施合作[①]

正如双方不断努力所显示的，以及2008年及2016年发布的《中国对拉美和加勒比政策文件》所表明的，中国一直是拉美和加勒比地区的战略合作伙伴。中国与智利、秘鲁和哥斯达黎加签订了自由贸易协定。双方创立了中国-拉共体论坛，制定了《中国与拉美和加勒比国家合作规划（2015—2019）》。双方高层保持着高频率的互访，旨在巩固加强经济合作关系。

拉美和加勒比地区是中国实施全面开放政策的重要轴心。特别是进入21世纪以来，随着经济全球化的不断深入，中拉贸易和金融关系取得了空前的跨越式发展。

经过近30年的政治合作和经济一体化的发展，中国与拉美建立了密切的关系。由于双方正在经历经济结构调整，因此都越来越需要经济实现高质量增长。双方形成了一种新的结构互补关系，要求彼此进一步合作，建立推进路径。

中拉整体合作与“一带一路”倡议（以下简称“一带一路”）的精神基础相同，前者是后者的可能延伸。值得一提的是，中拉已就基础设施建设（如海洋-海洋铁路系统）形成共识。

---

① 作者：马豪恩（Jorge Malena），阿根廷萨尔瓦多大学当代中国研究中心主任、高级讲师，阿根廷国际关系理事会中国工作组联合组长，中国社会科学院世界中国研究协会成员。

中国目前产能过剩、资本盈余，而恰好拉丁美洲需要进行行业专业化以及向产品价值链的上游发展。拉美的基础设施建设也需要升级，因此，互联互通是拉丁美洲和加勒比国家共同体（该共同体西班牙语缩写为 CELAC）的 5 个扇形轴之一。

在此背景下，南美洲区域基础设施一体化倡议（其西班牙语缩写为 IIRSA）的发展引人注目。铁路一体化是南美洲区域基础设施一体化倡议的重要组成部分，其铁路重建和发展计划为中国和南美洲铁路建设合作提供了绝佳时机。

本文旨在分析南美在基础设施发展方面与“一带一路”的协同作用，探讨铁路发展的可行性。将以中国对南美主要国家阿根廷境内三条铁路线发展所做的贡献为例，进行案例研究。本文结论部分指出了将“一带一路”延伸到铁路领域的利与弊（地缘政治、交通枢纽和融资条款）。

一　基础设施在拉美发展中的核心作用

推进基础设施一体化是发展中国家加入经济全球化进程并取得发展成果的关键先决条件之一。

受到如此巨大的投资需求的挑战，大多数发展中国家没有足够的国内储蓄，政府和私人投资的资金也有限。虽然多边金融机构做出了实质性贡献，但还远远不能满足其需求。

正如美洲开发银行（IADB）副总裁圣地亚哥·莱维·阿尔加兹（Santiago Levy Algazi）所肯定的那样："无论是融入全球生产链，还是实现城乡一体化的包容性增长与发展，发展中国家都需要大量基础设施投资。"①

随着世界政治经济重心转移到亚太地区，亚太地区的经济合作成为当今国际事务的焦点。因此，拉美国家大大提升了对亚太地区的关注。这一趋势也同样被南美地区的国家所接受。

---

① Santiago Levy Algazi, "Infraestructura, Logística y Conectividad: Uniendo a las Américas", in "II Cumbre Empresarial de las Américas: Tendiendo Puentes en las Américas: Integración Productiva para un Desarrollo Inclusivo", Ciudad de Panamá, Panamá, April 8－10, 2015.

进入21世纪，中国已成为拉美地区的主要贸易伙伴。2000年，拉美只有1%的出口产品被运往中国，只有2%的进口产品来自中国；而在2015年，这两个数字分别上升到了10%和18%。中国已经是数个南美国家出口的第一或第二大目的国，并且是几乎所有拉美国家的三大进口供应国之一。

此外，特别是自2010年以来，中国已成为该地区重要的外来投资者。2010年达到历史最高峰，中国的投资额约为140亿美元（相当于2010年该地区外商直接投资总额的11%），中国还是部分拉美国家重要的信贷来源。此外，根据《中国与拉美和加勒比国家合作规划》，预计到2025年，双方贸易额将增加到5 000亿美元，双向直接投资额将达到2 500亿美元。①

因此，拉美国家在调整对外政策时优先考虑中国。除了现实的经济因素外，加强与中国的伙伴关系也符合拉美国家外交关系多元化和坚持独立自主的外交政策的地缘政治利益。

2000年8月31日至9月1日，来自阿根廷、玻利维亚、巴西、智利、哥伦比亚、厄瓜多尔、圭亚那、巴拉圭、秘鲁、苏里南、乌拉圭和委内瑞拉这12个南美洲国家的元首在巴西利亚发布联合公报，共同提出了《南美洲区域基础设施一体化行动计划》。同年12月，12个国家负责运输、能源和通信事务的部长在乌拉圭首都蒙得维的亚举行了部长级会议，正式提出了《南美洲区域基础设施一体化倡议》（以下简称IIRSA）和《2000—2010行动计划》。

IIRSA的组织机构包括协调委员会、融资协调委员会、工作组、秘书处和其他支持机构。协调委员会中有若干工作组，其中包括2011年11月成立的铁路一体化工作组（它于2013年9月举行了第一次会议）。铁路一体化工作组进一步划分为若干分管几个铁路走廊的小组。融资协调委员会由多边金融机构组成，如美洲开发银行、拉丁美洲开发银行和拉普拉塔河流域发展基金（FONPLATA）。秘书处办公地设立在阿根廷布宜诺斯艾利斯。秘书处与负责日常活动的美洲开发银行下属的拉美与加勒比地区一体化研究所（西班牙文缩写为INTAL）合作。②

---

① Alicia Bárcena, ECLAC's Executive Secretary "One Belt One Road is a Civilizing Proposal of Interconnectedness and Shared Prosperity" in Belt and Road Forum for International Cooperation, Beijing May 14 2017. http://www.cepal.org/en/pressreleases/one-belt-one-road-civilizing-proposal-interconnectedness-and-shared-prosperity-eclac.

② IIRSA-COSIPLAN Quiénes Somos. http://www.iirsa.org/Page/Detail? menultemld=123.

2014 年 12 月 4 日，南美洲国家联盟[①]南美洲基础设施与规划委员会(COSIPLAN)[②]，在乌拉圭蒙得维的亚举行年度部长级会议，讨论 IIRSA2014 年工作总结并批准 2015 年工作计划。

根据 2014 年工作总结，IIRSA 已于 2014 年 9 月确认了 579 个一体化重点项目，总投资达1 633亿美元，涉及运输、能源和通信三大部门。[③]

二　中国与南美基础设施合作前景展望

2008 年，中国政府建议“共同建立新时期的全面伙伴关系”，并发布《中国对拉丁美洲和加勒比政策文件》。这是中国对该地区制定的第一份政策文件，也是中国对拉美政策的参考依据。

这个标志性文件发布近十年后，中拉双边合作不断创新，需要进行基础设施建设和互联互通领域的合作。拉美主要基础设施的建设，如两洋铁路系统，不仅能够满足降低区域运输成本、扩大贸易规模的需要，还能促进市场与产业的对接。[④]

根据现有资料，2012 年拉丁美洲的部门基础设施投资仅占 GDP 的 3. 49%。为缩小基础设施供需之间的差距，各国应在 2012 年至 2020 年期间每年投入其国内生产总值的 6. 2%——约3 200亿美元。拉丁美洲和加勒比经济委员会（以下简称“拉美经委会”）称，这些在运输、能源、电信、水和卫生设施方面的投资将有助于基础设施服务覆盖面的扩大和质量的提高，并将增加人口的总体福利。

据拉丁美洲开发银行（CAF）的数据，拉美和加勒比地区的物流成本占产

① 南美洲国家联盟，西班牙语为“Unión de Naciones Suramericanas”，缩写为 UNASUR。2008 年 5 月，阿根廷、玻利维亚、巴西、智利、哥伦比亚、厄瓜多尔、圭亚那、巴拉圭、秘鲁、苏里南、乌拉圭和委内瑞拉共 12 个南美洲国家签署了 UNASUR 组织条约，标志着 UNASUR 正式成立。UNASUR 总部位于厄瓜多尔首都基多。

② 南美基础设施和规划委员会（简称为 COSIPLAN）于 2009 年 1 月在南美洲国家联盟组织条约下成立。

③ Foro Técnico IIRSA，Comité de Coordinación Técnica，Cartera de Proyectos del COSIPLAN - V Reunión Ordinaria del COSIPLAN，Montevideo，Uruguay，December 4th 2014.

④ 统计资料来自 CELAC. http://estadisticas. cepal. org/cepalstat/WEB_ CEPALSTAT/Portada. asp，2015 年 10 月。

品最终价值的18%至35%，而这一比重在经合组织国家为8%。对于拉美和加勒比地区中小企业来说，这个比例可能超过40%。如果该地区所有国家的基础设施都将改善至其他中等收入国家的平均水平，那么拉丁美洲的区域增长率平均每年会增加2个百分点。①

为扩大对华出口，拉美国家应加强与中国在基础设施建设方面的合作。2015年1月在北京举行的中国—拉共体论坛第一次部长级会议通过了《中国与拉美和加勒比国家合作计划（2015—2019）》。合作计划中的第四部分（基础设施和运输）明确指出，中国和拉美国家将加强交通运输、港口、公路、仓储设施、商贸物流、信息通信技术、宽带、广播电视、农业、能源、电力、住房和城市建设等领域基础设施建设。②

2015年3月，中国政府正式发布了《共建丝绸之路经济带和21世纪海上丝绸之路的愿景和行动》（"一带一路"愿景和行动）。尽管该文件表明"'一带一路'贯穿亚洲、欧洲和非洲大陆"，并未包括拉丁美洲，但改善全球基础设施一体化的确是"一带一路"倡议的基本目标。2015年5月，李克强总理访问拉美期间提出了中国与拉美国家产能合作的"3×3"模式。第一个"3"是共同打造拉美物流、电力和信息三大通道。

拉美对基础设施建设的投资需求巨大。2015年8月发布的《拉共体2020规划议程方案》（*The CELAC 2020 Planning Agenda Proposal*）或《2020年议程》（*Propuesta Agenda2020*）将基础设施和互联互通设置为5个轴心之一，瞄准交通、能源、电信、水和卫生等行业。议程建议在基础设施建设中将投资增加到年度地区国内生产总值的5.5%。③

2016年11月，中国国家主席习近平在秘鲁首都利马出席APEC工商领导人会议后对秘鲁进行国事访问时强调，"一带一路"是一个开放的倡议，中国希望将"一带一路"这样的国际贸易和基础设施倡议带到拉丁美洲。他表示，

---

① Corporación Andina de Fomento (CAF), "IDEAL 2014: La Infraestructura en el Desarrollo de América Latina - Desarrollo empresarial en los mercados de infraestructura y servicios relacionados", CAF, 2015.

② Commission for Latin America and the Caribbean (ECLAC), Latin America and the Caribbean in the World Economy, pp. 14-16, Santiago, Chile, 2015.

③ 拉共体（CELAC），"2020年议程"（"Propuesta Agenda 2020"），（厄瓜多尔，2015）。（其他四个轴心是减少贫困和不平等，教育、科学、技术和创新，环境和气候变化以及发展筹资）。

中国"欢迎沿途和亚洲所有国家以及全世界的朋友和合作伙伴参与这些努力"①。

中国国家主席习近平于2016年11月结束对拉美的第三次访问后，中国发布了第二份《中国对拉丁美洲和加勒比政策文件》。该文件提出政治，经贸，社会，人文，国际协作，和平、安全和司法，整体合作和三方合作等八大领域的39个合作构想，其中不乏新的领域。

2017年5月14日，在"一带一路"国际合作高峰论坛上，智利总统米歇尔·巴切莱特（Michelle Bachelet）就"一带一路"与拉美基础设施项目的互补性发表了看法。她首先指出："根据国际组织的说法，全球经济将继续缓慢增长，生产力低下，不平等加剧，这可能会迫使政府采取限制性经济政策。这将是对全球化进程愈加不满和更广泛的保护主义共同作用的结果。为此，我们必须在国际和国家层面做出应对，制定《2030年可持续发展议程》等政策或不让任何人掉队的国家政策。"②

她还指出："幸运的是，在基础设施、互联互通和可持续发展等领域，在区域和全球层面有更多明确的合作机会。我们认为'一带一路'倡议是这一进程中的关键，因为它促进了区域贸易协定，并改善了亚洲、欧洲和非洲的连通性，同时也提高了拉丁美洲的连通性。智利期待中国引领的这一伟大倡议能够探寻新的机制，使我们在实现互联互通、创新和可持续发展方面更加紧密地联系起来。'一带一路'倡议的广度、极高的参与度以及其战略维度，凸显出它成为当今最大经济合作项目的实力。"③

关于通过"一带一路"倡议发展拉美基础设施的问题，巴切莱特总统说："智利一直在致力于实现地区一体化。我们与巴西、阿根廷和巴拉圭合作共同推进巴西穆提诺港与智利北部港口之间的两洋走廊，这条走廊是将大西洋与太平洋连接的快速通道。我们还与阿根廷在三个重点基础设施项目上合作，这将改善我们之间的互联互通。这些举措背后有我们各国国内政治意愿的支持。它

---

① "Latin America, another end of the Belt and Road?", November 22nd 2016. https://news.cgtn.com/news/3d55444d3541544d/share_p.html.

② 智利共和国总统米歇尔·巴切莱特女士于2017年5月14日在北京举行的"一带一路"国际合作高峰论坛上的致辞。

③ 同上。

们同时需要强有力的投资，并可能成为‘一带一路’倡议的组成部分。”①

巴切莱特总统补充道：“有必要扩大我们的基础设施，建设港口、机场、管道和数字桥梁，以及在能源、金融、科技和研发等领域开展合作。我们知道，我们成为亚投行成员国也有助于完成这些任务。我们相信，亚投行将在拉美地区找到优秀的合作伙伴——如美洲开发银行或拉丁美洲开发银行，这些实体为当下的许多基础设施项目提供资金。我们相信，现在是寻求新视野的正确时机，新的视野将使得我们强化各自在全球价值链中的角色，而未来几十年世界经济的核心即在于此。”②

在智利总统巴切莱特和亚投行总裁金立群宣布智利和玻利维亚成为亚投行新成员的联合新闻发布会上，巴切莱特表示：“我们认为有很多项目可以将亚洲与拉丁美洲连接起来。”她还透露，曾与金立群总裁讨论投资跨太平洋光纤电缆以改善亚洲和拉美之间数字连接的可能性。她说：“电缆可以视作‘一带一路’倡议的一部分，从而将太平洋变成亚洲和南美之间的桥梁。”她补充道：“其他投资项目可能包括横跨安第斯山脉的隧道和高速公路以及将拉丁美洲和南美洲连接到亚洲的港口。”③

同样，2017 年 5 月 15 日，阿根廷总统毛里西奥·马克里表示南美洲融入“一带一路”倡议的可能性“是我们不想错过的机会”。马克里提出这一观点时，正与其他领导人一道参加在北京雁栖湖国际会议中心进行的围绕“更紧密联合的协同政策”的讨论。④

在这方面，他表示，与中国国家主席习近平提出的“一带一路”倡议存在共识。后者旨在建设“一个开放、包容和平衡的全球经济合作架构，造福于人类，并通过发展物流、能源和生产性基础设施来减少贫困和创造经济机会，从而有助于促进我们自己目标的达成。”马克里还表示，2018 年由阿根廷担任轮值主席国的南美洲国家联盟，已经决定建成 IIRSA，“我们力求实现更

① 智利共和国总统米歇尔·巴切莱特女士于2017 年5 月14 日在北京举行的“一带一路”国际合作高峰论坛上的致辞。

② 同上。

③ As Asia and the region strengthen ties, Washington could be left on the outside looking in. May 13th 2017. https://www. telesurtv. net/english/news/Asia – and – Latin – America – Strenthen – Economic – Ties – 20170513 –0003. html.

④ http://www. casarosada. gob. ar/slider – principal/39552 – el – presidente – expuso – en – el – foro – una – franja – y – una – ruta – para – la – cooperacion – internacional.

大和更可持续的区域一体化”。他表示：“我们感兴趣的是‘一带一路’倡议能与 IIRSA 联系起来，以促进两地区之间 21 世纪的发展重点：互联互通。”①

马克里说，阿根廷处在“有可能从东南西北融入世界”的地区。他以巴拉那－巴拉圭航道为例，该航道使得阿根廷、玻利维亚、巴西、巴拉圭和乌拉圭之间以及往返大西洋高效输送产品成为可能。他还指出，两洋走廊也使阿根廷和智利能够连接大西洋和太平洋。“我们正在通过系统对话和拉丁美洲两大经济集团南方共同市场和太平洋联盟之间的一体化议程加强两洋走廊的联系。”②

马克里强调，改善互联互通意味着“我们朝减少贫困的目标迈进了一步，并将使我们为解决全球重大问题贡献自己的一分力量”。他回顾说，政府发起了“历史上最雄心勃勃”的基础设施计划，以及促进阿根廷北部十省社会和生产发展的贝尔格拉诺计划。马克里最后提到，阿根廷与中国和亚洲的金融机构“并肩”合作，力求“成为亚洲基础设施投资银行的一员”③。

与智利和阿根廷总统提出的观点异曲同工，在 5 月 14—15 日于北京召开的高级别会议上，拉美经委会执行秘书阿莉西亚·巴尔塞那这样说道：“拉美和加勒比国家有加强与中国和其他亚洲经济体联系的历史性机会，‘一带一路’国际合作高峰论坛为我们提供了一个相互关联、共享繁荣的文明倡议。”她补充道：“‘一带一路’倡议意味着新的价值观和更高层次的承诺，对我们全球经济和社会福祉至关重要，即互联互通、更深入的贸易和投资关系、透明度和开放性以及社会进步与经济增长协调一致的需要。”④

最后，2017 年 9 月 17 日，中国外交部部长王毅在巴拿马城与巴拿马副总统兼外交部部长伊莎贝尔·圣马洛·德阿尔瓦拉多（Isabel Saint Malo de Alvarado）共同会见媒体时表示，拉美是 21 世纪海上丝绸之路的自然延伸，

---

① http://www.casarosada.gob.ar/slider-principal/39552-el-presidente-expuso-en-el-foro-una-franja-y-una-ruta-para-la-cooperacion-internacional.

② 同上。

③ 同上。

④ Alicia Bárcena, ECLAC's Executive Secretary "One Belt One Road is a Civilizing Proposal of Interconnectedness and Shared Prosperity" in Belt and Road Forum for International Cooperation, Beijing May 14 2017. http://www.cepal.org/en/pressreleases/one-belt-one-road-civilizing-proposal-interconnectedness-and-shared-prosperity-eclac.

"一带一路"倡议已成为当前中拉合作的新契机。① 总而言之，这些评估表明，一些具体项目可将"一带一路"倡议延伸到拉丁美洲，而南美是实现这种延伸的合适地区。

三　中国南美铁路发展案例研究：贝尔格拉诺货运铁路改造项目

贸易方面，2005 年前后，中国成为阿根廷主要的亚洲贸易伙伴（以及仅次于巴西的全球第二大贸易伙伴）。10 年后，中国已经成为阿根廷的主要投资者和贷款人。② 关于铁路基础设施，"贝尔格拉诺线"由于数十年的投资不足和缺乏重视而面临严重问题，迫切需要融资来重新启用。

中国在拉美的两个最重要的投资项目"贝尔格拉诺货运铁路改造项目"（总额近 25 亿美元）和"圣克鲁斯河水电资源开发项目"（总计 47 亿美元）都位于阿根廷。③

正如阿根廷中国基础设施投资专家胡华安（Juan Uriburu Quintana）博士对该项目详细介绍的那样④，"贝尔格拉诺货运铁路改造项目"（以下简称 BCRP）由中国金融机构和企业与阿根廷国有企业合作实施。从中国方面来看，中国国家开发银行（主要进行以战略为导向的贷款活动）、中国工商银行和中国银行（更加商业化）提供了资金支持。中国出口信用保险公司（简称"中国信保"）也参与其中，承包商是中国机械设备工程股份有限公司。⑤

从阿根廷方面来说，客户是财政部和运输部，以及以"贝尔格拉诺货运

① Wang Yi: The Belt and Road Initiative Becomes New Opportunity for China-Latin America Cooperation. September 18th 2017. http://www.fmprc.gov.cn/mfa_eng/zxxx_662805/t1494844.shtml.

② "Se está hablando con China para ampliar el swap", December 11th 2015. http://www.pagina12.com.ar/diario/ultimas/20-288037-2015-12-11.html.

③ "Ratifican las represas de Santa Cruz y dan 60 días para reformular el proyecto", May 6th 2016. http://www.telam.com.ar/notas/201605/146364-hidroelectricas-represas-santa-cruz.html.

④ 胡华安博士是 ELING 集团中国区域法律和机构事务经理以及阿根廷火车货运有限公司—贝尔格拉诺货运和物流有限公司中国事务部经理。他也是阿根廷国际关系理事会中国工作组的成员。

⑤ Uriburu Quintana, Juan "Proyecto de Rehabilitación del Ferrocarril Belgrano Cargas", Presentation delivered before the Asian Affairs Committee - Argentine Council for International Relations (CARI), December 4th 2014.

和物流有限公司”（BCyLSA）为商业名称运营的“阿根廷火车货运和物流有限公司”（TACyLSA）。应该指出的是，后者是一家国家控股的股份制公司，由“铁路运营国有公司”“铁路基建管理局国有公司”“港口管理局”等国有企业组成。TACyLSA 是根据 2013 年 5 月 21 日颁布的第 566 号总统令，由国家元首克里斯蒂娜·费尔南德斯·德基什内尔（Cristina Fernández de Kirchner）创立。①

该法令指出，通过提高国家货运系统的总容量并促进生产中心与商品集散中心、港口和消费者区域的联系，BCRP 成为实现广泛的经济政策目标特别是区域发展的“核心工具”。鉴于该项目对出口的贡献，文件还将其定位为阿根廷当地经济发展和增长的“关键因素”，同时文件也将其称为联邦政府的“优先事项”，因为它有助于在相应的铁路线上提供货物运输服务。②

2010 年签署了两份合同（修订四次，直到 2014 年最终批准）：上述银行与阿根廷财政部之间的财务协议以及承包商与客户（阿根廷交通部）之间的商业协议。项目所需的约 25 亿美元资金由两国政府提供：中国提供 85%（20.99 亿美元），阿根廷提供 15%。而中国所提供的资金中，国家开发银行占比近 91%，中国工商银行提供剩余的 9%。

融资将等额用于采购合同和建筑工程合同（分别占 12.35 亿美元）。采购包括 100 台火车头（窄轨距、中轨距和宽轨距），3 500 节新的货运火车厢（针对三种轨距型号），另有 2 000 节货运车厢的备件，250 万块混凝土枕木和 20 万吨铁轨。③

这个大型项目包括三条铁路线的改造工程：圣马丁铁路（Ferrocarril San Martin）（宽轨距，1 676 毫米）、乌尔基萨将军铁路（Ferrocarril General Urquiza）（中轨距，1 435 毫米）和贝尔格拉诺将军铁路（Ferrocarril General Belgrano）（窄轨距，1 000 毫米）。三条铁路线现有设备包括 88 台火车头和

① Uriburu Quintana, Juan "Proyecto de Rehabilitación del Ferrocarril Belgrano Cargas", Presentation delivered before the Asian Affairs Committee - Argentine Council for International Relations (CARI), December 4th 2014.

② InfoLEG. Base de datos del Centro de Documentación e Información, Ministerio de Economía y Finanzas Públicas. http://servicios.infoleg.gob.ar/infolegInternet/anexos/210000-214999/214826/norma.htm.

③ Uriburu Quintana, Juan "Proyecto de Rehabilitación del Ferrocarril Belgrano Cargas", Presentation delivered before the Asian Affairs Committee - Argentine Council for International Relations (CARI), December 4th 2014.

4 650节货运车厢。其货运网络遍及17个省份：胡胡伊、萨尔塔、卡塔马卡、图库曼、圣地亚哥德尔埃斯特罗、拉里奥哈、圣胡安、门多萨、圣路易斯、科尔多瓦、圣达菲、查科、福尔摩沙、恩特雷里奥斯、科连特斯、米西奥内斯、布宜诺斯艾利斯。终点为布宜诺斯艾利斯市的城市铁路终点站（名为“雷蒂罗”）。

这个庞大的网络全长9 344公里，覆盖阿根廷70%的领土，并串联起了阿根廷与五个国家智利、玻利维亚、巴拉圭、巴西和乌拉圭的交通关口。特别是经过萨尔塔－索孔帕－安托法加斯塔山口的C14铁路支线，可以为阿根廷打开另一个经智利港口通往太平洋的通道，这将极大地带动向亚洲市场的销售。①

中国机械设备工程公司获得了中国各银行提供的专门资金，获得授权用于贝尔格拉诺货运铁路网络的改造。信贷支付期限为15年，宽限期为4年，由中国信保担保的年利率为7.1%。阿根廷财政提供3.7亿美元，占总投资额的近15%。②

根据第1090/2014号总统令，BCRP协议付诸实施，其中包括20.99亿美元的买方信贷协议。2015年12月10日宣誓就职的毛里西奥·马克里总统于2016年7月批准了该协议。③

2017年5月，在参加“一带一路”国际合作高峰论坛期间，马克里总统签署协议，追加贝尔格拉诺铁路货运改造的信贷支持。在起初24.7亿美元贷款的基础上，新增16亿美元用以推进该项目。这笔贷款将用于多个方面，例如增加原产零部件的比重，用于铁路运输全面复兴的关键工程等。

具体而言，双方一致同意，原产零部件占比为65%，其余35%将用以进口铁轨和轨道固定装置、养路机械和机车车辆。目标是将运输量增加4倍，从历史最低水平——2015年的847 282吨增加到2019年的4 400 000吨。第一阶

---

① Uriburu Quintana, Juan "Proyecto de Rehabilitación del Ferrocarril Belgrano Cargas", Presentation delivered before the Asian Affairs Committee – Argentine Council for International Relations (CARI), December 4th 2014.

② "Harán una inversión de US 2400 millones en el Belgrano Cargas", December 6th 2013. http://www.lanacion.com.ar/1645111-haran-una-inversion-de-us-2400-millones-en-el-belgrano-cargas.

③ InfoLEG. Base de datos del Centro de Documentación e Información, Ministerio de Economía y Finanzas Públicas. http://www.infoleg.gob.ar/infolegInternet/anexos/230000-234999/232517/norma.htm.

段涵盖圣菲、查科和圣地亚哥德尔埃斯特罗三省，正在全线推进，完成后全长535千米。第二阶段包括萨尔塔省和胡胡伊省两段，全长500千米，在2017年9月之前开始。第三阶段，全长558千米，将于不久后投标。预计所有工程将于2019年底前完成。①

新华社2018年1月报道称："107台机车和3 500节车厢已经采购完毕，车厢已经全部运至阿根廷，机车仍在陆续运达。"在采访贝尔格拉诺铁路改造项目副主任韩冰时，他表示这一举措"不仅刺激了从中国向阿根廷的大量出口，而且成为两国在'一带一路'框架下合作的典范"。他还表示："谷物和农产品物流的时间将缩减，从而促进经济和出口。"②

负责项目的国有公司——贝尔格拉诺货运和物流公司的官员赫尔曼·哈纳塞克（Germán Hanacek）表示："我们对机车和车厢非常满意，价格优惠是一大优势，技术和电子设备都很好。"③

阿根廷是世界上最大的谷物生产国之一，但由于落后的铁路基础设施，物流成本在谷物生产总成本中占比高达50%。通过与中国合作开展的铁路改造项目，阿根廷将利用降低农产品价格来提高其国际竞争力。BCRP在阿根廷的铁路史上，无论从规模上来说，还是资本方面，都没有先例。可以肯定的是，从严格意义上讲，该项目并非投资，而是项目融资。考虑到资本是先离开中国再通过中国的国有企业回到中国这样一个循环，协议最受益的一方是中国机械设备工程公司。正如凯文·加拉格尔（Kevin Gallagher）在分析中国对阿根廷的财政支持时所评估的那样，"中国给予阿根廷的100亿美元信贷额度实际上是向中国铁路公司提供的信贷额度，这意味着资本将留在中国"④。

---

① "Más dinero chino para trenes: el Belgrano Cargas quintuplicará su capacidad". May 19th 2017. http://agrovoz.lavoz.com.ar/actualidad/mas-dinero-chino-para-trenes-el-belgrano-cargas-quintuplicara-su-capacidad.

② "Argentina recibe lote de locomotoras chinas para servicio de carga". January 4th 2018. http://spanish.xinhuanet.com/2018-01/04/c_136870289.htm.

③ 同上。

④ Gallagher, Kevin, Amos Irwin & Katherine Koleski, "Un Mejor Trato - Análisis comparativo de los préstamos chinos en América Latina", Cuadernos de Trabajo del CECHIMEX (Universidad Autónoma de México) Nro. 1 (2013) pp. 11-12.

四 “一带一路”倡议的利与弊：地缘政治、轴心和融资条件

中国的“一带一路”倡议在全球范围内的进一步延伸，已转化为地缘政治现象。它最初是以“新丝绸之路”提出的，旨在推动中国与中亚之间有着数百年历史的经济关系发展，之后又迅速扩展为一条横跨东南亚，到达印度洋的“海上丝绸之路”，再后来更名为“一带一路”，延伸到非洲和欧洲。同样值得一提的是，中国外交部部长王毅曾表示拉美是海上丝绸之路的“自然延伸”。

正如彼得·戈登（Peter Gordon）所解释的那样，“白银之路”（La ruta de la plata）始于1565年，当时安德烈斯·德乌尔达内塔（Andres de Urdaneta）发现了穿越太平洋从亚洲到美洲的航路。通过马尼拉和阿卡普尔科之间繁忙的往返航线，中国和亚洲与西班牙、美国和欧洲之间的贸易呈爆发式增长。这条贸易路线也被称为“马尼拉帆船”（Manila Galleon）和“中国之船”（Nao de China）。①

无论是海上丝绸之路的一部分，还是新的“白银之路”，现在在谈及中拉关系时，都很少提及美国。一个亚洲大国具备了在拉美地区占据重要位置的潜力，这是前所未有的。如果拉美要新建一项重要的基础设施，中国参与的可能性将远大于美国。此外，中国与拉美之间的贸易自2000年以来增长了22倍，达到每年2 000多亿美元。世界因中国的“走出去”而被重新定义，不过美国现任政府似乎更有意解除其与亚洲和拉丁美洲现有的关系，而非恢复其所占据的地位。②

根据IIRSA，南美洲可以分为十大一体化和发展轴心，其中覆盖了运输、能源和通信三大领域的500多个项目。这些一体化和发展轴心按字母顺序依次

① Gordon, Peter "China´s Latin America ambitions highlight ´silver way´ strategy", in Asia Nikkei, November 8th 2017. https://asia.nikkei.com/Viewpoints/Peter - Gordon/China - s - Latin - America - ambitions - highlight - silver - way - strategy? page =2.

② Gallagher, Kevin, Amos Irwin & Katherine Koleski, "Un Mejor Trato - Análisis comparativo de los préstamos chinos en América Latina", Cuadernos de Trabajo del CECHIMEX (Universidad Autónoma de México) Nro. 1 (2013) pp. 11 - 12.

为亚马孙轴心、安第斯轴心、南回归线轴心、两洋间轴心、圭亚那地盾中枢、南方共同市场—智利轴心、巴拉圭—巴拉那水路轴心、秘鲁—巴西—玻利维亚轴心、南安第斯轴心和南方轴心。①

在这十个轴心中，确定了几个一体化优先项目（西班牙语缩写为 PPI），涉及亚马孙轴心、南回归线轴心、两洋间轴心、南方共同市场—智利轴心和秘鲁—巴西—玻利维亚轴心的四条两洋走廊和三条经济带的发展。它们的总投资达1 400亿美元。

从北到南，三大经济带分别是以亚马孙流域发展为主要目标的秘鲁—厄瓜多尔—哥伦比亚—巴西经济带，以南美大陆南部腹地发展为目标的秘鲁—玻利维亚—巴西经济带，以及旨在加强一体化的智利—阿根廷—巴拉圭—乌拉圭—巴西经济带。②

IIRSA 的推进和实施面临两大困难或挑战。第一个是融资短缺，第二个是中国提供融资的条款。美洲开发银行是 IIRSA 的主要资金来源。自 2000 年以来，美洲开发银行一直在为该倡议提供资金。在 2000 年至 2010 年的十年间，该银行发放了 29 亿美元的贷款，用于支持近 30 个项目，占总投资的 28%。

2014 年 7 月，中国国家主席习近平访问拉美期间，中国、巴西和秘鲁共同发表声明，保证三方将共建设两洋铁路走廊，中国将与两国开展这一旨在连接巴西和秘鲁的项目可行性研究。与此同时，基础设施领域也被确认为中国与拉美的六大合作重点之一。因此，根据 IIRSA 的现有计划，这一承诺有可能成为中拉基础设施合作的主要平台。

2017 年 11 月，阿根廷前驻上海总领事贝略索（Miguel Velloso）在智利确认："根据 2010 年的不变价格，据估计，2011 年至 2040 年间拉丁美洲的基础设施建设的需求每年将达到 13.2 亿美元。所有这些项目都必须由美洲开发银行、拉丁美洲开发银行和拉普拉塔河流域发展基金提供资金。"③

他还表示："好消息是，从 2009 年起，中国成为美洲开发银行的成员，根据美洲国家对话组织的研究，2005—2016 年，它取代了世界银行和美洲开发

---

① http://www.iirsa.org/proyectos/.

② 同上。

③ Velloso, Miguel A. and Nadia Radulovich "Oportunidades de Cooperación China - América Latina en el marco Sub - Nacional", Paper presented before the I Foro Académico de Alto Nivel CELAC - China. CEPAL, Santiago de Chile, October 17th - 18th 2017.

银行，成为主要的贷款来源，为拉丁美洲和加勒比地区提供了总计 1 410 亿美元的贷款。但坏消息是，中国没有通过美洲开发银行这个区域性机构来向该地区输送贷款，而是通过双边的中国—拉共体论坛框架将融资条件双边化，这样它可以轻易地附加自己的条款。”①

贝略索还明确指出：“显然，最大的问题将是项目的融资，但这不是唯一的问题。‘一带一路’的扩张带动了中国国有工程公司在世界范围内的扩张，并且它们在拉美地区的影响力越来越大。现在看来，有一种策略会打乱目前区域间交流的传统模式，无论是制成品的原材料，还是基础设施工程的原材料，都由中国公司提供。”②

这位阿根廷外交官认为：“这是中国和阿根廷于2014 年7 月签署的经济合作协议中所遵循的，该协议经由国会法律通过，规定只要有中国融资，该标将直接授予中国公司。评估的一个准则是，任何与南美基础设施有关的工程，只要有中国的支持，它们就要遵守中国对在其本土投资的公司所实施的相同规则。按照中国现行的《投资法》，2015 年 4 月 10 日签署的文本会将本国公司与外国公司联系起来，在所有大型项目中，本国公司的股份至少为 51% 。”③

贝略索的结论是：“所有这些都要求在中国—拉共体论坛框架内考虑区域投资协议，该框架考虑到了我们的基础设施公司在一体化事业中的潜力。如果有可能推进具备这些特点的协议，双方之间的信任就会增加，从而改写后布雷顿森林体系的中心—外围模式。”④

五　结束语

东亚和东南亚对拉丁美洲自然资源的需求将继续增长，中国也不例外。2016—2020 年，中国从拉美进口的农产品、矿产品和原油的年均预期增长率

① Velloso, Miguel A. and Nadia Radulovich “Oportunidades de Cooperación China - América Latina en el marco Sub - Nacional”, Paper presented before the I Foro Académico de Alto Nivel CELAC - China. CEPAL, Santiago de Chile, October 17th - 18th 2017.

② 同上。

③ 同上。

④ 同上。

将分别达到3.8%、5.8%和6.1%。2021—2030年，预计年均增长率将分别为2.0%、2.8%和2.7%。①

拉美经济增长的瓶颈之一是其基础设施不足，因而严重阻碍了其与中国的贸易。因此，投资拉美基础设施建设成为重中之重，这也是基础设施日益成为中拉合作重要组成部分的原因。

正如安东尼奥·项（Antonio Hsiang）所说，在“一带一路”倡议提出四年之后，该倡议“正在迅速扩大到拉丁美洲，并为中国及其合作伙伴带来红利。‘一带一路’倡议能否达到中国对拉丁美洲的所有期望仍有待观察”。但即使是从目前来看，“它也从三个方面为中拉关系的未来做出了贡献：首先，中国正在开拓新的市场，输出国家主导型扩张模式；其次，中国以建设基础设施作为外交工具，通过邀请更多的南美国家加入亚投行来扩大其朋友圈；第三，中国正在将‘一带一路’扩展到美洲，并通过诸如拟建从中国到智利长达19 000公里的跨太平洋光纤互联网电缆等项目，加强该地区与世界其他地区的连通性”②。

安东尼奥·项还强调：“由于没有遭到美国的抵制，中国的‘一带一路’自然而然地会延伸到拉美。这对目前的美国政府来说，也许是可以接受的。但是，一旦被中国超越，美国在拉美的影响力将难以恢复。”③

至于南美洲从“一带一路”所得到的好处，2000年至2010年的十年是IIRSA的准备阶段，到2011年它提出南美洲国家联盟南美洲基础设施与规划委员会负责协调和实施该地区在基础设施方面的一体化。因此，美洲开发银行已将IIRSA定义为西半球开展区域基础设施发展最充满想象力和动力的举措。④

2018—2022年是IIRSA继续取得进展的重要时期，预计将完成63个优先

---

① 数据来源于联合国贸易与发展会议的联合国商品贸易统计数据库，http://comtrade.un.org/data/.

② Hsiang, Antonio C. “As America Withdraws From Latin America, China Steps in”, in The Diplomat, January 04th 2018. https://thediplomat.com/2018/01/as-america-withdraws-from-latin-america-china-steps-in/.

③ 同上。

④ Inter-American Development Bank, Initiative for the Integration of Regional Infrastructure in South America - Building a New Continent: A Regional Approach to Strengthening South American Infrastructure, Washington, D.C., 2006.

项目，如安托法加斯塔港（智利）—巴拉那瓜港（巴西）两洋铁路通道 API 项目。虽然 IIRSA 因缺乏资金而发展受阻，但未来该倡议将会成为中国与南美洲基础设施建设合作的关键平台。

“一带一路”的目的与南美洲所推行的基础设施一体化过程相得益彰，由此可以预见“一带一路”将向南美扩展。从宏大战略来考虑，这种“相得益彰”也是合理的。正如意大利汉学家乔瓦尼·B. 安多尼诺（Giovanni B. Andornino）所说：“将‘一带一路’视为推动全球治理新视角的催化剂，中国并不是说说而已。它旨在通过有效地证明在‘一带一路’标签下实施的多元化政策，能够回应新的体系原则，从而提高中国的道德吸引力，这个原则将更好地适应跨越单极时代的国际体系，即以追求第三代团结权利议程为前提。”①

安多尼诺博士还表示：“从这个角度看，中国通过政策协调、基础设施互联互通、贸易便利化、金融一体化和民间交流的比较优势来完善‘一带一路’参与国的发展战略，这些一道构成了公共产品的制度化供给，从而与这种可能存在的体系原则相匹配，这是对当前国际经济秩序中的逐利逻辑做出的回应。”②

在“一带一路”倡议中，中国致力于促进基础设施建设、能源、制造业、市场和其他能力方面的合作。因此，建设连接拉美和中国的跨太平洋经济走廊就应是“一带一路”的延伸。

鉴于南美洲的广阔发展前景，该地区的国家应特别关注这些项目的融资条件，因为与基础设施有关的工程，如果有中国的支持，就要遵守中国政府对在其领土上投资的公司所实施的相同规则，即在所有大型项目中外国公司要与本地公司合作。南美从中国对该地区的承诺中受益的程度将更多地取决于其战略设想、政策协调以及与中国打交道的能力，而不在于是否被纳入“一带一路”的延伸。

---

① Andornino, Giovanni B. “The Belt and Road Initiative in China’s Emerging Grand Strategy of Connective Leadership” in *China & World Economy* (Beijing: Institute of World Economics and Politics - CASS), Vol. 25, No. 5, 2017, pp. 4 - 22.

② 同上。

新疆维吾尔自治区参与新丝绸之路及阿根廷的机遇[①]

2013 年中国国家主席习近平访问了中亚和东南亚，并在上述两个地区分别正式介绍了新丝绸之路计划。2013 年 9 月，习近平主席在哈萨克斯坦首都阿斯塔纳的纳扎尔巴耶夫大学（Universidad Nazarbayeb）的演讲中，宣布成立“丝绸之路经济带”，以便加强中国与中亚国家的联系。一个月后，习近平主席在印度尼西亚议会谈到通过建立 21 世纪海上丝绸之路加强东盟国家与中国的相互关系。同时，习近平主席提出关于成立亚洲基础设施投资银行（英语缩写为 AIIB，以下简称“亚投行”）的建议，目的是为基础设施建设提供贷款以增强该地区国家之间的互联互通。

2013 年 11 月在中国共产党第十八届中央委员会第三次全体会议期间，新丝绸之路的计划被正式提出。在这次会议上，习近平主席再次谈到推动亚洲地区基础设施建设的必要性在于加强该地区国家之间的互联互通。“丝绸之路”倡议由此“诞生”，也被称为“一带一路”或者为 OBOR（One Belt One Road），现在普遍称为 BRI（Belt and Road Initiative）。

2015 年 3 月，中国发展和改革委员会（英文缩写 NDCR）发表了《推动

① 作者：卡洛拉·拉蒙·贝尔哈诺（Carola Ramón Berjano），阿根廷萨尔瓦多大学东方研究中心教授。

共建丝绸之路经济带和21世纪海上丝绸之路的愿景与行动》，详细阐述了“一带一路”倡议的框架，推动国家间合作共建的核心领域和相关机制。这些机制是取得合作的必要措施。① 这部文件阐述了将中国古都长安（即现在的西安）与欧洲大陆连接起来的古老的丝绸之路的精神，并强调了“和平合作、开放包容、互学互鉴、互利共赢”的理念。此后，2017年6月中国发展和改革委员会与国家海洋局联合发表的文件不仅详细论述了建设海上合作的设想，也涉及了推动联合国制定的《2030年可持续发展议程》在海洋领域的落实。②

2017年5月14日至15日举行了由55个国家出席的丝绸之路论坛。论坛之前的一个月，中国外交部部长王毅指出“一带一路”倡议“是中国向全世界贡献的最大公益：由中国提议，但全球所有国家都将受益”③。中国提出的这种合作倡议与孔子的思想有着根深蒂固的关系，即儒家的“己欲立而立人，己欲达而达人”。

从这个意义上可以认为，“一带一路”倡议不仅是愿景，而且是指导对外政策和融资政策的事关中国发展的核心原则，也是体现核心原则的具体行动纲领。④“一带一路”倡议特别提出，要改善地区基础设施和健全安全有效的网络，以完善陆地、海上和空中的互联互通，推进贸易和投资的便利化，建立高标准的自由贸易区网络，保持密切的经济联系和深化政治互信，增强文化交流，使得不同文化间相互学习和繁荣发展，促进世界各国人民之间的了解、和平共处和友谊。

具体来说，“一带一路”倡议由六条陆路走廊和一条海上走廊组成。如今这个倡议包括的已不仅仅是一条路，而是若干条路了。尽管包括了很多国家，但应该强调的是，这不是一个形式上完整的经济区域，因为没有共同的政治制

---

① National Development Reform Commission, Ministry of Foreign Affairs and Ministry of Commerce of the People's Republic of China, "Vision and Actions on Jointly Building Silk Road Economic Belt and 21st-Century Maritime Silk Road", National Development and Reform Commission, 2015. http://en.ndrc.gov.cn/newsrelease/201503/t20150330_669367.html. 检索时间：2017年11月10日。

② "Full Text of the Vision for Maritime Cooperation under the Belt and Road Initiative", 2017. http://english.gov.cn/archive/publications/2017/06/20/content_281475691873460.htm. 检索时间：2017年11月10日。

③ "China to gather friends for biggest summit of year on New Silk Road", April 18, 2017. https://ca.reuters.com/article/topNews/idCAKBN17K0FL-OCATP. 检索时间：2017年11月10日。

④ Yifu Lin, Justin y Wang Yan. "Going Beyong Aid, Development Cooperation for Structural Transformation", 2017, Cambridge, MA: Cambridge University Press.

度，没有完成计划的明确时间，也没有“成员国”。

六条陆路走廊包括：中国—蒙古—俄罗斯走廊、欧亚大陆走廊、中国—中亚—西亚走廊、中国—印度支那半岛走廊、中国—巴基斯坦走廊（英文缩写CPEC）、孟加拉国—中国—印度—缅甸走廊。除了这六条陆路走廊，倡议还包括经中国南海、印度洋、波斯湾、苏伊士运河和地中海，连接中国沿海和欧洲的海上走廊。

“一带一路”倡议由中国发展与改革委员会、外交部和商务部协调合作，资金来源于亚投行和丝路基金。前者目前有70个成员国（其中57个创始成员国①），起始资金为1 000亿美元；后者由中国政府提供资金，起始资本为400亿美元。

一　“一带一路”倡议与新疆维吾尔自治区的作用

上文提到的2015年发布的文件中指出：“勤劳勇敢”的欧亚人民两千多年前探索和开辟的不同道路并进行的文化交流，连接和融合了亚洲、欧洲以及非洲大陆的大部分文化。② 几年后，中国外交部部长王毅表示：“‘一带一路’沿线国家的文化和历史传统来自古代丝绸之路，因此欧亚地区是‘一带一路’的核心区。”③

因此，习近平主席在阿斯塔纳的演讲并不是偶然的。由于很多陆路走廊经过亚洲中部，该地区对于“一带一路”倡议至关重要。近5年来，中亚5个

① 亚投行创始成员国为德国、沙特阿拉伯、澳大利亚、奥地利、阿塞拜疆、孟加拉国、巴西、文莱、柬埔寨、中国、韩国、丹麦、埃及、阿拉伯联合酋长国、西班牙、菲律宾、芬兰、法国、格鲁吉亚、荷兰、印度、印度尼西亚、伊朗、冰岛、以色列、意大利、约旦、哈萨克斯坦、吉尔吉斯斯坦、科威特、老挝、卢森堡、马来西亚、马尔代夫、马耳他、蒙古、缅甸、尼泊尔、挪威、新西兰、阿曼、巴基斯坦、波兰、葡萄牙、卡塔尔、英国、俄罗斯、新加坡、南非、斯里兰卡、瑞典、瑞士、泰国、塔吉克斯坦、土耳其、乌兹别克斯坦、越南。

② National Development Reform Commission, Ministry of Foreign Affairs and Ministry of Commerce of the People's Republic of China, "Vision and Actions on Jointly Building Silk Road Economic Belt and 21st-Century Maritime Silk Road", National Development and Reform Commission, 2015. http://en.ndrc.gov.cn/newsrelease/201503/t20150330_669367.html. 检索时间：2017年11月10日。

③ "China to gather friends for biggest summit of year on New Silk Road", April 18, 2017. https://ca.reuters.com/article/topNews/idCAKBN17K0FL-OCATP. 检索时间：2017年11月10日。

国家与中国的关系得到很大提升。2013—2016 年的指标显示了跨境贸易的明显提升，特别是吉尔吉斯斯坦和哈萨克斯坦与中国贸易的增长。近 10 年间，中国与中亚国家的贸易大幅增长，中国对中亚国家的投资，特别是对上述两个国家的投资迅猛发展。中国对中亚国家的投资占比为：哈萨克斯坦 52.9%，吉尔吉斯斯坦 21.8%，乌兹别克斯坦 11.1%，塔吉克斯坦 10.3%，土库曼斯坦 4%。中国与这些国家的互联互通也取得了进展，目前中国与中亚国家之间均开通了每日执飞的航班。① 作为这些国家的贸易伙伴，中国的重要性已经超出历史上曾是中亚国家最大贸易伙伴的俄罗斯。

位于中国西北部的新疆维吾尔自治区与 8 个国家接壤：蒙古、俄罗斯、哈萨克斯坦、吉尔吉斯斯坦、塔吉克斯坦、巴基斯、阿富汗和印度。其在“一带一路”倡议中的重要性非同一般。新疆维吾尔自治区拥有全国各省（市、自治区）中最长的陆地边界线，全长5 500多千米，因此是“一带一路”倡议沿线国家最重要的连接点。由于其战略位置，新疆维吾尔自治区被指定为“一带一路”倡议的核心区。同时，新疆维吾尔自治区在区域发展、中国内陆政策和国际融入等方面都面临着更多挑战。三条陆路走廊经过新疆维吾尔自治区，把中国北部沿海、中部和南方经济最发达地区与新疆维吾尔自治区及倡议中涉及的另外三条陆路走廊连接起来。

虽然新疆维吾尔自治区占中国国土面积的 17%，但在总人口中的比重不到 2%。另外，新疆维吾尔自治区的汉族人口只占新疆维吾尔自治区全部人口的 39%，46% 的人口为维吾尔族。新疆维吾尔自治区不仅对欧亚走廊以及中国—巴基斯坦走廊的发展极其重要，而且通过三个走廊与中国沿海地区三个重要经济核心区——珠海三角洲、长江三角洲和京津冀地区紧密相连。尽管新疆维吾尔自治区人均生产总值低于中国平均水平，但 2017 年第一季度人均生产总值同比增长 7.2%，高于 6.9% 的全国增幅。

另外，虽然地理条件复杂，但近年来新疆维吾尔自治区对基础设施建设的投资增长迅速。2016—2017 年新疆维吾尔自治区固定资产投资增长 27.8%，

① “An Overview of Central Asian Markets on the Silk Road Economic Belt”, Hong Kong Trade and Development Council, 2015. http://economists-pick-research.hktdc.com/business-news/article/Research-Articles/An-Overview-of-Central-Asian-Markets-on-the-Silk-Road-Economic-Belt/rp/en/1/1X000000/1X0A4C4W.htm.

仅一年之内就有 5 万多家公司在新疆维吾尔自治区成立落户。① 若干条铁路线将区内不同城市连接起来，其中包括自 2009 年起运行的连接乌鲁木齐和霍尔果斯的伊宁铁路线、自 2012 年起运行的从霍尔果斯口岸到达哈萨克斯坦阿拉木图附近的热特根车站的铁路线。估计每年的货运量将成倍增长，达到1 500 万吨。

根据新疆维吾尔自治区政府的数据，2017 年该地区基础建设投入达到 1.5 万亿人民币，其中包括用于新线路的2 000亿人民币，用于铁路工程的 347 亿人民币，用于修缮乌鲁木齐机场的 144 亿人民币。作为新疆维吾尔自治区首府，乌鲁木齐机场有大量国内航班起降，还有直达中亚、中东地区的国际航线以及近期将开通的前往欧洲部分国家的航线。新疆还计划投资2 200亿人民币用于其他基础设施项目。据估算，目前该地区有公路4 500公里高铁 700 公里和 18 个机场。②中国商务部 2015—2020 年发展规划把乌鲁木齐市指定为全国重要的物流和商贸中心之一。特别值得关注的是分布在库尔勒和石河子等城市的纺织厂，以及一些工业园区的建立，其目的是鼓励中国其他地区的制造业企业转移到西部地区。在“一带一路”框架内，铁路建设将使通向中亚和欧洲关口的乌鲁木齐成为中国西部重要的经济核心区。

近年来，新疆维吾尔自治区建立了新的经济特区。乌鲁木齐市建有一个包括出口加工区（始于 2007 年）在内的经济技术开发区（建于 1994 年）——乌鲁木齐高新技术产业开发区以及甘泉堡经济开发区。喀什，作为古代丝绸之路重要的贸易中心和中国最西部的距离海岸线4 400千米的城市，2010 年被规划为经济特区，之后平均年经济增幅达 17%。新疆维吾尔自治区的另一个经济特区霍尔果斯，2014 年成立当年就吸引了 200 多万商户入驻。中国—哈萨克斯坦—霍尔果斯国际边境合作中心、霍尔果斯自由贸易区（地跨两国边境）以及一个出口加工区均设在该经济特区内。另外，博乐市、石河子、塔城和伊宁等城市也成立了边境经济合作区。自 2013 年“一带一路”倡议提出以来，

---

① Zhao Lei, “Xinjiang's GDP growth beats the national average”, *China Daily*, 20 de Octubre 2017, http://www.chinadaily.com.cn/china/19thcpcnationalcongress/2017-10/20/content_33476166.htm. 检索时间：2017 年 11 月 10 日。

② “Economic Watch: Economic development in Xinjiang on fast lane”, Xinhua, 11 de Julio 2017, http://news.xinhuanet.com/english/2017-07/11/c_136435987.htm. 检索时间：2017 年 11 月 10 日。

霍尔果斯经济快速增长，2016 年国内生产总值同比增长 278% [①]，2 400多家企业在霍尔果斯登记注册。

基础设施建设的投入和经济特区的建立为新疆维吾尔自治区注入了前所未有的经济活力。在“一带一路”倡议和互联互通项目的框架下，中国与中亚地区 44% 左右的商贸活动都以新疆为轴心（尽管其中很多产品从沿海地区转口），就显得不足为奇了。而中国通过新疆维吾尔自治区与哈萨克斯坦、吉尔吉斯斯坦和塔吉克斯坦之间的贸易分别占 40%、74% 和 75%。

1992 年以来，乌鲁木齐市连续举办一年一度的“乌鲁木齐对外经济贸易洽谈会”，从2010 年起该洽谈会超出地方局限性，一跃成为覆盖整个亚洲和欧洲的更大规模的“中国—亚欧博览会”，从而使新疆维吾尔自治区成为在“一带一路”倡议框架内连接中国和中亚国家的纽带和桥梁。2015 年起，该活动开始以偶数年举行“中国亚欧博览会”（CAE）、奇数年举办“（中国）亚欧商品交易博览会”（EACT EXPO）的模式运行。2016 年，来自中国 28 个省份和世界各地 57 个国家的2 000多家企业参展。其中仅阿里巴巴、霍尼韦尔、三一重工集团公司、广州汽车集团公司和山东如意集团公司就占据了 14 万平方米的场地。博览会日益增长的重要性、位于乌鲁木齐市北部红光山景区的城市化发展与建设、希尔顿连锁等高档酒店的建成、新疆国际会展中心以及众多商务中心的崛起，凸显了乌鲁木齐市作为连接中国和中亚地区纽带的战略重要性。2018 年 2 月 26 日，一列崭新的货运列车开启了联通中国（乌鲁木齐）和意大利（那不勒斯）的首次行程。该列车穿过霍尔果斯走廊后将铁路和海运结合，全长 1 万多公里，耗时 25 天，比原来的单纯海运时间减少了 50%。现在每天有 3 趟货运列车前往欧洲目的地。[②]

---

① “Economic Watch: Economic development in Xinjiang on fast lane”, Xinhua, 11 de Julio 2017, http://news. xinhuanet. com/english/2017 -07/11/c_ 136435987. htm. 检索时间：2017 年 11 月 4 日。

② “Freight train service launched between Urumqi, Naples”, Xinhua, 26 Febrero 2018, http://www. xinhuanet. com/english/2018 -02/26/c_ 137001315. htm

二 “一带一路”倡议对非沿线国家的影响

作为一个广泛的互联互通计划，2015 年的文件[①]指出，“一带一路”倡议符合国际社会的共同利益，其目的是将开放的区域性合作引向多极的、多元化的和更大程度的经济全球化。因此，不可否认，“一带一路”倡议的重要性不仅仅局限在六个陆路走廊和一个海上走廊的沿线国家。

关于“一带一路”倡议对丝绸之路“以外”国家的作用，有两个方面的问题值得关注。首先是对基础设施建设项目的投资；其次是得益于“一带一路”范围内更大程度的互联互通，第三方国家可以扩大在该倡议下的贸易。

（一）对基础设施建设的投资

投资基础设施建设项目是“一带一路”倡议的核心。但是，除了倡议中建议的六条陆路走廊和一条海上走廊，以及和这些走廊相关的基础设施，还有其他一些不属于其中任何一条走廊、从严格意义上讲的“区外”项目，但它们也与之互联互通相关。由于“一带一路”倡议的核心是加强互联互通和推动相关国家的经济发展，这些“区外”项目可以从“一带一路”倡议更广泛的意义加以考虑和关注，即“‘一带一路’全球性互联互通”。

这个意义上的互联互通可以包括中国提出的甚至第三国提出的项目。新近成立的亚投行拥有越来越多的成员国就是有力的证明。自 2014 年 57 个创始国发起成立亚投行以来（其中巴西是拉美地区唯一一个创始成员国），其成员国总数已经达到 70 个。亚投行初始资本为1 000亿美元，其中 40% 来自中国。[②]截至 2018 年 5 月，加上巴西，共有六个拉美地区国家申请成为亚投行成员国，其余五个国分别为阿根廷、玻利维亚、智利、委内瑞拉和秘鲁，这显示了拉美

---

① National Development Reform Commission, Ministry of Foreign Affairs and Ministry of Commerce of the People's Republic of China, "Vision and Actions on Jointly Building Silk Road Economic Belt and 21st-Century Maritime Silk Road", National Development and Reform Commission, 2015. http://en. ndrc. gov. cn/newsrelease/201503/t20150330_ 669367. html. 检索时间：2017 年 11 月 10 日。

② 其他与倡议相关的资金，尽管严格面向一带一路沿线国家，是共计为 400 亿美元的丝路基金，全部为中国提供。

国家融入“‘一带一路’全球性互联互通”的兴趣越来越大。

除了新的投资项目的增多，那些在世界不同地区有中国企业参与的项目都可以看作“一带一路”框架下的项目，其中包括贯通非洲大陆的铁路建设项目，自巴西到秘鲁的跨亚马孙公路建设项目，有关白令海峡的贯通方案，以及尼加拉瓜运河和泰国克拉运河项目等。德国学者梅耶尔·马克西米连（Maximilian Mayer）也曾分析过“一带一路”倡议与非沿线国家之间的关系，其中包括土耳其和俄罗斯建议修建的走廊，以及“一带一路”倡议在北极地区、希腊和葡萄牙等国家可以发挥的作用。①

（二）新丝绸之路的贸易契机

“一带一路”倡议不仅仅凸显了中国的巨大市场，而且显示出整个亚洲市场的重要性。区域内更为广泛的互联互通，在使市场更加便捷和从地理上更加广阔的同时，也带来了开展更多商品贸易的可能；此外，这也得益于包括中国和亚洲其他国家在内的巨大市场在文化、潮流、兴趣和偏好方面更大程度的多元化。这个市场可以通过中国最发达的地区扩展到太平洋，也可以通过新疆维吾尔自治区这样快速发展的地区延伸到中亚。

仅仅中国市场就蕴藏着多种多样的需求和重要的市场趋势。中国人口已经超过了13亿，其中一半以上属于城市人口（而40年前城市人口只占总人口的20%）。20世纪80年代开始的改革进程使中国发生了巨大的变化，不断发展的城市化是其中之一。同时产生的中产阶层和富裕阶层，是了解当今不断更新和变化的中国市场需求和趋势的两个重要因素。中国不同省份、地段、区域、大中小城市在地理、文化、民族和经济社会方面的千差万别，均提供了重要商机。

另外，通过亚太地区互联互通项目促成商品融入也至关重要。这不只局限在亚太地区的发达市场——日本、新加坡、韩国以及中国香港地区，还包括东南亚国家联盟，其中不仅有和新加坡同为1967年东南亚国家联盟成立时的创始成员国——印度尼西亚、菲律宾、马来西亚和泰国，还有其他5个国家——文莱、越南、老挝、缅甸和柬埔寨。其中一些国家经济近年来快速增长。由于这些国家在需求、兴趣和潮流上有很大区别，商品融入的机会层出不穷。印度尼

① Maximilian Mayer. *Rethinking the Silk Road*, 2018. Palgrave Macmillan.

西亚人口达 2.55 亿，在世界人口大国中排名第四，有 300 多个民族。其国内人均生产总值从 2000 年的 560 美元提高到 2014 年的3 630美元。和中国一样，印度尼西亚也出现了不断扩大的城市化和中产阶层。这种现象在整个亚洲非常普遍，预计到 2050 年亚洲的中产阶层可能占全世界中产阶层的 66%，而欧洲和拉美国家的中产阶层有可能减少到 50%；预计到 2025 年亚州新增城市人口达5 500万。

最后，由于贯穿陆路走廊，中亚地区将重新恢复其重要性，特别是那些经新疆维吾尔自治区连接到欧洲、巴基斯坦和西亚的走廊。从地缘角度看，哈萨克斯坦、吉尔吉斯斯坦、塔吉克斯坦、土库曼斯坦和乌兹别克斯坦被认为是中亚的一部分，总面积 400 万平方公里，人口6 500万。而从文化和民族角度看，还应包括蒙古国、中国西部地区、阿富汗部分地区、巴基斯坦、伊朗和印度。如上所述，其中很多国家与中国接壤，特别是与新疆维吾尔自治区为邻。基础设施建设、投资、贸易等项目以及国家间艺术、文化和教育交流，近年来不断加强，这为向中国西部发展提供了市场和机遇。除了“一带一路”倡议，上海合作组织也意义重大。该组织成立于 1996 年，成员国有中国、俄罗斯、哈萨克斯坦、吉尔吉斯斯坦、塔吉克斯坦和乌兹别克斯坦（于 2011 年加入）。印度和巴基斯坦新近加入上海合作组织。实质上这是一个经济、文化和安全合作的框架。该组织将致力为合作提供支持，特别是“一带一路”倡议内有关共同安全问题的通力合作。

2017 年 6 月习近平主席和俄罗斯总统普京就《亚欧经济伙伴关系协定》[①]的可行性研究发表了联合声明。这个协定涵盖上海合作组织成员国和亚欧经济联盟成员国。后者成立于 2014 年，成员国为亚美尼亚、白俄罗斯、哈萨克斯坦、塔吉克斯坦和俄罗斯。[②]这凸显了英国地理学家麦金德（J. H. Mackinder）把欧亚地区冠名为“心脏地区”甚至“海上前沿”的重要性。[③]

---

① “China and Russia Sign the Joint Declaration of Feasible Study on Eurasian Economic Partnership Agreement”, Ministry of Commerce, People’s Republic of China, July 6th 2017. http://english.mofcom.gov.cn/article/newsrelease/significantnews/201707/20170702605903.shtml

② “The New Eurasian Age: China’s OBOR, The Eurasian Economic Union, and Shanghai Co-Operation Organisation”, August 15th 2017, Silk Road Briefing. https://www.silkroadbriefing.com/news/2017/08/15/new-eurasian-age-chinas-obor-eurasian-economic-union-shanghai-co-operation-organisation-complimentary-white-paper-download/

③ Mackinder, J. H. “The Geographical Pivot of History”, *Geographical Journal*, 1904, Vol. 23, No. 4.

关注上述这些国家的走势，对于那些非正式属于“一带一路”范围内的国家在该地区更好地开展贸易意义重大。同时也非常重要的是，要明确亚洲这一新的互联互通能否使各国及其产品与现存的贸易链进行竞争。

三　阿根廷面临的机遇

（一）规模和潜在市场

阿根廷有很多机会可以将本国商品打入中国以及“一带一路”框架下的其他市场，但是必须要考虑市场规模这个关键因素。根据中国政府的统计数据，我们可以看到，中国有58%的人口生活在城市，城市人口达8.2亿，另外42%的人口在农村，约5.9亿。中国计划到2020年将城市化提高到60%，这个目标可能很容易达到，甚至提前实现，以继续推进城市化进程。中国城市按不同规模可分为5个等级：人口不足50万、人口50万到100万、人口100万到500万、人口500万到1 000万、人口1 000万以上。最后一类城市一般被称为“超大”型城市。中国目前有6个超大型城市，共有约1亿人口，相当于目前阿根廷总人口（4 400万）的两倍左右。中国的城市人口数量是阿根廷的18倍。

这些是阿根廷与中国以及“一带一路”沿线国家开展贸易时必须要考虑的部分因素。根据美国媒体 Business Insider 2017年月11月①的文章，从生产总值角度，上海可以被列为全球第十八大城市。这篇文章展示了中国一些城市及其生产总值与世界其他国家的比较。中国的成都、深圳和大连的生产总值可以和挪威、瑞典和芬兰等斯堪的纳维亚等国家相媲美。西安的生产总值相当于肯尼亚全国的生产总值，而重庆和郑州的经济规模可以分别与智利和厄瓜多尔相提并论。

从中国经济最活跃和最先进的区域即沿海地区看，北京和天津可以和澳大利亚比较，而长江三角洲（包括上海等城市）的生产总值与意大利相等。此

① “31 Chinese cities that have economies as big as countries”, Desjardins, Jeff for Visual Capitalist, http://www.businessinsider.com/china-cities-economies-bigger-than-countries-2017-11. 检索时间：2017年11月6日。

外，作为20世纪80年代以来中国经济发展的引擎和对外开放的标志性地区，珠江三角洲的生产总值与韩国不相上下。这个超大地区包括广东省的九个城市，其中有广东省会广州市和中国的第一个经济特区深圳，以及中国的两个特别行政区——香港和澳门。

由此可以推断，确定阿根廷商品在中国市场的潜力非常重要。当然，鉴于中国城市的规模，找准阿根廷产品在中国的市场机遇具有一定难度。比如，中国有55个少数民族，他们虽然只占中国总人口的8%，但也达到1.1亿，是阿根廷总人口的两倍之多。因此，明确规模和确认小众的市场潜力，对于阿根廷商品成功进入中国市场和“一带一路”倡议开拓的广阔市场，是重中之重。

（二）新趋势和新型贸易模式

不仅城市化在中国发展迅速，收入分配也在改善，中高收入阶层数量呈较快增长。根据经济学人（EIU）智库①的报告，预计到2030年，中国35%的人口即4.8亿消费者将成为中高收入和高收入群体。目前，中国只有10%的人口（1.3亿左右）属于这部分群体，这或许能使我们对这个增长预期有个较为明确的概念。预计届时中国的人均可支配收入将达到1万美元左右。毋庸置疑，这个增长将对中国的市场需要产生巨大影响。

这篇报告同时强调了中国小型城市的重要性，因为这使得中高收入群体在地理分布上更加均衡，而不再仅仅集中于沿海最发达的城市。随着中国中西部城市的收入大幅提高，中国的消费主体也将发生重大变化。经济学人智库报告特别分析了中国中部城市重庆和成都，预计到2030年，高收入消费者至少达到200万。同期，低收入人口将从目前上述城市人口总数的33%下降到11%。这些变化并不代表中国将消除区域不平衡，也不意味着所有小型城市短期内将发生巨变。但是收入增长的趋势将是常态化和持续的，这决定了人们的消费习惯将发生彻底改变。对贵重和奢侈品牌商品的明显偏爱与中产阶级选择更加舒适的生活方式不无关联。

当前中国市场的另一个显著趋势是在线销售。2012—2017年，中国在线

---

① “The Chinese consumer in 2030”, The Economist Intelligence Unit 2016, http://www.eiu.com/Handlers/WhitepaperHandler.ashx? fi = Chinese - Consumer - in - 2030 - English.pdf&mode = wp&campaignid = Chineseconsumer2030. 检索时间：2017年11月15日。.

销售额从 12 300 亿美元提高到 39 700 亿美元，年平均增长率达 34%。估计中国网购人数目前达 5 亿，而五年前仅为一半。同时估计在线销售创造的就业人口增长了两倍以上，达 3 700 万。这一增长主要得益于人们生活方式的变化和可供商品之间的竞争。①

如图 3.1 所示，近年来，特别是 2013 年，手机网购人数以令人震惊的速度发展。此类在线销售增长的主要推动力是阿里巴巴和腾讯两大企业，二者在手机网络销售平台的市场份额达 90%，其中阿里巴巴和支付宝的支付占有率达 54%，腾讯和微信支付的支付占有率为 40%。相同销售方式下，中国通过手机支付的在线销售额是美国的约 90 倍。②

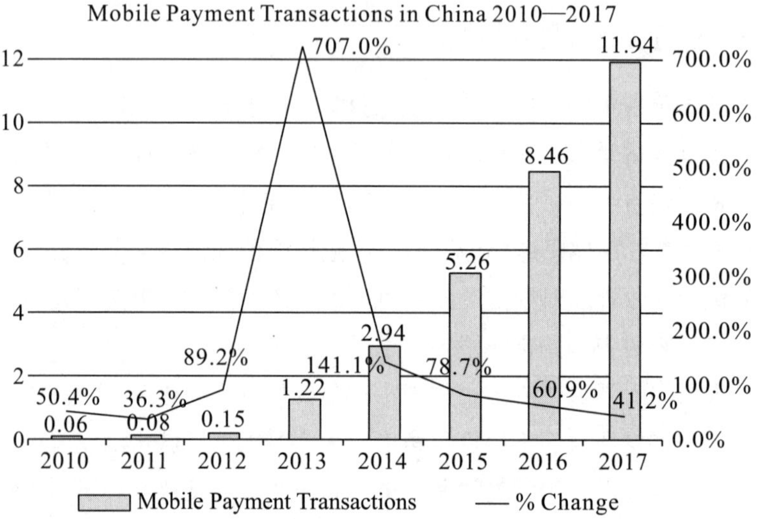

图 3.1　2010—2017 年中国手机网络销售发展趋势

资料来源：Market Realist.

每年 11 月 11 日中国“双 11”这天的手机在线销售业绩足以证明这种贸易模式在中国的影响力。2016 年阿里巴巴“双 11”当天 24 小时的销售总额达 180 亿美元（比美国黑色星期五连续三天的销售额多 6 倍，且相当于巴西全年

① “China's online shoppers grew to 500M in 2017 in 5 years”, China Internet Watch, 24 de octubre 2017, https://www.chinainternetwatch.com/22671/ecommerce - overview - 2013 - 2017/#ixzz50svxCRm4. 检索时间：2017 年 11 月 15 日。

② “Alibaba and Tencent Set Fast Pace in Mobile-Payments Race”, Newley Purnell, 22 Septiembre 2017, https://www.wsj.com/articles/alibaba - and - tencent - set - fast - pace - in - mobile - payments - race - 1506072602. 检索时间：2017 年 11 月 20 日。

的在线销售收入)。2017 年“双 11”的在线销售额再创新高，超过 240 亿美元，仅 4 个小时就售出 160 万只阿根廷红虾。

(三) 新疆维吾尔自治区的情况

如前所述，“一带一路”倡议，特别是以新疆维吾尔自治区作为向西发展中心的部署，推动了基础设施建设、经济特区发展和产业向新疆维吾尔自治区转移。目的是把新疆维吾尔自治区发展为 20 世纪 80 年代中国沿海经济特区那样的中国西部充满活力的核心区域。80 年代中国通过沿海经济特区的建设走向了世界，而沿陆路走廊发展的“一带一路”倡议则是希望中国中西部经济欠发达区域走向世界，新疆维吾尔自治区及其与中亚的联系成为其中的重要一环，新疆维吾尔自治区潜能巨大。

鉴于中国西北部地区的经济发展潜能以及上述的市场规模，本文认为新疆维吾尔自治区和阿根廷之间交流的可能性值得关注。该地区占中国国土面积的 17%，而人口只占 2%。新疆维吾尔自治区首府乌鲁木齐人口为 350 万，按照中国的标准只能算是中等规模的城市。但是，需要注意的是，这一人口规模已经相当于乌拉圭的总人口。乌鲁木齐距北京 3 000 千米，也是距世界海洋最遥远的地区首府。尽管乌鲁木齐市生产总值低于全国平均水平，却不乏中国其他地区展现的趋势：收入的增长、偏好的改变以及一些新的消费倾向，如对牛肉、红虾和对虾等海产品、橄榄油、干果和葡萄酒等产品日益增长的消费需求。新疆维吾尔自治区的规模，其在“一带一路”倡议中的战略位置，与中亚、中东和欧洲的直接连接等，是尽早确定市场潜力的必要因素。

加强与新疆维吾尔自治区的联系和研究中国西部地区市场潜力和新消费需求出现的可能性，对于改变参与国际市场的模式和根据高附加值商品以及奢侈品的消费趋势，提高出口产品的附加值，是必不可少的。不仅中国西部地区，那些与该地区接壤，同时在收入水平、城市化和需求方面均发生变化的国家和地区，也存在新的市场潜力和新消费需求出现的可能性。

四 结论

“一带一路”倡议无疑是世界上独一无二的宏伟项目，不仅将对世界经济发展产生积极影响，而且将有利于地区和全球贸易投资的便利化。这个倡议是中国在世界经济发展中起到领先作用，且在美国等国家与世界贸易渐行渐远的背景下提出的。这个倡议在带来效益的同时，还将开启贸易、互联互通、发展和全球合作的新时代。倡议首先对中国和邻近国家最具重要性，但这并不表明世界其他国家毫无机会可言。其他国家既可以通过这个更大范围的互联互通和全球价值链开展贸易，也有机会成为基础设施建设投资的受益方。而基础设施投资有利于加强全球范围内的互联互通。

当然，"一带一路"倡议不仅带来了机遇也提出了挑战。挑战之一就是大范围的互联互通和贸易开放可能会引发与阿根廷产品的竞争。另外，面对中国市场以及"一带一路"倡议所覆盖的广阔市场，有必要重申市场规模和寻求市场潜力的问题，这是有效融入这个广阔市场的关键。近几十年来亚洲国家和中国收入水平的提高，随之而来的城市化发展，消费需求标准朝高附加值产品的转移和新需求的出现，使得阿根廷和其他拉美国家有必要认真研究这一崭新的世界局势在未来几十年预示的机遇。

在这个框架背景下，新疆维吾尔自治区是连接中国最有生机和最发达地区、中国中部和西部欠发达地区、中亚、中东和欧洲大陆的战略要地。虽然新疆维吾尔自治区的生产总值低于中国其他地区，但经济增长迅速并具发展潜力，因此尽早确定市场潜力至关重要。对优势、机遇、挑战和风险进行分析，就是要具体评估阿根廷及其产品在中国和周边国家或地区不同关系背景下的定位，因为上述情况对阿根廷来说，机会和挑战并存。为了有效融入"一带一路"倡议，研究阿根廷及其产品，如何通过新疆维吾尔自治区而不是通过经济发达并具一定规模的中国大型城市或地区，参与中亚价值链和市场，并参加远离沿海传统地带的展会和博览会，远比静观该地区如何接受基础设施建设投资更具有重要意义。实际上，基础设施领域的投资不仅聚焦互联互通、价值链和区域及次区域市场，而且有利于未来阿根廷商品经过"一带一路"倡议的陆路和海上走廊参与中国和周边国家的国际贸易。"一带一路"倡议使得从大西洋到达亚洲也成为可能。

后记

Epílogo

在这个硕果累累的金秋时节，中国社会科学院拉丁美洲研究所、四川大学拉美研究所和阿根廷国际关系理事会也收获了共同的成果——《中国与阿根廷——迈向命运共同体》。

中国社会科学院拉丁美洲研究所阿根廷研究中心自成立以来一直以“整合全国的相关研究力量，加强对阿根廷政治、经济、外交、社会和文化等全方位研究，促进中国和阿根廷学术界的交流与合作”为己任。经过几年的实践，已初具学术组织和协调能力。四川大学拉美研究所从初建伊始就与阿根廷结下不解之缘。2016 年，四川大学拉美研究所加入中国阿根廷研究共同体，并与中国社会科学院拉丁美洲研究所阿根廷研究中心联合主编了共同体期刊《中国与阿根廷》的创刊号。2017 年年底，史维老师翻译的阿根廷思想名著《法昆多》成为文化部“中拉思想文化经典互译工程”第一批入选作品。2018 年 6 月，阿根廷驻华大使盖铁戈先生受邀成为四川大学客座教授。阿根廷国际关系理事会不仅是阿根廷的重要智库，在拉美地区也颇具影响力。其中国工作组由阿根廷学术界、外交界和企业界的资深专家组成，每年都组织大量的学术活动。自 2014 年阿根廷国际关系理事会与中国社会科学院拉丁美洲研究所签订合作协议后，双方都在寻找合适的时机开展有效的合作。

因此，当中国社会科学院拉丁美洲研究所阿根廷研究中心执行主任郭存海博士于 2017 年年末提出由三方合作出版一部学术著作时，我们在第一时间达成共识，并很快启动了策划筹备工作。

能够担纲这本书的主编，我们既深感荣幸，又因肩负使命而心怀忐忑。最终，在各方的共同努力下，这部国内第一本由中阿两国学者共同探讨中阿关系的学术著作终于得以面世。为此，我们要感谢所有参与本书撰写工作的中阿学者，他们不仅对研究工作充满热情，而且不计报酬、有求必应。感谢四川大学社科处与四川大学出版社的信赖与支持，感谢责任编辑刘畅女士认真高效的工作。感谢阿根廷研究中心执行主任郭存海博士任劳任怨的协调与组织。由于本书有8个论题由阿根廷国际关系理事会的学者用西班牙语写就，如果没有译者和校对专家的认真负责，就无法向中国读者呈现这些高水平的学术成果。他们牺牲了许多休息时间，在繁重的教学科研工作之余，毫无怨言地承担了大量的翻译和审校工作。在此，我们特向以下译者和校对专家表示感谢：四川大学西班牙语系李訸、谢宇、周江蓉三位老师，四川外国语大学西班牙语系吴孙沛璟老师，对外经济贸易大学郭德琳老师，以及中国社会科学院研究生院拉美系的杨立妍同学；还要感谢为本书作序的中国社会科学院拉丁美洲研究所副所长袁东振研究员和阿根廷驻华大使盖铁戈先生；同时感谢阿根廷驻华大使馆公使胡安·科尔特耶蒂先生（Juan Cortelletti）和文化处秘书豪尔赫·萨尔托尔先生（Jorge Sartor）给予的支持。

以“中阿互学互鉴，合作共赢，迈向命运共同体”为主题，作为一部凝聚中阿三方机构共同心血的作品，本书的问世恰恰是上述精神和原则的具体体现。我们相信，本书的出版将为学者们继续深度的学术对话与交流打开大门，搭建桥梁。同时我们也衷心希望有更多优秀学者加入，让我们携手并进，为构建中阿命运共同体共同谱写新的篇章。

林　华	中国社会科学院拉丁美洲研究所阿根廷研究中心秘书长
史　维	四川大学拉美研究所负责人
马豪恩	阿根廷国际关系理事会中国工作组组长

2018年10月